国家社科基金一般项目
"我国城市居民加杠杆的群体性特征及其债务风险研究"
（项目批准号：19BJY256）

柴时军 著

中国城市居民负债行为与债务风险研究

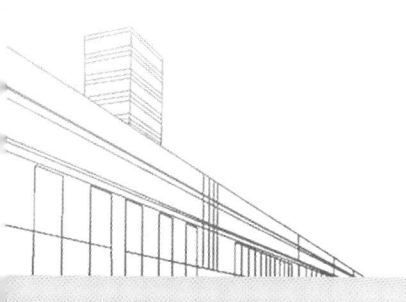

中国社会科学出版社

图书在版编目(CIP)数据

中国城市居民负债行为与债务风险研究/柴时军著.—北京：中国社会科学出版社，2022.10
ISBN 978-7-5227-0556-9

Ⅰ.①中… Ⅱ.①柴… Ⅲ.①城市—居民消费—债务管理—风险管理—研究—中国　Ⅳ.①F126.1

中国版本图书馆 CIP 数据核字(2022)第 131159 号

出 版 人	赵剑英
责任编辑	刘　艳
责任校对	陈　晨
责任印制	戴　宽

出　　版	中国社会科学出版社
社　　址	北京鼓楼西大街甲 158 号
邮　　编	100720
网　　址	http://www.csspw.cn
发 行 部	010-84083685
门 市 部	010-84029450
经　　销	新华书店及其他书店
印　　刷	北京明恒达印务有限公司
装　　订	廊坊市广阳区广增装订厂
版　　次	2022 年 10 月第 1 版
印　　次	2022 年 10 月第 1 次印刷
开　　本	710×1000　1/16
印　　张	16.5
插　　页	2
字　　数	251 千字
定　　价	89.00 元

凡购买中国社会科学出版社图书，如有质量问题请与本社营销中心联系调换
电话：010-84083683
版权所有　侵权必究

前　言

过去数年，受金融信贷政策和房地产市场影响，我国居民尤其是城市居民杠杆率持续攀升，家庭过度负债导致的经济问题正在逐步凸显。居民资金流动性不断收紧、消费增速明显放缓、家庭偿债压力和财务脆弱性不断加剧、金融安全呼声日益高涨等因素交织在一起，逐渐暴露出我国现阶段居民加杠杆的诸多弊端。如何识别与评价居民加杠杆的群体性特征和行为动因？如何测量其行为背后的家庭债务风险，并探寻债务风险内在与外在的决定机制？如何提炼和构建家庭债务风险规避路径？对这些问题的回答构成了本书力图解决的问题。研究内容和主要结论概括如下。

借助翔实的微观家庭调查数据——2013—2017年中国家庭金融调查（CHFS）和2011—2020年国家统计局与中国人民银行数据，本书细致考察了我国居民家庭负债的状况、结构及其变化趋势。结果表明，宏观层面，我国住户部门贷款规模总量不断上升但增速趋缓，居民贷款规模与国民经济同步增长，且增速超过GDP增速。其中，消费性贷款构成我国住户部门贷款的主要部分，且消费性贷款占住户部门贷款的比重逐年递增；居民消费性贷款中，中长期消费性贷款占比更大，但短期消费性贷款增速更为明显；无论短期经营性贷款还是中长期经营性贷款，贷款规模均呈显著增长态势，但两者增长率不同，短期经营性贷款先递减后递增，而中长期经营性贷款震荡下行，且中长期经营性贷款增速明显高于短期经营性贷款增速。微观层面，我国居民家庭负债比例和负债额度逐年增加；住房负债是我国家庭负债的重要组成部分，规模最大且参与率最高，但增速趋缓；工商业负债规模及占比先增后减，农业负债规模呈明显扩张趋势，车辆负债规模稳步增长，医疗负债增长较快，金融负债在我国家庭负债中占比偏低，且不稳定；从负债来源渠道来看，家庭从正规渠道获得贷款的比例和额度均呈逐年攀升态势；城镇家庭和农村家庭负债来源表现出明显的异质性，城镇家庭负债主要来源于正规渠道，且比重逐年递增，而农村家庭负债主要来源于民间借贷等非正规渠道，但占比渐趋弱化；东部地区家庭从银行等正规金融机构获取的借款规模最大，其次为中部地区和西部地区家庭，而在非正规借款方面，东部、中部和西部的地区性差别并不明显。

家庭负债是衡量居民金融行为特征的重要方面，而居民家庭债务杠杆程度是影响我国微观金融安全的核心指标之一。家庭是微观个体行为的决策主体，一个自然的问题是，什么影响了家庭债务杠杆水平？通过构建关于我国城市居民杠杆率的追踪面板模型，本书考察了居民个体特质、家庭禀赋及其背后的人文环境、经济特征等因素对居民加杠杆的驱动效应。研究发现，我国城市家庭杠杆率分布严重不均，且加杠杆问题日益凸显，债务负担在不同生命周期阶段、健康状况、房产持有状况和收入阶层之间分化严重。家庭持有房产及持有更多房产显著提升了家庭杠杆率，而资产流动性越好的家庭，资产负债比越低，债务收入比也相对更低；人口学变量婚姻、健康、年龄、社会网络、宗教信仰、集体主义信念和社会信任等对家庭资产负债比和债务收入比均有显著影响；宗教信仰和社会网络对家庭资产负债比的直接影响仅体现在中西部地区家庭中，东部地区家庭中房产持有状况对家庭资产负债比的强化作用更大，但是对债务收入比的影响却显著更低，户主健康和婚姻状况对家庭债务杠杆的边际影响在中西部地区更大。

微观家庭的债务风险及其防范作为金融风险问题的重要组成部分，近年来引起了社会各界的广泛关注，但我们对其风险程度及其量化评价方法却知之甚少。沿循文献中通行的衡量家庭债务风险指标，结合微观数据调查结果，选定资产负债率、债务收入比、财务保证金、风险债务比等 13 个细分变量。在此基础上，尝试将主成分分析法（PCA）应用于微观数据，根据各变量的债务风险贡献率对风险指标赋予不同的权重，提取公共因子（或子因子），构造个体层面综合多维的债务风险指数。指数值越大意味着家庭债务风险程度越高。进一步地，本书从东部、中部和西部三大地区、长三角、泛珠三角和京津冀三大经济圈及各省份三个层面，分析我国城市家庭债务风险的空间分布特征。对我国城市家庭债务风险进行分解，重点讨论了家庭债务风险的人口学特征分布、财富特征分布和行为惯习特征分布。其中，人口学特征包括职业声望、金融素养、性别、政治身份、年龄、受教育程度、健康状况、家庭规模、婚姻状况、人口结构和家庭背景；财富特征包括收入状况、是否创业、是否拥有汽车和房产持有状况；行为惯习包括支付方式（是否使用移动支付）、消费模式（量入为出还是过度消费）、风险态度和借贷渠道偏好（正规借贷还是非正规借贷）。从群体性特征角度着重分析了家庭债务风险的家庭禀赋、社交网络、家庭主导性、行为短期性等典型事实。

哪些因素影响了我国城市家庭的债务风险？如何规避家庭债务风险？运用面板固定效应模型及其 IV 估计等多种计量方法，本书实证检验了普惠金融发展、集体主义文化、移动支付行为、人口年龄结构及其他传统变量对家庭金融脆弱性的影响及其传导机制。研究发现：普惠金融发展与老龄人口比对于家庭整体的债务风险发挥了积极的抑制作用，而移动支付和集体主义文化则显著加剧了家庭债务风险。这种影响效应可以通过信贷支持、家庭消费性支出、风险应对能力、减贫增收、风险偏好和生活态度等机制来实现。除了采用常规的家庭债务风险衡量指标，本书还沿循贫困脆弱性测度的思路（VEP方法），从资不抵债和入不敷出两个方面构建了家庭金融脆弱性指标，实证检验家户特征和地区经济变量对家庭债务风险的影响。显著且稳健的发现包括：户主更差的健康状况、从事自主创业、无宗教信仰、风险偏好、家庭更多的婴幼儿数量和在校学生数量、拥有汽车、拥有更多房产及更宽松的信贷政策都会显著提高家庭债务风险，分地区看，与东部相比，中部和西部地区家庭的债务风险程度显著更高。根据家庭债务风险影响因素的检验结果，提炼并构建相适的债务风险规避路径。主要包括：全方位、多层次地规范和引导更合理的家庭资产配置和更有效的投资组合；鼓励并引导普惠金融产品及服务的创新；强化房地产调控和抑制住房投机行为；进一步完善收入与财富再分配机制，在促进家庭财富增值的同时，提升抵御不确定因素冲击的风险承受力；在监管可控约束前提下，完善居民之间非正式资金融通和信用担保机制，缓解家庭财务脆弱性；完善居民负债的杠杆约束机制，在特定的人际网络和地域范围内，推行地域性差别化的居民信贷控制管理。

本书紧密结合党的十九大以来金融风险监管面临的新要求、新变化，凝练研究背景、密切跟踪国内外最新文献，收集、整理相关数据信息，通过一系列实证研究和理论分析，较为系统地研究了我国城市居民加杠杆的行为动因，揭示了其背后的家庭债务风险程度，探析了家庭债务风险的决定因素与影响机制，提炼并构建了更具可适性和差异化的家庭债务风险规避策略，为当前我国防范和化解重大金融风险的结构性改革提供了新的视角和理论支撑，为进一步构建和完善金融风险特别是微观家庭财务风险的监管及防范机制提供了有益的政策启示。

目　　录

第一章　导论 ···（1）
　　第一节　研究背景及意义 ···（1）
　　第二节　研究方法、框架与内容 ··（4）
　　第三节　主要创新 ···（10）
　　第四节　研究不足与展望 ···（11）

第二章　文献综述 ··（13）
　　第一节　家庭负债行为的影响机制 ···（13）
　　第二节　家庭负债状况与结构 ··（17）
　　第三节　家庭负债行为的城乡差异 ···（20）
　　第四节　家庭债务风险研究 ··（22）

第三章　中国家庭负债的状况、结构及其变化趋势 ································（26）
　　第一节　中国住户部门贷款状况 ···（26）
　　第二节　中国家庭负债的分布状况 ···（36）
　　第三节　中国家庭负债的组成结构 ···（44）
　　第四节　中国家庭负债的来源状况和结构 ···（65）
　　第五节　本章小结 ···（74）

第四章　中国城市家庭杠杆率及其成因分析 ···（76）
　　第一节　中国城市家庭杠杆率的测度 ··（76）

第二节 家庭杠杆率成因的理论分析 ……………………………（79）
第三节 中国城市家庭杠杆率成因的实证分析 ……………………（85）
第四节 本章小结 ……………………………………………………（99）

第五章 中国城市家庭债务风险的测量 ……………………………（101）
第一节 家庭债务风险测度指标比较 ………………………………（101）
第二节 数据说明与评价指标 ………………………………………（104）
第三节 评价方法 ……………………………………………………（110）
第四节 测量结果分析 ………………………………………………（112）
第五节 家庭债务风险的空间分布特征 ……………………………（116）

第六章 中国城市家庭债务风险分解 ………………………………（124）
第一节 家庭债务风险的人口学特征分布 …………………………（124）
第二节 家庭债务风险的财富特征分布 ……………………………（141）
第三节 家庭债务风险的行为惯习特征分布 ………………………（146）
第四节 本章小结 ……………………………………………………（152）

第七章 中国城市家庭债务风险的影响因素分析 …………………（153）
第一节 概述 …………………………………………………………（153）
第二节 理论机制分析 ………………………………………………（155）
第三节 模型、数据与变量 …………………………………………（171）
第四节 普惠金融发展与家庭债务风险 ……………………………（177）
第五节 集体主义与家庭债务风险 …………………………………（192）
第六节 移动支付与家庭债务风险 …………………………………（203）
第七节 人口年龄结构与家庭债务风险 ……………………………（211）
第八节 其他传统因素对家庭债务风险的影响 ……………………（219）
第九节 本章小结 ……………………………………………………（226）

第八章　中国城市家庭债务风险规避路径 …………………………（229）
　　第一节　鼓励并引导普惠金融产品及服务的创新 …………（230）
　　第二节　完善居民间非正式融资融通和信用担保 …………（231）
　　第三节　规范和引导更有效的家庭资产配置 ………………（232）
　　第四节　进一步完善收入与财富再分配机制 ………………（233）
　　第五节　强化房地产调控和抑制住房投机行为 ……………（234）
　　第六节　推行地域性差别化的居民信贷管控 ………………（235）

参考文献 ……………………………………………………………（237）

后　记 ………………………………………………………………（254）

第一章 导论

第一节 研究背景及意义

党的十九大以来,推进以结构调整和化解系统性金融风险为主的结构性去杠杆改革成为我国新时期宏观经济发展战略的重要举措,同时也是近年来金融研究密切关注的热点问题之一。针对去杠杆,国内学术研究和政策讨论的焦点在于金融机构、地方政府和国有企业。而对于广大的家庭部门而言,目前普遍存在的认知误区是,我国居民总体的负债水平并不高;相反,为促进经济由过度依赖外需和投资向以内需为主的消费驱动转型,居民家庭甚至有必要加杠杆。

事实上,我国整体债务规模近年来持续攀升,住户部门贷款增速尤为迅猛。根据《2020年度中国杠杆率报告》,2009年以来,我国住户贷款规模历次大幅提升,截至2020年末,居民杠杆率达到62.2%,与2008年的17.8%相比,居民债务总额及其占GDP的比值分别增长了10.12倍和44.4个百分点。[①] 这一杠杆程度不仅在新兴经济体中名列前茅,而且从全球范围看,其加速上升态势更是直逼IMF组织设定的国际警戒线水平(65%)。[②] 如图1-1所示,在过去的15年间,中国家庭杠

[①] 宏观层面的家庭杠杆率是使用居民债务总额除以当年GDP来测算的,如果按照更严格口径,使用债务总额在居民可支配收入中的占比,则调整后的我国住户杠杆率在2008—2020年分别为40.3%、51.0%、62.5%、66.1%、70.1%、77.0%、82.1%、87.8%、99.9%、110.6%、121.2%、132.0%和140.2%。

[②] 国际货币基金组织(IMF)认为,住户贷款总额占GDP的比值超过30%,会对该地区中期经济发展造成不利影响,而超过65%则会危及金融安全和社会稳定。

中国城市居民负债行为与债务风险研究

杆率从2005年的16.7%上升到2020年的62.2%；杠杆率在后七年（2013—2020年）增长了29个百分点，年均增幅高达4.14%，超过前七年增幅（13.3%）的两倍。而从世界范围看（见图1-2），居民部门杠杆率世界平均为59.7%，发达经济体平均为72.1%，其中澳大利亚最高（121.0%），紧随其后的是加拿大（102.1%）、英国（87.2%）和美国（76.5%）。我国居民杠杆率虽低于发达经济体，与世界平均杠杆率持平，但远高于同类型的新兴经济体（39.9%）。[①]

在去杠杆进程中，我国近年来金融部门和非金融企业的杠杆率都有不同程度的回落[②]，但居民部门杠杆率持续攀升，家庭过度负债导致的经济问题逐步凸显。居民资金流动性不断收紧、消费增速明显放缓、家庭偿债压力和财务脆弱性不断加剧、金融安全呼声日益高涨等因素交织在一起，逐渐暴露出我国现阶段居民加杠杆的诸多弊端。一方面，家庭杠杆率分化严重，债务负担存在分布失衡且较为集中的问题。中国家庭金融调查（CHFS2017）数据显示，住房贷款以及信用卡、网贷等短期消费信贷对居民加杠杆的强化作用主要体现在城市；城市新购房贷款家庭中，债务收入比在收入最高20%和最低20%家庭中分别为2.08和14.80；各类信贷参与中90后占比最高（49.31%），其债务收入比高达18.50。城市年轻人尤其是新购房低收入群体偿债压力过高，过度授信、多头共债及由此产生的透支效应问题凸显，一旦面临房价、利率和收入等不确定性因素冲击，可能会进一步加剧金融市场潜在风险。另一方面，尽管适度负债通过优化跨期消费有助于实现内需拉动经济的内生性增长，但过度负债则可能由于家庭资金流动性收紧，偿债压力和家庭财务脆弱性加剧，反而抑制居民消费。[③] 同时，家庭长期债务积累对消费产生的

[①] 数据来源：中国数据来自国家统计局、Wind和中国人民银行2019年数据，中国以外的其他国家数据来自国际清算银行2018年数据。
[②] 根据《中国去杠杆进程报告（2019）》，非金融企业杠杆率从2016年的161.4%下降到2019年的155.6%，而金融部门2019年杠杆率按资产方口径为55.8%，按负债方口径为59.4%，与2016年相比分别回落22.4%和8.3%。
[③] 潘敏、刘知琪：《居民家庭"加杠杆"能促进消费吗？》，《金融研究》2018年第4期。

挤出效应，还可能反馈并传导到企业等其他部门。当企业面临销售业绩下滑、活力下降以及经营压力加大时，则可能借助银行短期贷款维持运营，从而造成企业部门被动加杠杆；而如果银行系统对源自居民、企业的外部流动性风险不能迅速做出调整，则很可能会危及其自身的稳定性，并形成一系列恶性连锁反应。

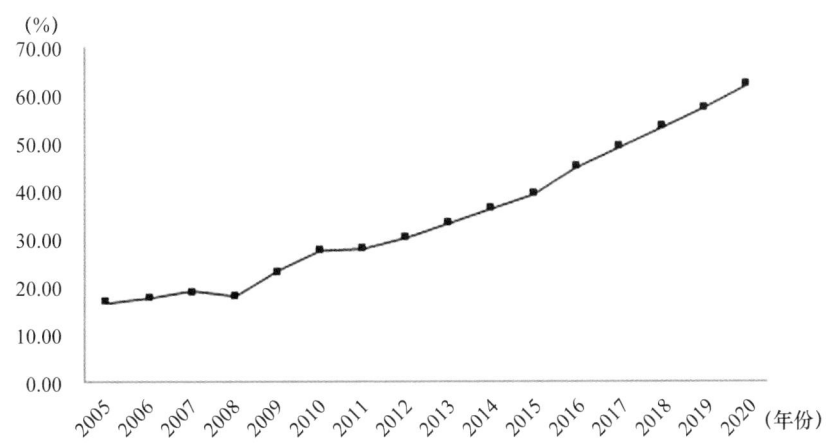

图 1-1　我国居民部门杠杆率变化趋势（2005—2020 年）

在此背景下，研究我国城市居民加杠杆的群体性特征及其债务风险问题，不仅具有一定的学术价值，更凸显其重要的时代意义和应用价值。（1）学术价值：①基于居民加杠杆的动态视角，可透视我国现阶段加杠杆群体所处的特殊社会结构、社会身份及其生存状况；②借助家庭债务风险全方位多角度测算，可深化对蕴藏在加杠杆行为背后家庭债务风险本质的认识；③可揭示加杠杆家庭债务风险的决定因素与影响路径，为当前我国防范和化解重大金融风险的结构性改革提供新的视角和理论支撑。（2）应用价值：①了解我国城市居民加杠杆的规模、结构、渠道以及地区分布；②探寻居民加杠杆、债务风险及其权变因素之间的有机联系，为合理引导和规范居民借贷活动提供便利；③提炼并构建更具可适

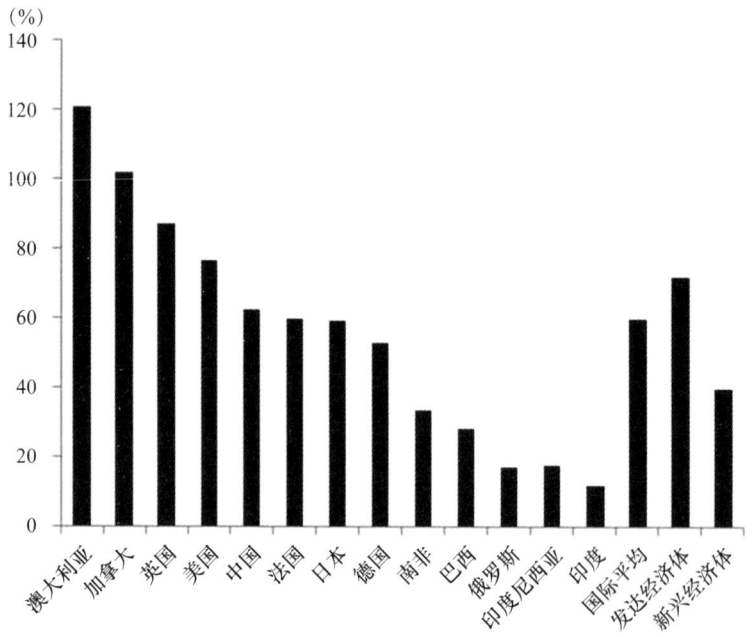

图1-2 世界主要经济体居民部门杠杆率

性和差异化的家庭债务风险规避路径，为党和政府在新时期制定与执行金融风险防范政策提供决策参考。

第二节 研究方法、框架与内容

一 研究方法

（1）数据搜集与深度访谈相结合。研究过程中搜集并使用的数据主要包括：中国人民银行统计司2011—2020年金融机构人民币信贷收支表数据；西南财经大学中国家庭金融调查中心2013年、2015年和2017年中国家庭金融调查（CHFS）数据；国家统计局、Wind和国际清算银行历年数据；北京大学数字金融中心联合蚂蚁金服提供的2011—2020年数字普惠金融发展指数数据；《中国金融年鉴》和《中国银行业监督管理委员会年报》中的2013—2017年数据。同时，在实证结果分析、原因探究和结论凝练过程中，针对居民加杠杆的动因、过程、特征等有待进一步廓清的关键问题，深入到武汉、随州、襄阳、驻马店、南阳、信阳及其下辖的商城、淮滨、固始等市/县，涵盖17个社区142个家庭户，开展了分层分阶段的深度访谈。

（2）家庭债务风险程度的识别与评价。家庭负债涵盖宽泛，内容庞杂，债务风险衡量指标在形式、程度和影响上存在交叉和重叠，不同指标权重设置和风险区间的划分有难度。本书采用主成分分析法，有层次、有侧重、有针对性地规划风险指标、权衡权重参数、锁定风险区间，对家庭债务风险进行综合多维的测量。具体地，在合理借鉴国内外已有研究成果和全国性权威调查数据的基础上，本书最终选定负债规模、资产负债率、债务收入比、财务保证金、风险债务比、多重负债等13个细分指标（见表5-1），涵盖举债风险、偿债风险和违约风险三大维度，进而利用主成分分析法测算我国城市居民家庭债务风险程度。测算过程中，对部分逆指标进行正向化处理，根据标准化阵求特征根，按方差确定若干主成分，对各主成分加权求和，权重为各主成分的方差贡献率。

（3）家庭债务风险决定因素检验的研究设计。本书借助国家统计局住户部门信贷收支数据和翔实的微观调查面板数据集，采用四维度整体分析框架（见图1-3），估计不同维度下各特征变量对家庭债务风险的边际影响及其群体间和地区间的影响差异。其中，对于地区经济特征变量和人文特征变量，采用样本家庭所在地宏观数据嵌入个体观测值的方法进行计量。

（4）家庭债务风险影响因素的因果辨析。研究家庭债务风险的影响因素经常面临的一个问题是一些解释变量可能是内生的，这使我们很难对各因素的债务风险影响进行因果推断，也无法进一步剥离并明确不同特征变量的"净效应"。本书的计量模型纳入社区效应（可观测和不可观测），通过社区编码对社区效应的控制以缓解遗漏变量对估计结果的干扰；利用"水稻种植比例"、"样本所在区/县普惠金融均值是否高于

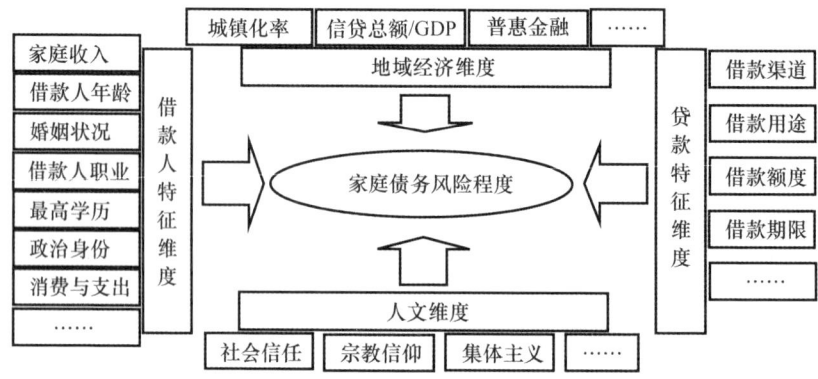

图1-3 家庭债务风险的四维度分析框架

全国均值×所在省推行普惠金融的时间期限"、"是否拥有智能手机"等工具变量和追踪调查匹配数据差分等一系列措施,仔细处理因果变量间可能存在的联立性问题。

二 基本框架与内容

本书基本框架如图1-4所示,共分八章,具体内容及主要结论如下。

第一章为导论,主要阐述研究背景及意义、研究方法、基本框架与内容、主要贡献与创新、研究不足与展望。

第二章为文献综述,重点围绕家庭负债行为的影响因素、状况与结构、家庭负债行为的城乡差异、家庭债务风险的测量、评价和社会影响等主题对国内外文献进行回顾。

第三章主要讨论我国家庭负债的状况、结构及其变化趋势。在宏观层面,对我国住户部门贷款规模及增长率进行统计,比较消费性贷款和经营性贷款、短期经营性贷款和中长期经营性贷款、短期消费性贷款和中长期消费性贷款等方面的差异。结果表明,我国住户部门贷款规模总量不断上升但增速趋缓,居民贷款规模与国民经济同步增长,且增速超过GDP增速。其中,消费性贷款构成我国住户部门贷款的主要部分,且

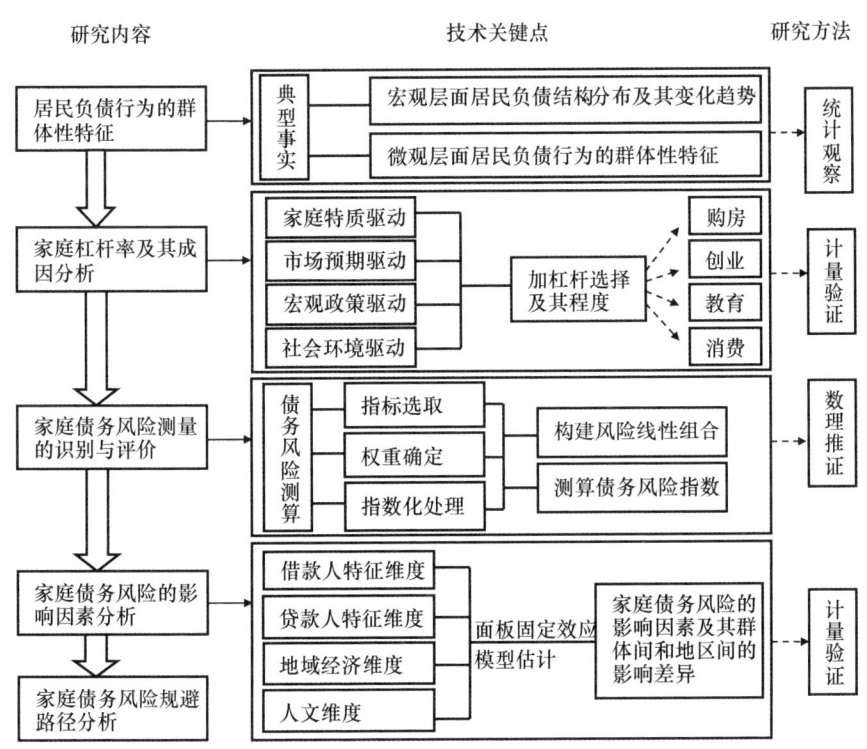

图1-4 研究基本框架

消费性贷款占住户部门贷款的比重逐年递增；居民消费性贷款中，中长期消费性贷款占比更大，但短期消费性贷款增速更为明显；无论短期经营性贷款还是中长期经营性贷款，贷款规模均呈显著增长态势，但两者增长率不同，短期经营性贷款先递减后递增，而中长期经营性贷款震荡下行，中长期经营性贷款增速明显高于短期经营性贷款增速。

进一步地，在微观层面，利用全国性家户调查数据对比分析我国居民家庭负债规模、借款渠道、地区分布等方面呈现的行为特征，提炼近年来我国居民负债的地区聚集性、负债组成结构与特征及其变化趋势，重点分析了家庭正规借贷和非正规借贷行为的来源状况和结构等典型事实。结果显示，我国居民家庭负债比例和负债额度逐年增加，其中，东部农村家庭负债规模上涨最快,且东部、中部和西部农村家庭户均负债差异有所减弱,渐于趋同;住房负债是我国居民家庭负债的重要组成部分,规模最大且参与率最高,但增速趋缓;工商业负债规模及占比先增后减,农业负债规模呈明显扩张趋势,车辆负债规模稳步增长,医疗负债增长较快,金融负债在我国家庭负债中占比偏低,且不稳定;从负债来源渠道来看,家庭从正规渠道获得贷款的比例和额度均呈逐年攀升态势;城镇家庭和农村家庭负债来源表现出明显的异质性,城镇家庭负债主要来源于正规渠道,且比重逐年递增,而农村家庭负债主要来源于民间借贷等非正规渠道,但占比渐趋弱化;东部地区家庭从银行等正规金融机构获取的借款规模最大,其次为中部地区和西部地区家庭,而在非正规借款方面,东部、中部和西部的地区性差别并不明显。

第四章考察我国城市家庭杠杆率并实证分析其成因。均值统计表明,我国城市家庭杠杆率分布严重不均,且加杠杆问题日益凸显,债务负担在不同生命周期阶段、健康状况、房产持有状况和收入阶层之间分化严重。而实证结果显示,家庭借贷"有限参与"现象普遍存在,家庭持有房产及持有更多房产显著提升了家庭债务杠杆程度,而资产流动性越好的家庭,资产负债比越低,债务收入比也相对更低;人口学变量婚姻、健康、年龄、社会网络、宗教信仰、集体主义信念和社会信任等对家庭资产负债比和债务收入比均有显著影响,这可以从信贷约束、风险偏好和金融排斥等方面来解释;分地区来看,宗教信仰和社会网络对家庭资产负债比的直接影响仅体现在中西部地区家庭中,东部地区家庭中房产持有状况对家庭资产负债比的强化作用更大,但是对债务收入比的影响却显著更低,户主的健康和婚姻状况对家庭债务杠杆的边际影响在中西部地区更大。

第五章对我国城市家庭债务风险进行测量。沿循文献中通行的衡量家庭债务风险指标,结合微观数据调查结果,选定资产负债率、债务收入比、财务保证金、风险债务比等13个细分变量。在此基础上,尝试将主成分分析法(PCA)应用于微观数据,根据各变量的债务风险贡献率对风险指标赋予不同的权重，提取公共因子（或子因子），构造个体层面综合多维的家庭债务风险指数。指数值越大意味着家庭债务风险程度越高。进一步地，本章从东部、中部和西部三大地区，长三角、泛珠三角和京津冀三大经济圈及各省份三个层面，分析我国城市家庭债务风险的空间分布特征。

第六章对我国城市家庭债务风险进行分解。重点讨论家庭债务风险的人口学特征分布、财富特征分布和行为惯习特征分布。其中，人口学特征包括职业声望、金融素养、性别、政治身份、年龄、受教育程度、健康状况、家庭规模、婚姻状况、人口结构和家庭背景；财富特征包括收入状况、是否创业、是否拥有汽车和房产持有状况；行为惯习包括支付方式（是否使用移动支付）、消费模式（量入为出还是过度消费）、风险态度和借贷渠道偏好（正规借贷还是非正规借贷）。结果表明，户主更低的职业声望、男性、非党员、未婚、更低年龄、更差的健康状况及更多家庭人口数量家庭，其债务风险明显更高；受教育程度导致家庭债务风险的差别不大，但家庭背景的影响则不同，母亲受教育程度越低，家庭债务风险越高；过高或过低的金融素养都会加剧家庭债务风险；与有老有小和无老有小家庭相比，有老有小和无老有小家庭债务风险明显更高。财富特征方面，从事自主创业、持有房产或持有多套房产、拥有汽车都会导致家庭债务风险增高，而家庭收入对家庭债务风险的影响则呈先减后增的 U 形分布。行为惯习特征方面，居民的移动支付行为显著放大了家庭债务风险；较之于量入为出和风险厌恶家庭，过度消费和风险偏好家庭债务风险明显更高；从借贷渠道来看，混合借贷家庭债务风险最高，非正规借贷家庭次之，正规借贷家庭最低。

第七章为本书的重点环节，实证考察我国城市家庭债务风险的影响因素。借助翔实的微观调查数据——中国家庭金融调查（CHFS2013—2017）面板数据，运用面板固定效应模型及其 IV 估计等多种计量方法，本章实证检验了普惠金融发展、集体主义文化、移动支付行为、人口年龄结构及其他传统变量对家庭金融脆弱性的影响及其传导机制。研究发现：普惠金融发展与老龄人口比对于家庭整体的债务风险发挥了积极的抑制作用，而移动支付和集体主义文化则显著加剧了家庭债务风险。这种影响效应可以通过信贷支持、家庭消费性支出、风险应对能力、减贫增收、风险偏好和生活态度等机制来实现。除了采用常规的家庭债务风险衡量指标外，本章还沿循贫困脆弱性测度的思路（VEP方法），从资不抵债和入不敷出两个方面构建了家庭金融脆弱性指标，实证检验家户特征和地区经济变量对家庭债务风险的影响。显著且稳健的发现包括：户主更差的健康状况、从事自主创业、无宗教信仰、风险偏好、家庭更多的婴幼儿数量和在校学生数量、拥有汽车、拥有更多房产及更宽松的信贷政策都会显著提高家庭债务风险，分地区看，与东部相比，中部和西部地区家庭债务风险程度显著更高。

第八章探讨我国城市家庭债务风险规避路径。根据家庭债务风险影响因素的检验结果，提炼并构建相适的债务风险规避路径。主要包括：全方位、多层次地规范和引导更合理的家庭资产配置和更有效的投资组合；鼓励并引导普惠金融产品及服务的创新；强化房地产调控和抑制住房投机行为；进一步完善收入与财富再分配机制，在促进家庭财富增值的同时，提升抵御不确定因素冲击的风险承受力；在监管可控约束前提下，完善居民之间非正式资金融通和信用担保机制，缓解家庭财务脆弱性；完善居民负债的杠杆约束机制，在特定的人际网络和地域范围内，推行地域性差别化的居民信贷控制管理。

第三节　主要创新

（1）研究视角创新。现有研究侧重宏观层面讨论居民债务对系统性金融风险的影响，本书基于居民"加杠杆"的动态视角考察微观家庭本身的债务风险问题，探讨城市居民加杠杆背后的家庭债务风险及其内在与外在的决定因素，为当前我国防范和化解重大金融风险的结构性改革提供新的视角和理论支撑。

（2）研究对象创新。忽视"风险考量"是既有家庭债务风险研究中存在的一个主要缺憾，已有文献大多局限于单项指标的分散化评价。本书立足于全国性权威数据调查，从举债风险、偿债风险和违约风险三大维度，负债规模、资产负债率、债务收入比、财务保证金、风险债务比、多重负债等13个细分指标对家庭债务风险程度进行了综合多维的测度，弥补了文献的不足。

（3）研究内容创新。借助翔实的微观调查数据（CHFS2013—2017），使用家庭债务风险不同测量指标和工具变量两阶段估计，明确了各因素对家庭债务风险的影响效应，并实证区分了各因素对不同特征群体（城乡、地区、受教育程度和收入阶层）家庭债务风险的异质性影响；根据文献中给出的可能影响家庭债务风险的理论预期，本书所用到的解释变量除了人口学特征、家庭财富特征等传统因素外，还重点关注了普惠金融发展、集体主义文化、移动支付行为和人口年龄结构四个新的变量，为我国当前居民家庭的负债行为及其债务风险问题提供了一种新的经济学解释；尝试以信贷支持、家庭消费性支出、风险应对能力、减贫增收、风险偏好和生活态度等中介变量为切入点，探讨普惠金融发展、集体主义文化和移动支付行为影响家庭债务风险的传导机制，研究结论对我国进一步构建和完善金融风险特别是微观家庭财务风险的监管及防范机制具有重要的政策启示。

第四节　研究不足与展望

（1）内生性问题。研究家庭债务风险影响因素经常面临的一个问题是一些解释变量可能是内生的。尽管本书采用了工具变量和追踪调查匹配数据差分等一系列措施，仔细处理因果变量间可能存在的联立性问题。但仍不能完全排除残差项中一些不可观测的遗漏变量对估计结果的干扰以及除重点关注的三个变量（普惠金融发展、集体主义观念和移动支付行为）外的其他解释变量的内生性问题。需要注意的是，深入研究各种可能的影响因素与居民家庭杠杆率（或债务风险）之间的因果关系必须首先建立在识别出它们之间相关关系的基础上。本书的研究目的正是在于讨论了可能作用家庭杠杆率（或债务风险）的一系列内生因素的相关关系以及外生因素的因果关系，为今后进一步的跟进研究提供了一个初步图谱和基础平台。

（2）数据的测量误差。在家庭问卷调查数据中，样本数据分布的不规范性和非均衡性广泛存在。就本书所使用的 CHFS 数据而言，家庭收入和资产数据由多种科目汇总而来（包括家庭成员汇总和资产与收入的类别汇总），家庭支出和负债也存在类似情形。受访者通常出于金融隐私的考虑不愿意提供或者没有准确回答家庭资产、负债、收入和支出等方面的细节问题，导致有些科目零值偏多，随意性较大，可能对由此测算出的家庭债务风险产生过高的测量误差。但这至少给出了下限估计，为今后数据可得情况下进行准确测量提供了参考。

（3）债务风险测度偏误。家庭负债涵盖宽泛，内容庞杂，债务风险衡量指标在形式、程度和影响上存在交叉和重叠，不同指标权重设置和风险区间的划分有难度。本书主要采用了主成分分析法（CPA），对家庭债务风险进行综合多维的测度。但严格来讲，主成分分析法中协方差（或方差贡献率）体现的是各维度指标变动的趋同性（或协同性），由此提取的主成分仅保留了原始数据信息量而缺乏实际含义，可能并不能完全真实地反映家庭债务风险的总体状况。因此，全方位多角度识别和测量家庭债务风险进而准确把握其决定机制是进一步研究需要关注的问题。

第二章 文献综述

第一节 家庭负债行为的影响机制

家庭借贷作为家庭金融行为的核心内容,其在消除贫困、平滑消费、弱化流动性约束乃至优化生产性活动等方面的作用毋庸置疑。[①] 它既反映了一国居民金融资源配置的现实状况,也是货币金融政策重点关注的对象。从现有研究来看,围绕家庭负债决策及其影响机制,国内外学者主要沿循个体决定论、家庭决定论和环境决定论三条线索展开研究。

个体决定论主张家庭负债是完全个人化的决策行为,家庭户主自身的客观背景和人口学特征是影响家庭负债决策的关键因素,包括居民的受教育程度、年龄、性别、健康状况、宗教信仰和政治身份等。一般而言,更高的受教育水平提升了个体风险控制能力和认知分析能力,使得个体更容易理解并以更低的成本获得信贷机构(正规组织或非正规组织)的产品和服务,[②] 同时受教育程度对家庭负债的促进作用还可能是间接通过更高的财富或收入水平、更强的偿债能力和更少的金融排斥来实现的。[③] 年龄对家庭负债的影响是动态变化的,相对于两端群体,年

[①] 马光荣、杨恩艳:《社会网络、非正规金融与创业》,《经济研究》2011年第3期;Kinnan C. and Townsend R., "Kinship and Financial Networks, Formal Financial Access, and Risk Reduction", *The American Economic Review*, Vol. 102, No. 3, May 2012.

[②] Delrio A. and Young G., "The Impact of Unsecured Debt on Financial Pressure among British Households", *Applied Financial Economics*, Vol. 18, No. 7, July 2008.

[③] Guiso L., Sapienza P. and Zingales L., "Trusting the Stock Market", *Journal of Finance*, Vol. 63, No. 6, November 2008.

龄介于30—40岁之间的居民通常有着更高的借贷倾向和负债程度。① 年龄的这种影响并不是通过认知能力和风险规避倾向机制来实现的,② 居民年龄的增长可能导致家庭整体支出和财富状况的变化或者其他不可观测因素的变化,③ 因而年龄本身可能没有直接影响。与女性相比,男性具有更强的不确定性偏好,④ 因此男性户主家庭可能更倾向于通过借贷来实现跨期消费或优化家庭生产性经营,进而影响其负债水平。健康状况越好的居民对未来不确定的前景越有信心,从而更愿意承担在选择金融机构信贷产品和服务时的成本和风险而进行借贷。⑤ 不过,这种推断建立在尚待考证的居民不确定性规避倾向随健康状况的改良而递减的假设之上,而且居民健康状况恶化可能造成家庭沉重的经济负担而加重其负债程度。因此,健康的影响是不确定的。尽管不同宗教的教义对信徒经济行为有着不同的态度,但总体来看,几乎每种宗教都提倡勤勉、储蓄、向善行善、积累财富和节俭等"好"的经济态度,而不提倡贫困、懒惰与借贷,⑥ 因此宗教信仰可能使居民家庭负债水平更低。党员身份会使居民拥有更广泛的社会网络资源,从更多正规或非正规渠道获得借贷资金,⑦ 因而较少受到金融排斥;同样,政治身份对家庭负债的影响还可能反映在其对家庭财富、工资收入、认知和学习能力等因素的共同影响进而对居民负债行为产生的间接作用。⑧

---

① 陈斌开、李涛:《中国城镇居民家庭资产—负债现状与成因研究》,《经济研究》2011年第S1期。

② Fabbri D. and Padula M., "Does Poor Legal Enforcement Make Households Credit-Constrained?", *Journal of Banking and Finance*, Vol. 28, No. 10, October 2004.

③ Delrio A. and Young G., "The Impact of Unsecured Debt on Financial Pressure among British Households", *Applied Financial Economics*, Vol. 18, No. 7, July 2008.

④ Jianakoplos N. and Bernasek A., "Are Women More Risk Averse?", *Economic Inquiry*, Vol. 36, No. 4, October 1998.

⑤ Rosen H. and Wu S., "Portfolio Choice and Health Status", *Journal of Financial Economics*, Vol. 72, No. 3, June 2004.

⑥ McCleary R. and Barro R., "Religion and Economy", *Journal of Economic Perspectives*, Vol. 20, No. 2, March 2006.

⑦ 柴时军:《社会网络与家庭创业决策——来自中国家庭追踪调查的经验证据》,《云南财经大学学报》2017年第6期。

⑧ Liu Z., "The Economic Impact and Determinants of Investment in Hunan and Political Capital in China", *Economic Development and Cultural Change*, Vol. 51, No. 4, July 2003.

家庭决定论认为家庭负债是整个家庭集体决策的产物，其负债选择及其程度除受户主的个体特质差异影响外，还依赖于家庭规模、婚姻状况、家庭资产和收入水平等方面的家庭结构和财富特征。这其中，尤以家庭是否持有房产和房产净值为关键因素。对此事实，传统的解释有三种：一是购房或自建住宅的家庭意味着更高的借贷需求和举债意愿;[1]二是住房作为重要的金融契约工具，持有房产在激励家庭从事与住房相关的抵押再融资的同时，也增加了家庭以更低成本获取信贷资金的可能性;[2] 三是持有房产家庭拥有更高的风险容忍度，而风险容忍度导致了更高的负债倾向。[3] 此外，居民较高的收入水平意味着更高的储蓄率和更少的负债需求，[4] 但收入影响家庭消费习惯以及信贷获取的难易程度，因此更多的经验证据表明，低收入者在获得贷款方面更加困难，收入越高的家庭，其借贷概率和借贷金额越大;[5] 与单身相比，已婚家庭更可能持有负债,[6] 这既可能是由于缔结婚姻会产生诸如购房、生养抚育等一系列大额支出，也可能是由于婚姻的形成为家庭提供了更充分的财产或收入担保凭证，因此在选择贷款服务对象过程中更受金融机构的青睐；更大的家庭规模为居民提供了抵御外部不确定性风险的能力，降低了家庭负债的可能性，但家庭人口增加也可能导致更沉重的家庭负担，而且更多的家庭成员本身就意味着该家庭更高的借贷参与概率和更多的借贷金额;[7] 家

---

[1] 何丽芬、吴卫星、徐芊：《中国家庭负债状况、结构及其影响因素分析》，《华中师范大学学报》（人文社会科学版）2012年第1期。

[2] Worthington A., "Debt as a Source of Financial Stress in Australian Households", *International Journal of Consumer Studies*, Vol. 30, No. 1, January 2006.

[3] Campbell J., "Household Finance", *Journal of Finance*, Vol. 61, No. 4, August 2006; Campbell J. and Cocco J., "Household Risk Management and Optimal Mortgage Choice", *Quarterly Journal of Economics*, Vol. 118, No. 4, November 2003.

[4] Brown S. and Taylor K., "Household Debt and Financial Assets: Evidence from Germany, Great Britain and the USA", *Journal of the Royal Statistics in Society*, Vol. 171, No. 3, June 2008.

[5] 陈斌开、李涛：《中国城镇居民家庭资产—负债现状与成因研究》，《经济研究》2011年第S1期。

[6] Delrio A. and Young G., "The Impact of Unsecured Debt on Financial Pressure among British Households", *Applied Financial Economics*, Vol. 18, No. 7, July 2008.

[7] Fabbri D. and Padula M., "Does Poor Legal Enforcement Make Households Credit-constrained?", *Journal of Banking and Finance*, Vol. 28, No. 10, October 2004.

庭金融财富越多，家庭资产的流动性越好，金融机构越有理由相信这些居民有更充足的资源和更便捷的偿债渠道，因此在提供信贷产品和服务时可能有所倚重。① 但也有证据表明，金融财富更多的家庭不大可能产生再融资动机，② 所以金融财富对家庭负债的影响可能会因家庭所处不同情境而异。

环境因素决定论侧重居民所处的外部金融环境的客观现实以及居民对于经济市场的主观预期对家庭负债行为的影响。③ 关于外部金融环境，学者们关注的焦点是金融产品的创新、金融机构贷款政策的放松和宏观经济形势的改善。信贷市场越是提供更多可供选择的创新型信贷产品，越宽松的贷款政策，以及更景气的宏观经济形势，居民越有可能从金融机构获得借贷资金，也越有信心通过举债来开展风险性投资或者实现跨期消费。④ 在分析市场预期方面，研究者发现，房产具备投资品和消费品的双重属性，⑤ 因此居民上调对房产价格走势的预期通常会激励家庭按揭购房动机，导致家庭更高的负债倾向并持有更多负债。⑥ 利率变动的预期对家庭负债的影响存在不确定性，一方面，未来利率上调的预期可能会由于担忧未来资金成本的上涨而激励居民当期借贷；⑦ 但另一方面，利率的提高通常会带来家庭财富和收入水平在整个生命周期不同阶段的相对变化，导致居民减少当期消费和增加储蓄以实现既定财富和收

---

① Devlin J., "A Detailed Study of Financial Exclusion in the UK", *Journal of Consumer Policy*, Vol. 28, No. 3, March 2005.

② 吴卫星、徐芊、白晓辉：《中国居民家庭负债决策的群体差异比较研究》，《财经研究》2013年第3期。

③ Kim H., Lee D., Son J. and Min K., "Household Indebtedness in Korea: Its Causes and Sustainability", *Japan & the World Ecomomy*, Vol. 29, No. 1, January 2014.

④ Cox D. and Jappelli T., "The Effect of Borrowing Constraints on Consumer Liabilities", *Journal of Money, Credit and Banking*, Vol. 25, No. 2, May 1993.

⑤ 陈斌开、李涛：《中国城镇居民家庭资产—负债现状与成因研究》，《经济研究》2011年第S1期。

⑥ Worthington A., "Debt as a Source of Financial Stress in Australian Households", *International Journal of Consumer Studies*, Vol. 30, No. 1, January 2006.

⑦ Meng X., Hoang N. and Siriwardana M., "The Determinants of Australian Household Debt: A Macro Level Study", *Journal of Asian Economics*, Vol. 29, No. 6, December 2013.

入在家庭效用函数中的最优配置,① 此时利率上升预期不仅不会促进家庭负债,反而可能抑制其负债行为。

整体而言,尽管文献对居民家庭负债行为影响因素的分析在个体、家庭和社会环境层面都有所涉及,但是缺乏对它们置于统一框架下更为全面的系统考察,而且数据限制也使得上述影响路径的评判大多停留于理论层面的定性阐释,对变量之间逻辑关系进行严肃分析的实证文献并不多见。

第二节 家庭负债状况与结构

家庭负债与资源优化配置密切相关,合理的负债可以通过促进家庭的跨期消费实现家庭消费效用的最大化。② 微观层面的家庭负债行为和宏观经济运行之间的联系非常密切。一方面,家庭负债的规模会受到宏观经济发展状况特别是商品房价格和商品房归属权的影响;③ 另一方面,家庭负债会对宏观层面的国民经济如物价指数、恩格尔指数及经济可持续增长产生长期协整效应,并且能够通过其债务规模预测国民经济的发展状况,家庭负债规模和杠杆率过高会带来居民消费能力下降和失业率增高等后果,在某种程度上,甚至导致地区性或全球性金融危机爆发。④

欧美等发达国家在家庭负债领域的研究起步较早,且微观家庭调查的数据库资源较为丰富,大量学者基于欧美家庭金融数据对家庭负债状况与结构展开讨论。Barba 和 Pivetti(2009)通过对美国家庭债务数据的

---

① 吴卫星、徐芊、白晓辉:《中国居民家庭负债决策的群体差异比较研究》,《财经研究》2013 年第 3 期。

② Delrio A. and Young G. , "The Impact of Unsecured Debt on Financial Pressure among British Households", *Applied Financial Economics*, Vol. 18, No. 7, July 2008.

③ Campbell J. and Cocco J. , "Household Risk Management and Optimal Mortgage Choice", *Quarterly Journal of Economics*, Vol. 118, No. 4, November 2003.

④ Berisha E. and Meszaros E. , "Income Inequality, Equities, Household Debt, and Interest Rates: Evidence from a Century of Data", *Journal of International Money and Finance*, Vol. 31, No. 2, September 2018.

研究指出，美国的消费信贷在 2006 年达到了自 1980 年以来的峰值，2006 年美国家庭的消费信贷与家庭可支配收入的比值达到 25%，而与此同时，美国家庭的住房抵押贷款甚至超过了家庭可支配收入，占比高达 102.3%，这直接反映了美国居民对固定资产尤其是住房资产的投资热情。① Chmelar（2013）通过美国家庭债务和欧洲央行数据发现，低成本的房地产和各类金融产品投资会导致家庭住房抵押贷款规模的扩张，消费者消费模式的转变和相对较低的金融市场发展共同造就了 2003 年至 2013 年美国和欧洲消费信贷规模的飞速发展。② Bialowolski（2017）在研究波兰家庭债务中发现，虽然抵押贷款者比例的减少使得波兰家庭的信用卡使用频率有所下降，但是由于持有耐用品贷款的家庭数量和银行以外其他金融机构贷款规模的持续增多，导致家庭在负债规模上并没有减少，而是保持平稳或略有增长。③

孙元欣（2005）利用美国 1980 年至 2003 年政府统计数据研究美国家庭的负债结构和变化趋势时指出，早期美国家庭杠杆程度（总负债与总资产的比值）较低且处于低风险，1980 年家庭负债率为 13.2%，此后逐年上涨，2003 年负债率上升为 18.0%，最值得关注的是能够反映家庭偿债能力的负债占可支配收入的比值，该比值从 1980 年的 0.723 攀升至 2003 年的 1.189。④ 进一步利用美国家庭资产统计表，孙元欣（2006）发现，美国家庭负债主要来自类似信用卡等信用市场工具，其主要用途是消费信贷和住房抵押信贷，同时分析指出，家庭资产的快速增加使得家庭承受债务的能力有了显著提升，而且美国社会的金融体系发展比较完善，使得美国家庭的负债成本较低，且存在较多投资收益大于负债成

---

① Barba A. and Pivetti M., "Rising Household Debt: Its Causes and Macroeconomic Implications—A Long-Period Analysis", *Cambridge Journal of Economics*, Vol. 33, No. 1, January 2009.

② Chmelar A., "Household Debt and the European Crisis", *Social Science Electronic Publishing*, Vol. 17, No. 2, August 2013.

③ Bialowolski P., "Forecasting Household Debt with Latent Transition Modelling", *Applied Economics Letters*, Vol. 24, No. 15, May 2017.

④ 孙元欣：《美国家庭资产结构和变化趋势（1980—2003）》，《上海经济研究》2005 年第 11 期。

本的理财项目，因此美国家庭敢于并乐于持有负债。① Barba 和 Pivetti（2009）通过比较 1965 年至 2006 年美国家庭负债数据发现，美国家庭负债规模的扩张速度远快于 GDP 的扩张速度，同时家庭负债占总资产的比值由 1965 年的 0.137 上升为 2006 年的 0.236，反映了这一时期美国家庭债务负担呈现越来越重的趋势。② Eunmi（2012）通过对韩国银行公布的家庭债务数据研究发现，韩国房地产市场虽然持续不景气，但是家庭以住房抵押贷款形式获得的银行贷款规模却在持续扩张，且韩国家庭除住房抵押贷款外其他负债主要来源大多为非银行金融机构，这部分债务规模也在持续扩张，住房抵押贷款规模和非银行金融机构贷款规模的扩张增幅基本一致。③

针对我国居民家庭的负债状况与结构，国内学者也开展了广泛讨论。蔡明超和费一文（2007）基于中国工商银行的消费信贷数据，利用比例风险模型研究了我国市场住房抵押贷款中的提前偿还行为，结果表明，我国家庭从银行等金融机构获得的贷款主要用于个人住房贷款，占比为 81.69%，其次为汽车贷款，占比为 8.25%。④ 何丽芬等（2012）通过对比 1999 年至 2008 年我国金融数据发现，虽然我国家庭债务和国内生产总值的比值随着时间的推移呈现逐渐上升的趋向，但与美国（96%）、日本（75%）等发达国家相比，我国家庭的杠杆程度（18.05%）依然非常低；我国消费性负债规模及其占家庭金融机构贷款的比值逐年扩张，而经营性负债占家庭金融机构贷款的比值则逐年减少。⑤ 利用 CHFS（2011）数据，程丽君等（2017）发现，住房抵押贷款占我国消费性负

---

① 孙元欣：《美国家庭资产统计方法和分析》，《统计研究》2006 年第 2 期。
② Barba A. and Pivetti M., "Rising Household Debt: Its Causes and Macroeconomic Implications—A Long-Period Analysis", *Cambridge Journal of Economics*, Vol. 33, No. 1, January 2009.
③ Eunmi L., "Household Debt: Latent Risk in Korea", *SERI Quarterly*, Vol. 5, No. 2, April 2012.
④ 蔡明超、费一文：《商业银行消费信贷中的提前偿还风险影响因素与风险管理——理论与实证》，《金融研究》2007 年第 7 期。
⑤ 何丽芬、吴卫星、徐芊：《中国家庭负债状况、结构及其影响因素分析》，《华中师范大学学报》（人文社会科学版）2012 年第 1 期。

中国城市居民负债行为与债务风险研究

债的比值最大,其次为车辆负债、金融资产负债和教育负债;经营性负债的主体部分由银行等正规金融机构所获贷款组成,占比高达68.82%。[1] 孙立平和王丽娟(2019)认为,我国城市居民家庭负债主要由正规借贷组成,且银行等正规渠道贷款的资金主要用于购房,而流动性风险往往是由较高的家庭负债率所引起的。[2]

第三节 家庭负债行为的城乡差异

现代化工业部门和传统农业经济部门之间存在的二元经济结构最早由美国学者刘易斯提出。刘易斯指出,发展中国家内部包含着本质截然相反的两类经济形式,一类为技术发展领先的现代化工业部门,其发展依赖于技术和资本等生产要素投入;另一类为技术发展滞后的传统农业经济部门,其发展依赖于传统手工劳动的小农经济。长期以来,城乡二元经济结构是我国经济转型发展时期面临的主要特征之一,与之对应的金融资源分配在城乡之间严重失衡,农村金融发展远滞后于城市。较之置身于市场化程度更高、正规金融体系更加完善的城镇家庭而言,农村家庭面临更为严重的金融约束,其获取信贷资金也更加困难,这种金融二元差异格局使得农村和城镇家庭借贷的行为特征、债务风险及其决定机制可能不尽相同,目前这一主题的研究亟待推进。

李勇辉等(2018)研究了我国城镇家庭和农村家庭流动性约束差异,结果表明,由于正规金融机构在城镇地区发展比较完善,借方信息也相对充分,使得银行等正规金融渠道的资金供给可以较好地满足城镇家庭的资金需求;而农村家庭面临的情形则恰恰相反,农村家庭的资金缺口主要依靠非正规金融渠道获得支持,而且贫困农户的信贷

---

[1] 程丽君、姚玉杰、田凤:《中国城镇居民家庭资产负债现状分析》,《时代金融》2017年第23期。
[2] 孙立平、王丽娟:《城镇居民家庭资产负债结构现状与成因——基于甘肃省的经验观察》,《西部金融》2019年第12期。

第二章 文献综述

需求往往面临"无人问津"的尴尬局面，城乡二元户籍制度的存在使得我国居民在信贷获得渠道上存在明显的异质性。① 汪三贵（2001）研究信贷扶贫政策效果时指出，农村家庭虽然既能够从正规金融机构得到信贷支持，也能够从非正规金融机构得到信贷支持，但二者存在显著差异：农村家庭从非正规渠道得到的信贷支持力度更大；对于农村家庭而言，经济状况越差，其参与非正规渠道借贷的概率越高；农村家庭从正规金融机构得到的信贷支持主要用于农业生产活动，而从非正规渠道得到的信贷支持主要用于生活消费。② 韩俊等（2007）研究了农村家庭的借贷行为，实证结果表明，负债成本对农村家庭借贷行为的影响具有外生性；家庭收入对其获得正规金融机构贷款的可能性有显著的促进作用；教育支出、医疗支出和土地耕种面积会显著影响农村家庭是否参与借贷。③

何广文等（2018）利用农户家庭调查数据发现，农户从正规金融机构得到的信贷支持主要用于农业生产活动、个体户经营及购房建房，而以医疗和子女教育、购房建房为代表的消费性资金需求主要依靠非正规金融机构来满足。④ 柴时军和王聪（2015）研究了社会网络对我国农村家庭借贷行为的影响，结果表明，社会网络会显著提高农村家庭从非正规金融机构获得信贷的成功概率，因此可以通过鼓励农村加大社会网络的广度和深度来改善农村家庭普遍面临的流动性约束问题。⑤ 陈斌开等（2010）利用 CHIP 调查数据，发现教育水平的差异是导致城镇和农村家庭借贷差距悬殊的主要原因，而教育经费投入政策

---

① 李勇辉、李小琴、吴朝霞：《家庭借贷约束对"代际传承陷阱"的固化效应》，《财经科学》2018 年第 7 期。
② 汪三贵：《信贷扶贫能帮助穷人吗？》，《调研世界》2001 年第 5 期。
③ 韩俊、罗丹、程郁：《信贷约束下农户借贷需求行为的实证研究》，《农业经济问题》2007 年第 2 期。
④ 何广文、何婧、郭沛：《再议农户信贷需求及其信贷可得性》，《农业经济问题》2018 年第 2 期。
⑤ 柴时军、王聪：《社会网络与农户民间放贷行为——基于中国家庭金融调查的研究》，《南方金融》2015 年第 6 期。

是影响教育水平的关键。① 借助中国家庭追踪调查（CFPS2016）数据，柴时军和周利（2020）进一步研究了影响当前我国居民家庭负债选择—负债程度的因素及其城乡差异，发现宗教信仰、政治身份和社会网络对家庭负债行为的直接影响仅体现在农村居民家庭中，城市家庭中房产市值对家庭是否持有负债的强化作用更大，但是对资产负债比的影响却显著更低，家庭规模、健康和丧偶对家庭负债行为的边际影响在农村更大。②

第四节 家庭债务风险研究

早期文献主要是定性研究,③ 探讨居民加杠杆背后债务风险的形成根源、表现类型，对不同债务风险防范的具体流程进行了细化，结合风险的认知、分类、特点和结构等要素对风险预警机制提出初步构想。后期开始有学者尝试实证方面的定量研究,④ 并在随后的研究中逐渐形成了所谓的"金融不稳定假说"，即：居民的过度乐观可能引致过度负债，随之引发资金流动性收紧和家庭财务脆弱性加剧，最终导致资产价格的崩溃和系统性金融危机的发生。⑤ 然而，上述研究大多基于宏观的角度来建立模型，缺乏微观个体的最优决策机制分析。Haughwout 等（2008）首次使用微观数据对个人住房按揭贷款集群的违约问题进行了研究，从而在技术上解决了宏观总量数据分析微观居民行为通常面临的"可加

---

① 陈斌开、张鹏飞、杨汝岱：《政府教育投入、人力资本投资与中国城乡收入差距》，《管理世界》2010 年第 1 期。
② 柴时军、周利：《家庭负债、负债程度及其影响因素——基于中国城乡差异的实证分析》，《统计与决策》2020 年第 22 期。
③ 刘萍：《个人住房抵押贷款风险探析》，《金融研究》2002 年第 8 期；何晓晴、谢赤、吴晓：《住房按揭贷款违约风险及其防范机制》，《社会科学家》2005 年第 6 期。
④ 刘向耘、牛慕鸿、杨娉：《中国居民资产负债表分析》，《金融研究》2009 年第 10 期；龚刚、徐文舸、杨光：《债务视角下的经济危机》，《经济研究》2016 年第 6 期。
⑤ 马建堂、董小君、时红秀：《中国的杠杆率与系统性金融风险防范》，《财贸经济》2016 年第 1 期；魏玮、陈杰：《加杠杆是否一定会成为房价上涨的助推器？》，《金融研究》2017 年第 12 期。

第二章 文献综述

性"问题。① Capozza 和 Order（2011）②、Kelly 等（2012）③ 和廖理等（2014）④ 在此基础上，进一步对影响居民债务风险的相关特征变量展开综合评价，并逐渐演化形成包括借款人特征、贷款特征、人文特征和外部经济特征在内的四维度系统分析框架。但是由于家庭部门债务统计口径不统一、数据不披露，研究所使用的数据大多来自某家银行或非银行金融机构，与实际发生的数据（如民间借贷）有一定的出入，不能准确地识别和预警家庭整体债务风险程度。

家庭债务风险是家庭金融问题的核心内容，有关家庭债务风险的定义还没有统一的结论，因此衡量家庭债务风险的方法也不尽相同。有学者采用存量杠杆指标来衡量家庭债务风险，如潘敏和刘知琪（2018）选用家庭资产负债率、房贷/房产市值和家庭应偿债务/流动性资产等指标衡量家庭债务风险。⑤ 也有学者选用流量杠杆指标来衡量家庭债务风险水平，如 Michelangeli 和 Pietrunti（2014）⑥、孟德锋等（2019）⑦，选用债务收入比、偿债收入比、利息/收入等指标衡量家庭金融脆弱性。还有学者将存量杠杆和流量杠杆结合起来，如隋钰冰等（2020）⑧，将违约概率指标、存量指标和流量指标相结合，构造杠杆风险指标、财务边际指标和风险债务比例。柴时军（2020）同时考虑了流量杠杆和存量杠杆，

---

① Haughwout A., Peach R. and Tracy J., "Juvenile Delinquent Mortgages: Bad Credit or Bad Economy", *Journal of Urban Economics*, Vol. 64, No. 2, September 2008.

② Capozza D. R. and Order R. V., "The Great Surge in Mortgage Defaults 2006 – 2009: The Comparative Roles of Economic Conditions, Underwriting and Moral Hazard", *Journal of Housing Economics*, Vol. 20, No. 2, June 2011.

③ Kelly R., McGarthy Y. and McQuinn K., "Impairment and Negative Equity in the Irish Mortgage Market", *Journal of Housing Economics*, Vol. 21, No. 3, September 2012.

④ 廖理、李梦然、王正位：《聪明的投资者：非完全市场化利率与风险识别——来自P2P网络借贷的证据》，《经济研究》2014年第7期。

⑤ 潘敏、刘知琪：《居民家庭"加杠杆"能促进消费吗？》，《金融研究》2018年第4期。

⑥ Michelangeli V. and Pietrunti M., "A Microsimulation Model to Evaluate Italian Households' Financial Vulnerability", *International Journal of Microsimulation*, Vol. 7, No. 3, September 2014.

⑦ 孟德锋、严伟祥、刘志友：《金融素养与家庭金融脆弱性》，《上海金融》2019年第8期。

⑧ 隋钰冰、尹志超、何青：《外部冲击与中国城镇家庭债务风险》，《福建论坛》（人文社会科学版）2020年第1期。

选用财务杠杆中家庭负债与资产之比、家庭负债与收入之比作为家庭债务风险的衡量指标,借助2017年CHFS微观调查数据,实证研究了移动支付对我国居民家庭债务风险的影响、作用机制及其在不同群体间的影响差异。① 两类指标相比,存量杠杆测量误差较小且构造相对简单,而流量杠杆的普适性更强,更能直接反映真实的家庭债务风险水平。与以上方法不同,张冀等(2020)通过研究家庭负债对于居民消费行为的影响间接衡量家庭债务风险。② 这种方法能够降低可能存在的选择性偏差,并且在控制了财富效应的基础上分析不同居民家庭负债结构的债务风险,有利于寻找影响家庭债务风险的驱动因素。此外,袁志辉和刘志龙(2020)通过构造存量—流量一致模型,从宏观经济部门之间的关联出发,分析我国财政政策、货币政策和房地产政策对居民债务风险的影响。③ Michelangeli和Pietrunti(2014)选用应偿债务收入作为信贷风险的衡量指标,通过计算用于偿还债务的资金占家庭总收入的比例来衡量信贷风险水平。④ 还有学者构造家庭账单支付和筹款能力来反向测量家庭债务风险。⑤

从研究方法看,已有研究主要利用截面数据对存量债务进行评价,属于事后监督,且大多数研究期都是固定的。但是家庭负债是非均衡动态变化的,研究样本可能在研究结束前退出研究状态,或研究结束之后关注事件(是否违约)仍未发生,所以仅就存量债务进行风险评价是远

---

① 柴时军:《移动支付是否放大了家庭债务风险?——基于家庭财务杠杆视角的微观证据》,《西南民族大学学报》(人文社会科学版)2020年第10期。

② 张冀、孙亚杰、张建龙:《我国家庭负债存在过度风险吗?——基于负债结构下的消费视角》,《河北经贸大学学报》2020年第5期。

③ 袁志辉、刘志龙:《基于宏观资产负债表的居民债务问题及其风险研究》,《国际金融研究》2020年第2期。

④ Michelangeli V. and Pietrunti M. , "A Microsimulation Model to Evaluate Italian Households' Financial Vulnerability", *International Journal of Microsimulation*, Vol. 7, No. 3, September 2014.

⑤ Ampudia M. , Vlokhoven H. V. and Zochowski D. , "Financial Fragility of Euro Area Household", *Journal of Financial Stability*, Vol. 27, No. 6, December 2016;李波、朱太辉:《债务杠杆、金融素养与家庭金融脆弱性——基于中国家庭追踪调查CFPS2014的实证分析》,《国际金融研究》2020年第7期。

远不够的。Capozza 和 Order（2011）提出贷款持续期生存函数概念，构造 Cox 半参数比例风险模型（PHM）对不同家庭拖欠和违约的概率变化开展了事前预警研究，开创了家庭债务风险预警领域动态研究的先河。[1] 目前，国内学者也开始使用 PHM 方法，对违约风险下居民住房抵押贷款风险进行评价。[2] 但是他们采用基于住房贷款的负债率、拖欠率或违约率等单一指标识别和预警家庭债务风险，也存在一定的缺陷。从研究范围看，现有研究主要是针对地区性家庭债务风险[3]或者针对某一省、[4] 某一市[5]的家庭债务风险，对全国及各省/市同时进行交叉比较并考察区域间差异的研究尚不多见。

综合来看，现有研究存在需要拓展和深化的部分：（1）学界侧重宏观层面讨论家庭部门债务对系统性金融风险的影响，而从居民"加杠杆"的动态视角考察微观家庭本身的债务风险及其决定因素亦应重视。（2）基于微观调查数据的家庭债务风险研究目前仅限于单项指标，大多讨论住房贷款或网络借贷风险问题，有必要开展家庭整体债务的风险测量与评价。（3）居民加杠杆的群体性特征及其驱动机制研究有待加强，家庭债务风险及其规避路径值得进一步廓清。

---

[1] Capozza D. R. and Order R. V., "The Great Surge in Mortgage Defaults 2006–2009: The Comparative Roles of Economic Conditions, Underwriting and Moral Hazard", *Journal of Housing Economics*, Vol. 20, No. 2, June 2011.

[2] 徐淑一、王宁宁：《竞争风险下我国住房抵押贷款风险的实证研究》，《统计研究》2011 年第 2 期。

[3] 廖理、李梦然、王正位：《聪明的投资者：非完全市场化利率与风险识别——来自 P2P 网络借贷的证据》，《经济研究》2014 年第 7 期。

[4] 徐淑一、王宁宁：《竞争风险下我国住房抵押贷款风险的实证研究》，《统计研究》2011 年第 2 期。

[5] 马宇：《我国个人住房抵押贷款违约风险影响因素的实证研究》，《统计研究》2009 年第 5 期。

第三章 中国家庭负债的状况、结构及其变化趋势

第一节 中国住户部门贷款状况

一 中国住户部门贷款

住户指共享共同的生活设施，共同使用部分或者全部生产及生活资料，包括但不限于住房、食品及其他服务的常驻个人或群体。而所有住户的集合统称为住户部门。住户部门贷款按照用途的不同可划分为消费性贷款和经营性贷款，其中，经营性贷款根据贷款期限的长短区分为短期经营性贷款（期限在1年及以内）和中长期经营性贷款（期限大于1年），消费性贷款同样也分为短期消费性贷款（期限在1年及以内）和中长期消费性贷款（期限大于1年）。

图3-1显示，我国住户部门贷款规模总量上升趋势明显，但增长速度逐步放缓。宏观层面，我国住户贷款规模在2011年至2020年呈高速增长态势，同比增长率均高于14%，住户贷款年均增长率高达18.73%。其中，2016年同比增长率最高（23.46%），住户部门贷款总额为33.36万亿元，2020年同比增长率最低（14.23%），住户部门贷款总额为63.19万亿元。对比同期我国GDP数据及其增长情况（见图3-2），2011年同比增长率最高，GDP为48.34万亿元，名义增长率为18.40%，2020年同比增长率最低，GDP为101.60万亿元，名义增长率为2.99%，2011年至2020年我国GDP年均增长率为8.60%。可以看出，这一时期我国住户部门贷款规模与国民经济同步增长，且住户部门贷款增长率远

第三章 中国家庭负债的状况、结构及其变化趋势

高于GDP增长率，表明我国近年来居民债务杠杆和债务风险在持续增高。

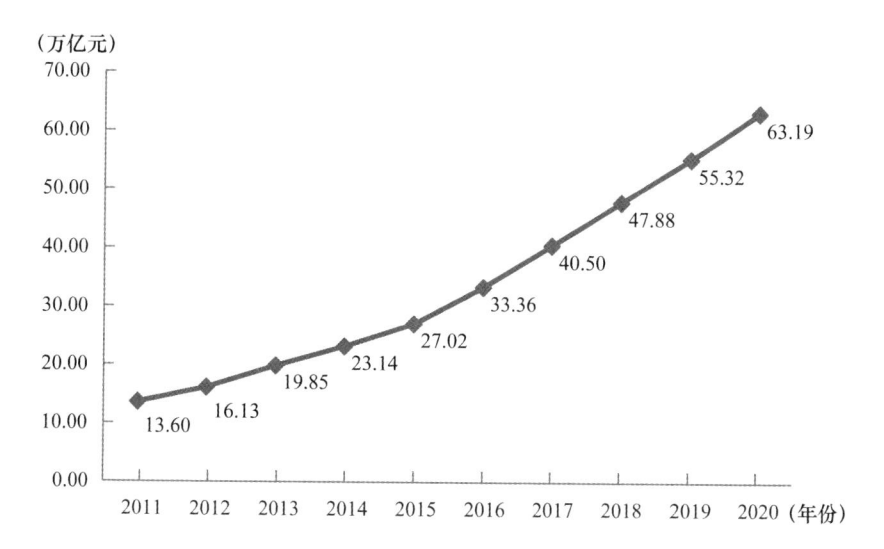

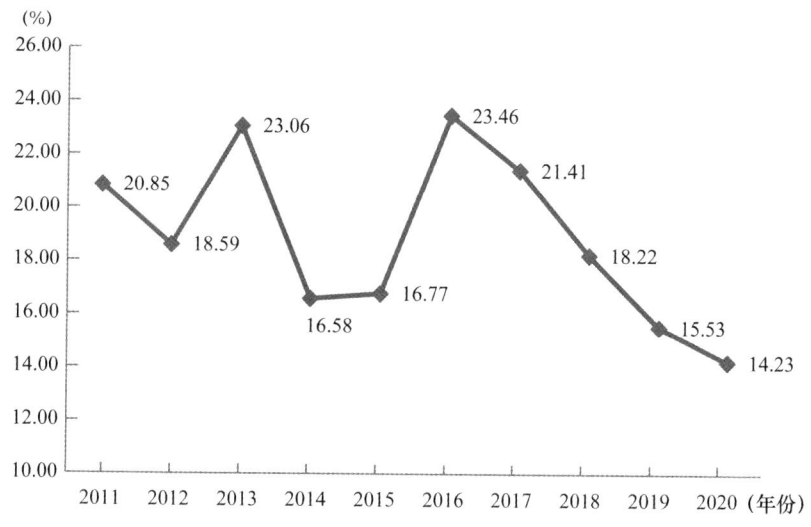

图 3-1 中国住户部门贷款额与贷款增长率

数据来源：中国人民银行统计司2011年至2020年金融机构人民币信贷收支表数据。

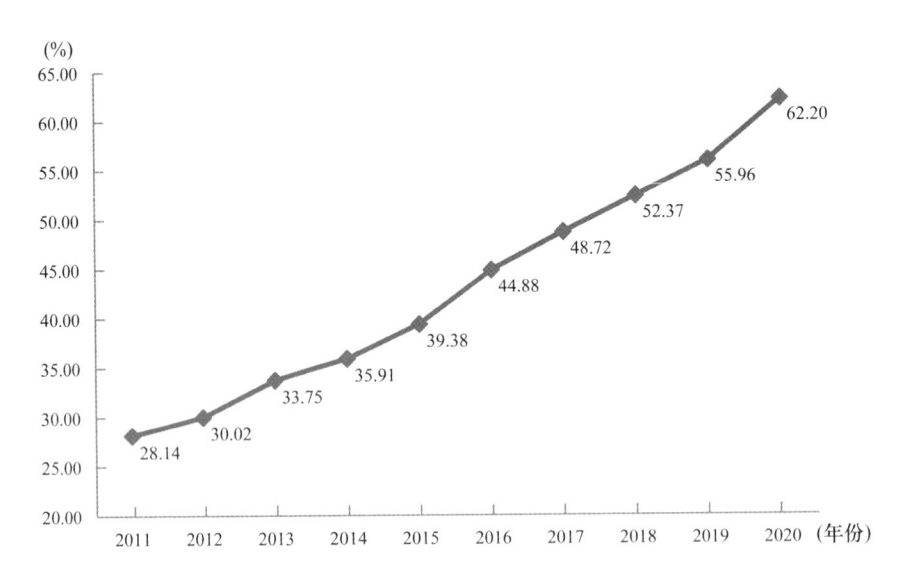

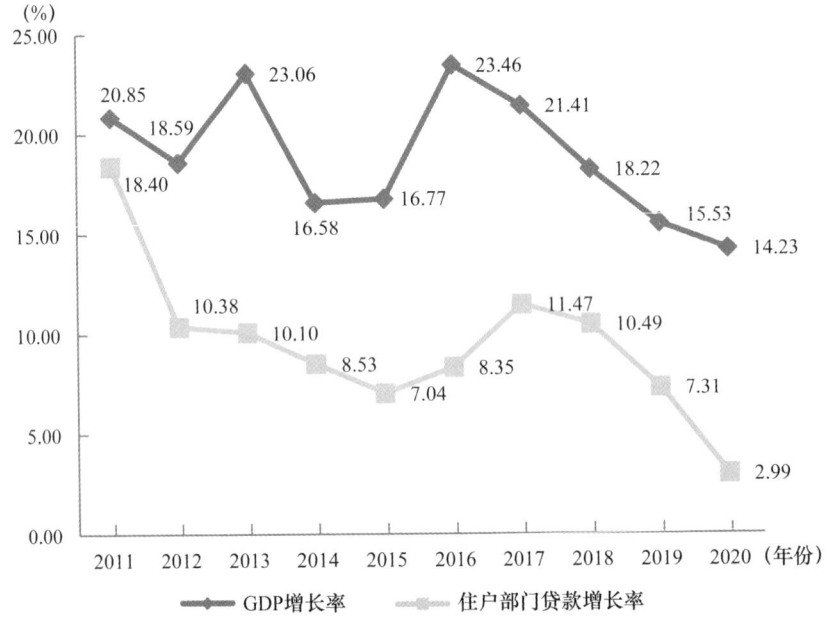

图 3-2 住户部门贷款与 GDP 的比值及住户贷款增长率与 GDP 增长率的比较

数据来源：国家统计局和中国人民银行调查统计司 2011 年至 2020 年金融机构人民币信贷收支表。图中 GDP 增长率为名义 GDP 增长率。

为了实现刺激经济快速发展和推进商品房去库存的目标，我国自2014年以来执行了一系列加杠杆的政策。受居民收入分配不完善、宏观经济增长速度放缓、社会保障系统不健全以及家庭负担过重等影响，目前居民加杠杆的空间已经很小，且单纯依靠加杠杆来刺激经济发展所能起到的作用已非常有限。相反，住户部门贷款规模的快速上升，不仅为国民经济正常运行埋下了隐患，而且还可能干扰金融系统的安全稳定，甚至导致国民经济体系的大幅动荡。刘磊和王宇（2018）认为，受我国杠杆程度绝对水平较低、储蓄率较高、金融资产占家庭资产的比例较小及较为合理均衡的财富分配等因素影响，我国居民可承受的杠杆程度要比其他一般国家更高。[①] 而鲁存珍（2019）指出，我国住户部门贷款的快速增长主要是受宏观经济刺激政策的影响，具体表现为我国实行了较为宽松的货币政策和信贷政策，住户部门贷款增加虽然在短期内能够促进经济的快速发展，但长期来看，持续加杠杆可能导致房价的快速攀升、贫富差距的扩大、城镇化进程受阻和消费市场的萎靡不振等后果，甚至危及金融安全及社会稳定。[②] 王欢和郑飞（2019）强调，虽然我国住户部门杠杆程度略小于国际平均杠杆程度，但是住户部门杠杆程度的扩张速度却远高于欧美等发达国家，这一现象亟待引起重视。[③]

二 消费性贷款和经营性贷款

住户部门贷款根据使用用途差异可分为消费性贷款和经营性贷款。从图3-3可以看出，我国住户部门贷款以消费性贷款为主且消费性贷款占比逐年增长。2011年以来，我国住户部门经营性贷款和消费性贷款均呈快速增长态势。二者的差别在于，消费性贷款占比逐年增加，而经营性贷款占比逐年降低。在过去的十年里，消费性贷款规模从2011年的8.87万亿元增加到2020年的49.57万亿元，而同期消费性贷款占比也

[①] 刘磊、王宇：《居民杠杆率与金融稳定》，《开放导报》2018年第1期。
[②] 鲁存珍：《住户部门杠杆率快速上升成因及影响研究》，《西南金融》2019年第1期。
[③] 王欢、郑飞：《我国住户部门债务水平与特征分析》，《债券》2019年第12期。

从 65.23% 上升到 78.45%，贷款规模和占比分别增长了 4.59 倍和 13.22 个百分点。相对而言，经营性贷款不仅规模更小，而且增速趋缓。由此可见，消费性贷款增加是近年来我国居民杠杆率攀升的主要来源。

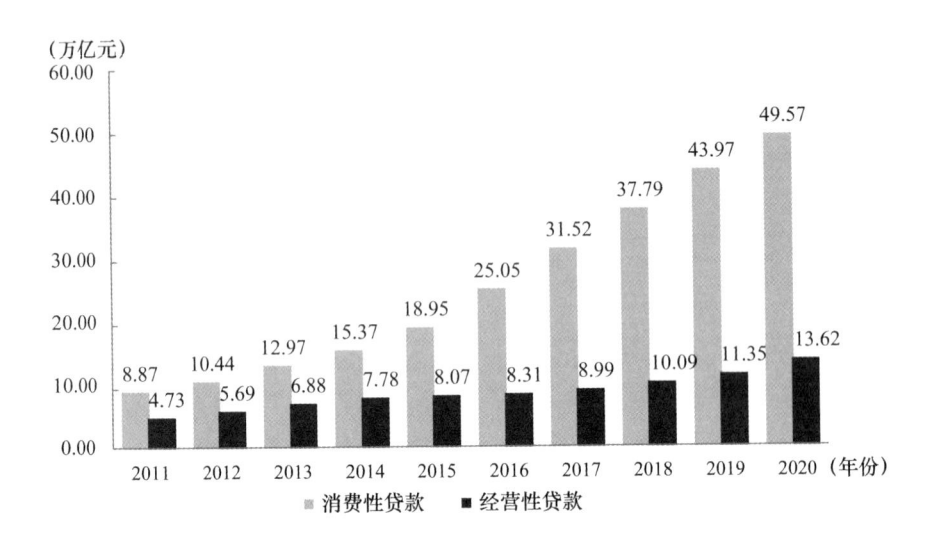

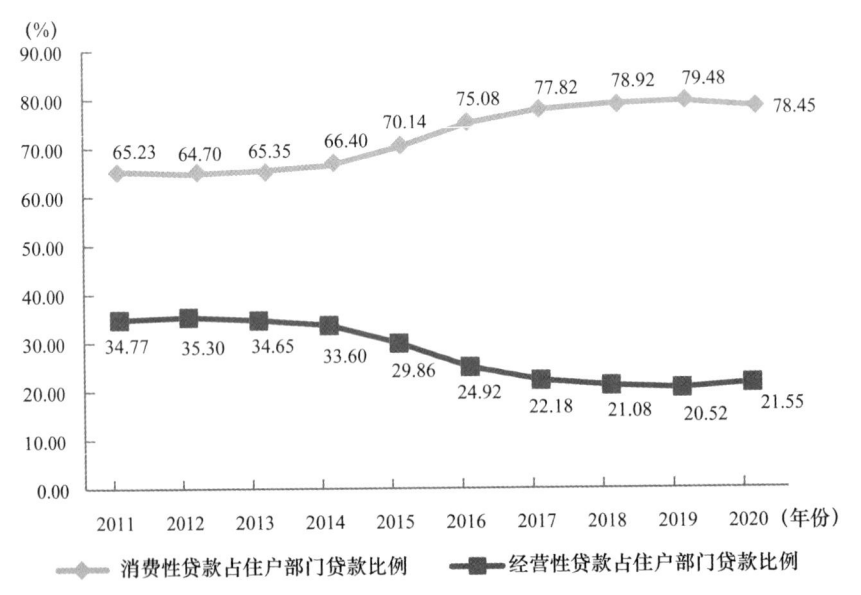

图 3-3 住户部门消费性贷款和经营性贷款及占比

数据来源：中国人民银行统计司 2011 年至 2020 年金融机构人民币信贷收支表数据。

消费性贷款规模的迅速扩张虽然在短期内能够促进消费和宏观经济的增长，但是长期来看，其引致的过度负债可能对消费和经济可持续发展产生不利影响。张晓晶等（2017）指出，我国经营性贷款占住户部门贷款的比重有所缩小的主要原因在于金融部门去杠杆举措导致实体经济部门杠杆率同步回落，并且指出这是我国进行杠杆率优化的必然结果，对宏观经济的健康发展有正面的促进作用。[1] 王欢和郑飞（2019）在研究住户部门消费性贷款时，把消费性贷款按用途的不同分为住房消费性贷款和其他消费性贷款，且消费性贷款主要由住房抵押贷款构成，研究发现，消费性贷款持续增长的原因在于购房抵押贷款的持续增长，具体机制为房价和交易量的上涨促进了房屋销售额的上涨，并进一步促进了住房贷款规模的扩张，造成消费性贷款规模的持续扩张，而经营性贷款增长较慢的原因可能在于消费性贷款规模的快速扩张对居民经营性贷款造成了较大的挤出效应。[2]

三 短期经营性贷款和中长期经营性贷款

经营性贷款可进一步细分为短期经营性贷款和中长期经营性贷款。从图3-4可以看出，经营性贷款由2011年的4.73万亿元增长到2020年的13.62万亿元，增长了1.88倍，年平均增长率高达12.47%；无论短期经营性贷款还是中长期经营性贷款，贷款规模均呈显著的增长态势，但两者增长率不同，短期经营性贷款增速先递减后递增，而中长期经营性贷款增速震荡上行，中长期经营性贷款增长速度明显高于短期经营性贷款增长速度。从占比的角度来看，我国住户部门经营性贷款以短期经营性贷款为主，且短期经营性贷款占经营性贷款总额的比重逐年下降。2011年短期经营性贷款与中长期经营性贷款的比值为1.77，之后该比值开始缓慢下降，2020年该比值下降为0.98。

经营性贷款规模的增加有利于企业的生产经营活动的正常开展，特

---

[1] 张晓晶、常欣、刘磊：《二季度去杠杆分析》，《中国经济报告》2017年第11期。
[2] 王欢、郑飞：《我国住户部门债务水平与特征分析》，《债券》2019年第12期。

(万亿元)

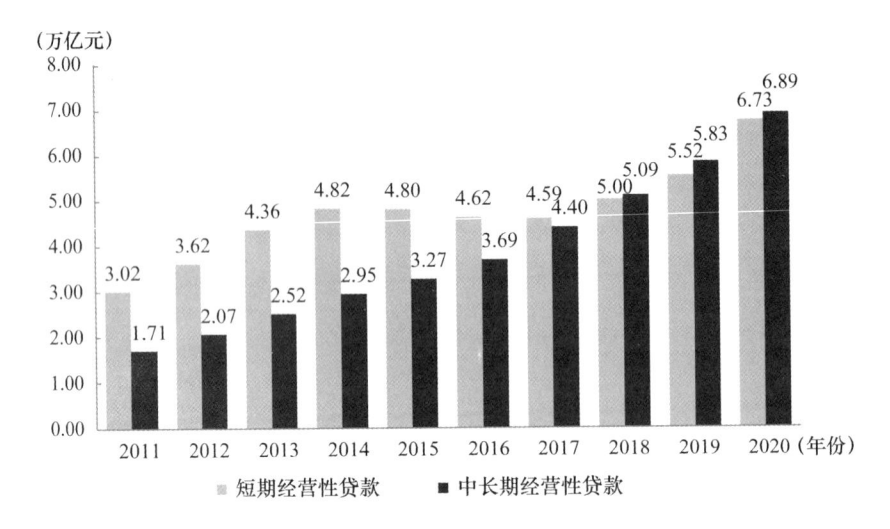

图3-4 短期经营性贷款和中长期经营性贷款

数据来源：中国人民银行统计司2011年至2020年金融机构人民币信贷收支表数据。

别是对于实体企业的经营和发展至关重要，但是仍需警惕经营性贷款流入房地产市场和股市的违规行为。我国经营性贷款规模的增长主要是因为国家多年来一直执行对中小微型企业的扶持政策，中小微型企业对于推动居民就业和经济增长拥有异常重要的积极作用，但是中小微型企业却长期存在着贷款申请难度大和申请使用贷款成本高等问题，为了刺激实体经济健康繁荣发展，有必要制定相关政策促进针对中小微型企业的金融支持的发展。观察图3-1和图3-4，可以看出，经营性贷款占住户部门贷款的比例一直以来都不高，且整体占比呈现逐年下降的趋势，这也从侧面印证了中小微型企业生存比较困难。金彤（2020）认为，近年来中长期经营性贷款快速增长的主要原因是国家加大了对不包括房地产行业的服务业、专门针对中小微型企业经营和农户经营的普惠金融及绿色信贷的扶持力度导致的。之所以长期经营性贷款没有再现2015年的高速增长，主要是因为国家对房地产企业贷款审核收紧，致使其贷款增长速度出现较大幅度的回落。[①]

[①] 金彤：《2020年前三季度金融机构贷款投向》，《中国金融》2020年第21期。

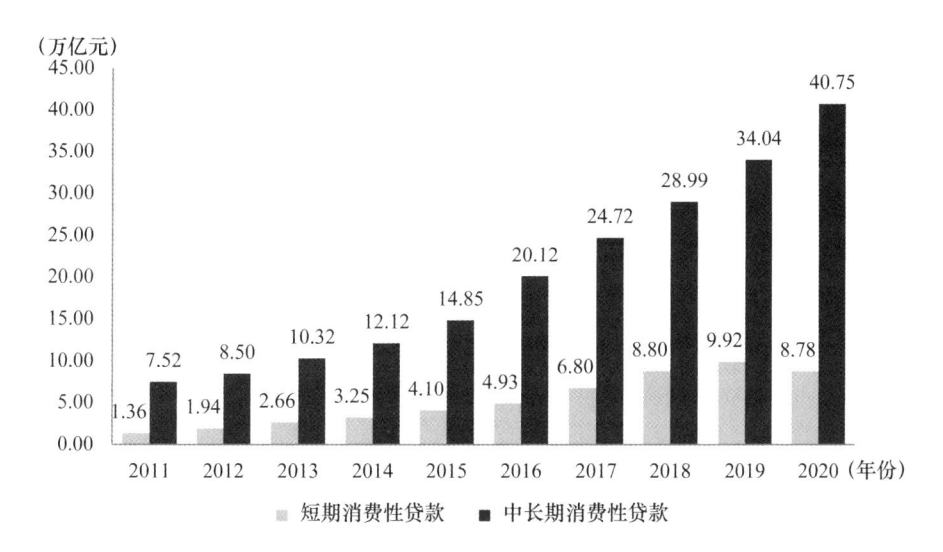

第三章 中国家庭负债的状况、结构及其变化趋势

四 短期消费性贷款和中长期消费性贷款

短期贷款指银行等金融机构发行的贷款期限为小于或等于一年的贷款，居民通过短期贷款取得的资金主要用于生产生活；中期贷款指银行等金融机构发行的期限大于一年小于且等于五年的贷款，长期贷款指银行等金融机构发行的期限超过五年的贷款，居民通过中长期贷款取得的资金主要用于家庭固定资产投资，如购房建房贷款和购车贷款等。图 3-5 显示，过去十年，虽然短期消费性贷款增长速度更快（短期消费性贷款增长 5.46 倍，中长期消费性贷款增长 4.42 倍），但中长期消费性贷款所占比重更高；短期消费性贷款占比逐年上升，而中长期消费性贷款占比逐年下降，最终在 82% 附近趋于稳定；2011 年中长期消费性贷款规模与短期消费性贷款规模的比值为 5.54，此后比值震荡下降，2018 年该比值下降到 3.29，达到历史最低，但由于中长期消费性贷款基数大，因此中长期消费性贷款增长量仍然大于短期消费性贷款增长量。总体而言，我国居民消费性贷款中，中长期消费性贷款占比更大，但短期消费性贷款增长速度明显。

（万亿元）

年份	短期消费性贷款	中长期消费性贷款
2011	1.36	7.52
2012	1.94	8.50
2013	2.66	10.32
2014	3.25	12.12
2015	4.10	14.85
2016	4.93	20.12
2017	6.80	24.72
2018	8.80	28.99
2019	9.92	34.04
2020	8.78	40.75

图 3-5 短期消费性贷款和中长期消费性贷款

数据来源：中国人民银行统计司 2011 年至 2020 年金融机构人民币信贷收支表数据。

短期消费性贷款主要由个人消费性贷款组成，商业银行的"大零售"战略转型政策是促进个人消费性贷款规模快速上涨的主要原因。我国居民的中长期消费性贷款主要用于购买固定资产，如按揭购买商品房，中长期消费性贷款规模的增长主要得益于城镇化进程的快速推进和房地产市场的繁荣发展。图3-6显示，我国商品房销售价格呈现出高速增长态势，商品房销售额从2011年的5.86万亿元增加到2020年的17.36万亿元，同期单位面积商品房均价也从5357元攀升到9860元，近十年内销售额和单价分别增长了196.32%和84.01%。同时，2011年至2020年也是我国城镇化水平迅猛发展的十年。2011年和2020年我国城镇人口分别为69079万人和86029万人，城镇化人口增幅高达24.54%。由此可见，在城镇化迅猛发展和商品房销售价格高速增长的联合作用下，购房建房负债占据我国家庭负债的主要部分，并推动了中长期消费性贷款规模的快速增长。

值得注意的是，需要警惕中长期消费性贷款规模快速增加可能导致的房地产泡沫。任木荣和刘波（2009）认为城镇化的发展水平会对城镇住房价格产生显著促进效应。[①] 鲁存珍（2019）研究发现，中长期消费性贷款高速增长的原因与住房价格上涨及社会保障水平提高等因素有关，提出中长期消费性贷款的快速增长不仅会提高房地产泡沫形成的可能性，而且还会导致财富两极分化以及对城镇化构成抑制作用，一旦居民承担债务规模和可支配收入的比值达到一定极限，可能对我国居民的偿债能力构成严重的挑战。[②]

短期消费性贷款通常不是导致居民消费性贷款规模大幅增长的主因，并且短期消费性贷款可能引起的经济内生增长的边际效用更大，一个典型的例子是，以车辆贷款和信用卡等为代表的短期消费性贷款相比中长期消费性贷款对居民消费行为的刺激作用更为显著，但是从消极意义上讲，短期消费性贷款并不是完全意义上的居民消费，并且其中有相当大

[①] 任木荣、刘波：《房价与城市化的关系——基于省际面板数据的实证分析》，《南方经济》2009年第2期。

[②] 鲁存珍：《住户部门杠杆率快速上升成因及影响研究》，《西南金融》2019年第1期。

规模的短期消费性贷款用于按揭购房。张晓晶等（2017）强调，消费性贷款规模的快速增长需要引起金融监管机构的足够重视，特别是短期消费性贷款可能被违规用于住房抵押贷款而出现"短贷长用"的现象，因

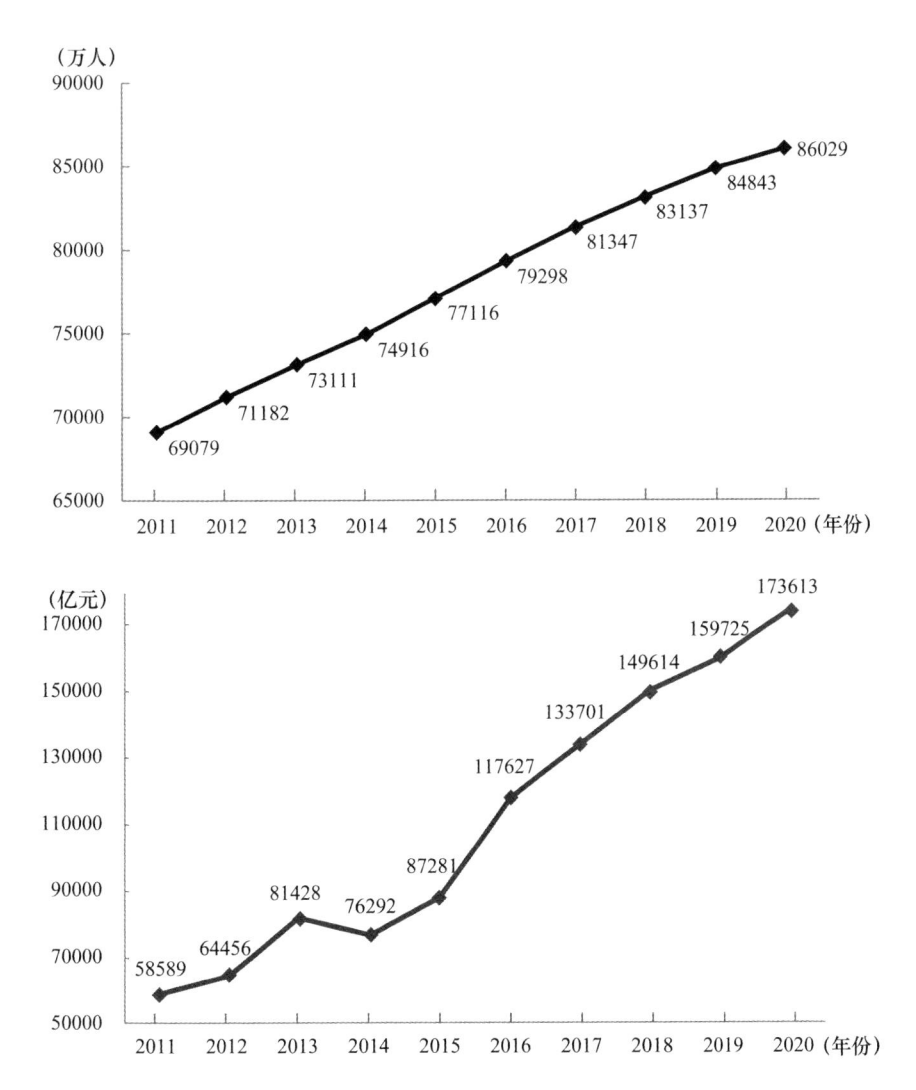

图 3-6 2011 年至 2020 年我国城镇人口变化与我国商品房销售额

数据来源：国家统计局官网 2011—2020 年数据。

为短期消费性贷款违规流入住房抵押贷款将会放大未来房贷违约的可能性。[1] 潘敏和刘知琪（2018）认为，短期贷款对居民消费和宏观经济增长在短期内能够起到显著的正向推动作用，但是一旦期满，反而会抑制居民消费和宏观经济增长。[2]

第二节　中国家庭负债的分布状况

一　家庭的负债比例

上一节从宏观的角度提供了我国住户部门贷款的基本情况，但宏观数据不能准确刻画贷款在微观个体之间的分配及使用状况。接下来，本节借助中国家庭金融调查（CHFS2013—2017）数据，从微观个体层面，分析我国家庭负债（参与率和借款额度）的分布状况。表3-1提供了我国居民家庭负债比例按地区和城乡分布的基本信息。总体而言，我国居民家庭负债比例（有负债的家庭样本量与总样本量的比值）逐年增加，持有负债家庭占比从2013年的21.47%上升到2017年的29.41%，4年内负债比例增长了近8个百分点；农村家庭比城镇家庭具有更高的负债倾向，且两者差距逐渐扩大；西部地区家庭负债比例最高，其次为中部地区家庭，东部地区家庭负债比例最低且增速趋缓。我国居民家庭的负债主要是由购买固定资产如住房、汽车等所引起的，"房奴"和"车奴"现象十分普遍，而医疗支出和教育支出对家庭负债的影响并不显著，并且我国居民大多受儒家文化思想的影响，[3] 家庭在是否负债抉择中大多秉持保守态度，借款在大多情况下属于"不得已而为之"。

进一步地，分城乡来看，城镇居民的消费支出主要受工资性收入的影响，属于收入消费型，而农村家庭则大多依靠土地耕种等经营收入，城镇家庭和农村家庭收入来源渠道存在很大的异质性。城镇家庭负债主

---

[1] 张晓晶、常欣、刘磊：《二季度去杠杆分析》，《中国经济报告》2017年第11期。
[2] 潘敏、刘知琪：《居民家庭"加杠杆"能促进消费吗？》，《金融研究》2018年第4期。
[3] 祝伟、夏瑜擎：《中国居民家庭消费性负债行为研究》，《财经研究》2018年第10期。

要表现为住房负债和车辆负债等大额负债,而农村家庭负债则更多表现为农业生产和生活消费负债,负债覆盖范围广但负债额度小,因此城镇家庭往往拥有更高的负债规模而农村家庭拥有更高的负债普及度。图3-7也证实,农村家庭比城镇家庭具有更高的负债比例,且城镇家庭和农村家庭负债比例的差距在进一步扩大。2013年,农村家庭比城镇家庭的负债比例高6.89个百分点,而到2017年,该比例差扩大到13.73个百分点,且农村家庭负债比例增长速度大于城镇家庭增长速度。这也说明,农村家庭比城镇家庭有更高的负债倾向。

表3-1　　　　　　　中国居民家庭负债比例分布状况

样本分类		年份	东部	中部	西部	全国
城镇家庭	有负债家庭数量	2013	1286	1183	1204	3673
		2015	2642	1944	1659	6245
		2017	2769	2172	1739	6680
	家庭总样本量	2013	8411	5929	4713	19053
		2015	12645	7261	5404	25310
		2017	13409	7547	5745	26701
	有负债家庭占比	2013	15.29%	19.95%	25.55%	19.28%
		2015	20.89%	26.77%	30.70%	24.67%
		2017	20.65%	28.78%	30.27%	25.02%
农村家庭	有负债家庭数量	2013	489	951	891	2331
		2015	930	1701	1377	4008
		2017	1050	2176	1633	4859
	家庭总样本量	2013	2249	3621	3035	8905
		2015	3380	4817	3388	11585
		2017	3824	5089	3624	12537
	有负债家庭占比	2013	21.74%	26.26%	29.36%	26.17%
		2015	27.51%	35.31%	40.64%	34.60%
		2017	27.46%	42.76%	45.06%	38.76%

续表

样本分类		年份	东部	中部	西部	全国
全国家庭	有负债家庭数量	2013	1775	2134	2095	6004
		2015	3572	3645	3036	10253
		2017	3819	4348	3372	11539
	家庭总样本量	2013	10660	9550	7748	27958
		2015	16025	12078	8792	36895
		2017	17233	12636	9369	39238
	有负债家庭占比	2013	16.65%	22.35%	27.04%	21.47%
		2015	22.29%	30.18%	34.53%	27.79%
		2017	22.16%	34.41%	35.99%	29.41%

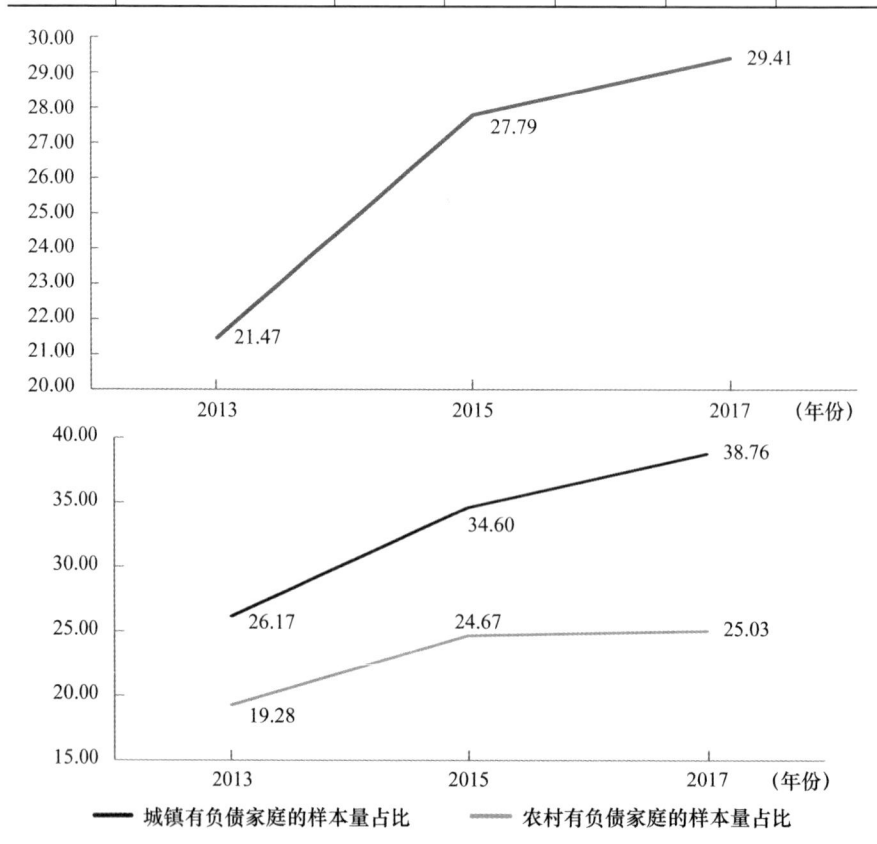

图3-7 中国居民家庭负债比例及其城乡差异

从地区差异的角度看，图 3-8 显示，西部城镇家庭的负债比例最高，其次为中部城镇家庭，最后为东部城镇家庭，即经济发展越好的地区，城镇家庭负债的可能性越低。以 2017 年为例，东部、中部和西部城镇家庭的负债比例分别为 20.65%、28.78% 和 30.27%。对比发现，2015 年至 2017 年相比于 2013 年至 2015 年，无论东部、中部还是西部城镇家庭，负债比例增速趋缓，呈高位徘徊态势。2013 年至 2015 年，东部、中部和西部城镇家庭负债比例分别上升了 5.60%、6.82% 和 5.15%，而在 2015 年至 2017 年，三者增速分别为 -0.24%、2.01% 和 -0.43%。就农村家庭负债比例的地区分布而言，从图 3-9 可以看出，农村家庭负债比例表现出与城镇家庭大体一致的地区分布特征，即西部最高、中部居中、东部最低，进一步印证了经济发展越好的地区，家庭负债可能性越低。不同的是，农村家庭负债比例增速更快。2013 年至 2017 年，东部、中部和西部农村家庭负债比例分别上升了 5.72、16.50 和 15.70 个百分点，相对而言，中部农村家庭负债比例增长速度最快，其次为西部农村家庭，而东部农村家庭不仅负债比例更低，而且增速更慢。

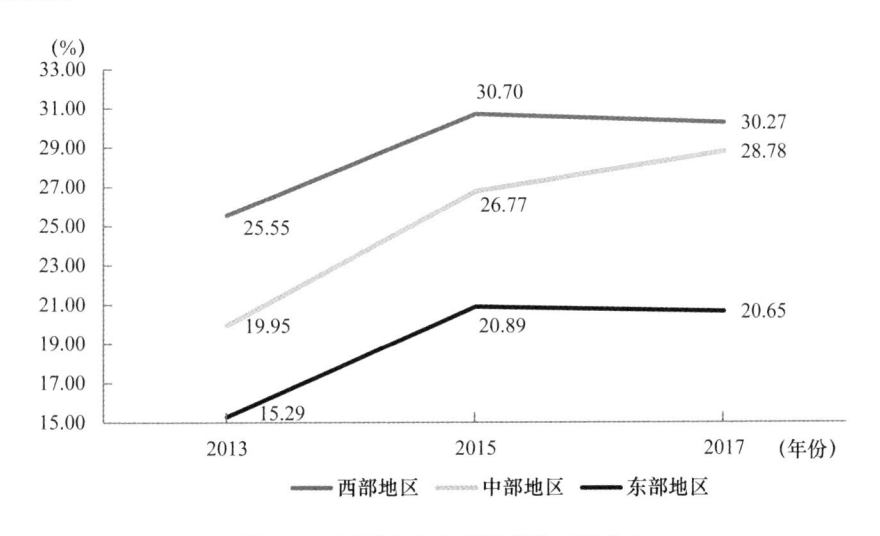

图 3-8 城镇家庭负债比例的地区分布

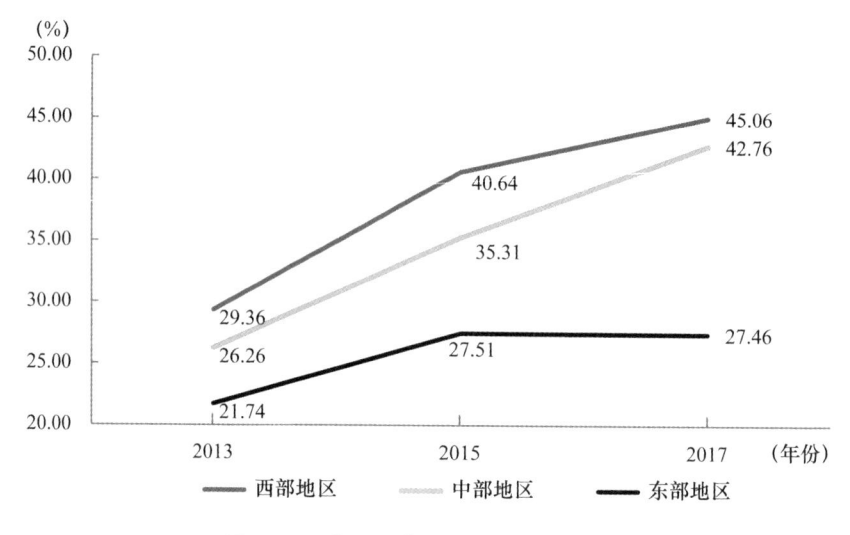

图 3-9 农村家庭负债比例的地区分布

二 家庭负债额度

表 3-2 汇报了中国居民家庭负债额度的分布情况。CHFS 调查结果表明，2013 年至 2017 年，我国家庭户均负债大幅攀升，但增长速度趋缓。2013 年至 2017 年户均负债分别为 25231 元、39414 元和 47467 元，2015 年户均负债相比于 2013 年增长了 56.21%，2017 年户均负债相比于 2015 年增长了 20.43%。农村家庭年均负债增幅（19.41%）略大于城镇家庭年均负债增幅（17.30%），且两者差率大致保持平稳，城镇家庭负债均值与农村家庭负债均值的比值在 2013 年、2015 年和 2017 年分别为 1.96、2.15 和 1.95。分地区看，如图 3-10 所示，东部地区家庭户均负债最高，西部地区次之，中部地区最低；东部地区家庭户均负债增速最快，四年来户均负债额度增长了 29430 元，增幅高达 101.59%，而中部地区家庭和西部地区家庭负债规模相差不大，增幅也较为接近，分别为 88.36% 和 85.05%。2015 年至 2017 年，除了中部地区家庭户均负债规模增长速度出现小幅上涨以外，东部地区家庭和西部地区家庭户均负债规模增速均有不同程度收窄。

表 3-2　　　　　　中国居民家庭负债额度的分布状况　　　　　　单位：元

	年份	东部	中部	西部	全国
城镇	2013	32208	22929	34527	29894
	2015	56751	34134	45067	47768
	2017	66600	43696	50198	56597
农村	2013	16854	15089	14266	15254
	2015	27381	19090	21400	22185
	2017	29639	28534	28942	28989
全国	2013	28968	19956	22684	25231
	2015	50556	27252	33578	39414
	2017	58398	37590	41976	47467

家庭负债额度城乡差异方面，从图 3-11 可以看出，2013 年至 2017 年，东部、中部和西部地区城镇家庭户均负债规模均有大幅增长。其中，东部城镇家庭户均负债增长最快，且中部城镇家庭和西部城镇家庭户均负债差距逐年缩小，而东部城镇家庭与中西部城镇家庭户均负债的差距却在进一步扩大。除 2013 年外，2015 年和 2017 年城镇家庭负债均值东部地区均大于西部地区，而西部地区大于中部地区。进一步对比发现，全国城镇家庭户均负债在 2015 年均有较大增速，2017 年城镇家庭户均负债规模的扩张速度有所收敛，这说明我国城镇家庭户均负债趋于平稳；2015 年东部城镇家庭户均负债增长速度最快，而在 2017 年，东部、中部和西部城镇家庭户均负债增长速度都有不同程度下降，其中东部城镇家庭增速降幅最大。就农村家庭负债额度而言，2013 年至 2017 年，东部、中部和西部农村家庭户均负债规模均呈现快速上涨态势，其中东部农村家庭户均负债规模上涨最快，且东部、中部和西部农村家庭户均负债的差距逐年减小，渐于趋同。

导致我国居民家庭城乡与地区之间负债规模差异的原因是多样的。长期以来，住房按揭贷款是家庭负债的主要构成部分，而我国东部、中部和西部地区家庭财产规模和财产结构存在着较大的异质性。吕康银等（2015）研究了我国城镇家庭资产与负债结构发现，东部城镇家庭住房

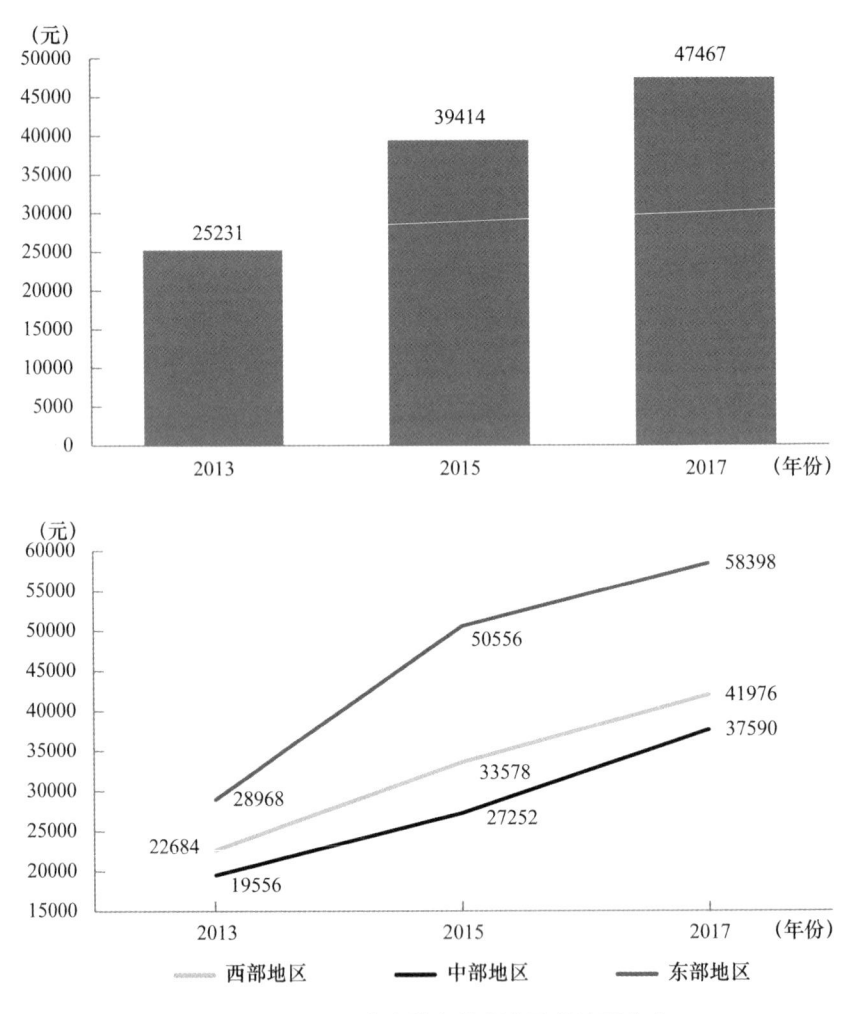

图 3-10 居民家庭的负债额度及其地区分布

资产规模最多,甚至达到中部和西部城镇家庭住房资产规模的 3 倍左右,中部地区城镇家庭和西部地区城镇家庭住房资产非常接近;而非住房负债中,中部城镇家庭和西部城镇家庭较多且相对接近,大约是东部城镇家庭非住房负债的 1.5 倍。[①] 因此,东部城镇家庭负债额度较高主要是

---

① 吕康银、宋德丽、朱金霞:《城镇居民财产结构及其区域差距研究》,《税务与经济》2015 年第 3 期。

因为住房投资，而西部城镇家庭负债比例较高大多是由住房负债以外的其他因素所引起的。贺雪峰（2005）研究了文化对我国农村家庭负债选择和负债额度的影响，他把我国村庄分为宗族主导、小亲族主导和原子化三种类型，发现农村地区的文化类型对村庄的负债状况存在显著影响，三种类型中原子化村庄的负债最为严重，其次为小亲族主导村庄，宗族主导村庄负债最小；并且，东部农村文化以原子化为主，西部农村文化以小宗族为主，中部农村文化则是以宗族为主，从而导致农村家庭负债行为在地区之间存在高度异质性。①

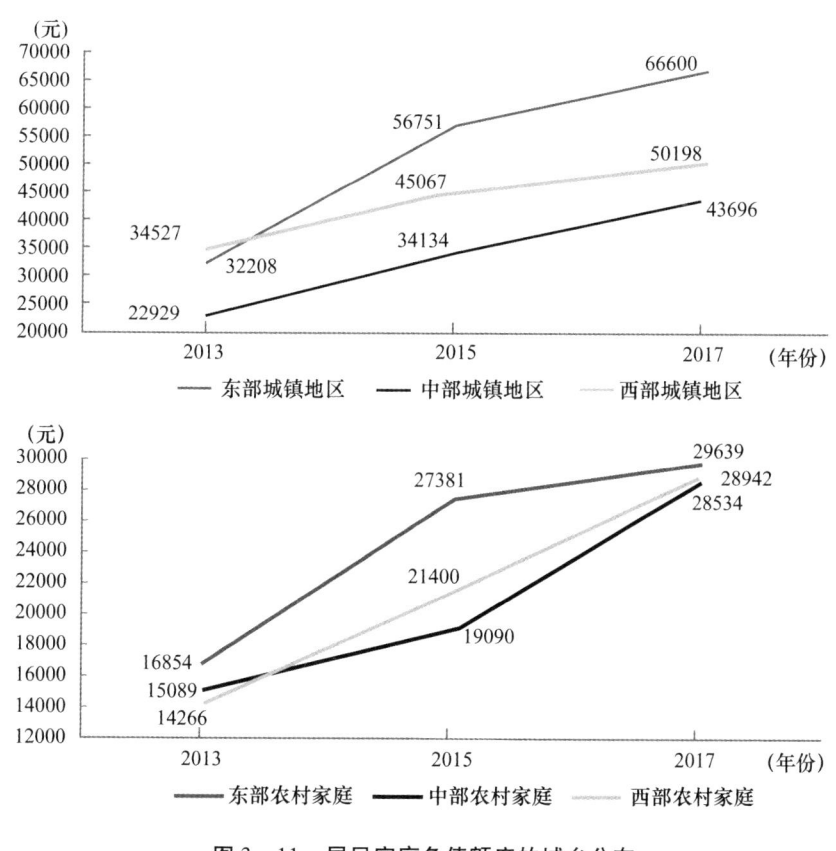

图 3-11 居民家庭负债额度的城乡分布

---

① 贺雪峰：《论村级负债的区域差异——农民行动单位的视角》，《中国农村观察》2005年第6期。

第三节 中国家庭负债的组成结构

一 中国家庭负债大类的结构

表3-3汇报了我国居民家庭负债构成的基本情况。根据2013年、2015年和2017年中国家庭金融调查（CHFS），家庭负债划分为农业负债、工商业负债、住房负债、商铺负债、车辆负债、股票负债、教育负债、医疗负债和其他负债。其中，住房负债参与率最高，且比重最大，紧随其后的是工商业负债，这两项负债构成了我国家庭负债的最主要部分，占家庭总负债的比重在2013年、2015年和2017年分别达到80.85%、79.99%和77.26%。此外，其他负债的组成结构近年来呈现如下特征：农业负债规模呈明显扩张趋势，车辆负债规模稳步增长，医疗负债规模增长较快，股票负债在我国家庭负债中占比偏低，且不稳定。

图3-12显示，2013年至2017年，户均住房负债规模占我国家庭户均总负债的比重最高，且户均住房负债的规模随着时间推移仍在持续扩张。2015年家庭住房负债均值比2013年增了长53.09%；2017年家庭住房负债均值比2015年增长了23.45%。应该警惕住房负债在我国家庭负债中占比居高不下的问题。张雅淋等（2019）把我国居民家庭负债分为住房负债和其他非住房负债，发现住房负债会造成"房奴效应"，即住房负债会对居民除住房消费外的其他消费行为产生较大的抑制作用，一个典型表现是，尽管近年来我国消费性贷款规模逐年上涨，但居民消费却未随之增长反而出现萎缩；且过度住房贷款可能对宏观经济正常运行产生严重负面影响，而其他非住房负债则会促进居民消费和宏观经济增长。[①]

[①] 张雅淋、孙聪、姚玲珍：《越负债，越消费？——住房债务与一般债务对家庭消费的影响》，《经济管理》2019年第12期。

表 3-3　　　　　　　　　中国居民家庭负债构成

负债类别	2013 年 户均值（元）	2013 年 占比（%）	2015 年 户均值（元）	2015 年 占比（%）	2017 年 户均值（元）	2017 年 占比（%）
农业负债	1409	5.58	2133	5.37	2853	5.97
工商业负债	3423	13.56	5778	14.54	4806	10.06
住房负债	16987	67.29	26006	65.45	32105	67.20
商铺负债	0	0.00	250	0.63	597	1.25
车辆负债	929	3.68	1453	3.66	1591	3.33
股票负债	101	0.40	105	0.26	126	0.26
教育负债	657	2.60	578	1.46	1051	2.20
医疗负债	0	0.00	1254	3.16	1609	3.37
其他负债	1739	6.88	2177	5.48	3038	6.36

注：CHFS（2013）问卷中没有单列商铺负债和医疗负债，简化起见，表格中该项负债金额和占比均视为0。

从图3-13和图3-14可以看出，2013年、2015年和2017年我国家庭农业负债规模分别为1409元、2133元和2853元，表现出明显扩张态势；同时，我国车辆负债规模稳步上涨，这也体现了我国车辆的普及和家用车辆消费信贷市场的快速发展；而车辆负债均值与家庭总负债的比值逐年减小，车辆负债规模增长速度小于家庭负债规模的增长速度。李晓嘉（2019）认为，家庭购车的资金更多来源于银行等正规金融机构，初次购车家庭的贷款参与率为36.3%，再次购车家庭的贷款参与率为37.5%，说明购车信贷对购车人具有较高的渗透率。[①] 在CHFS调查问卷中，金融资产负债由股票负债和其他金融资产负债组成，2013年、2015年和2017年，我国家庭户均金融资产负债分别为127元、187元和

---

① 李晓嘉：《年轻"负翁"缘何出现》，《人民论坛》2019年第32期。

155元，在家庭总负债中的占比分别为0.50%、0.32%和0.32%，金融资产负债在我国家庭负债中的占比偏低，说明我国居民加杠杆参与股市等金融市场现象并不普遍。

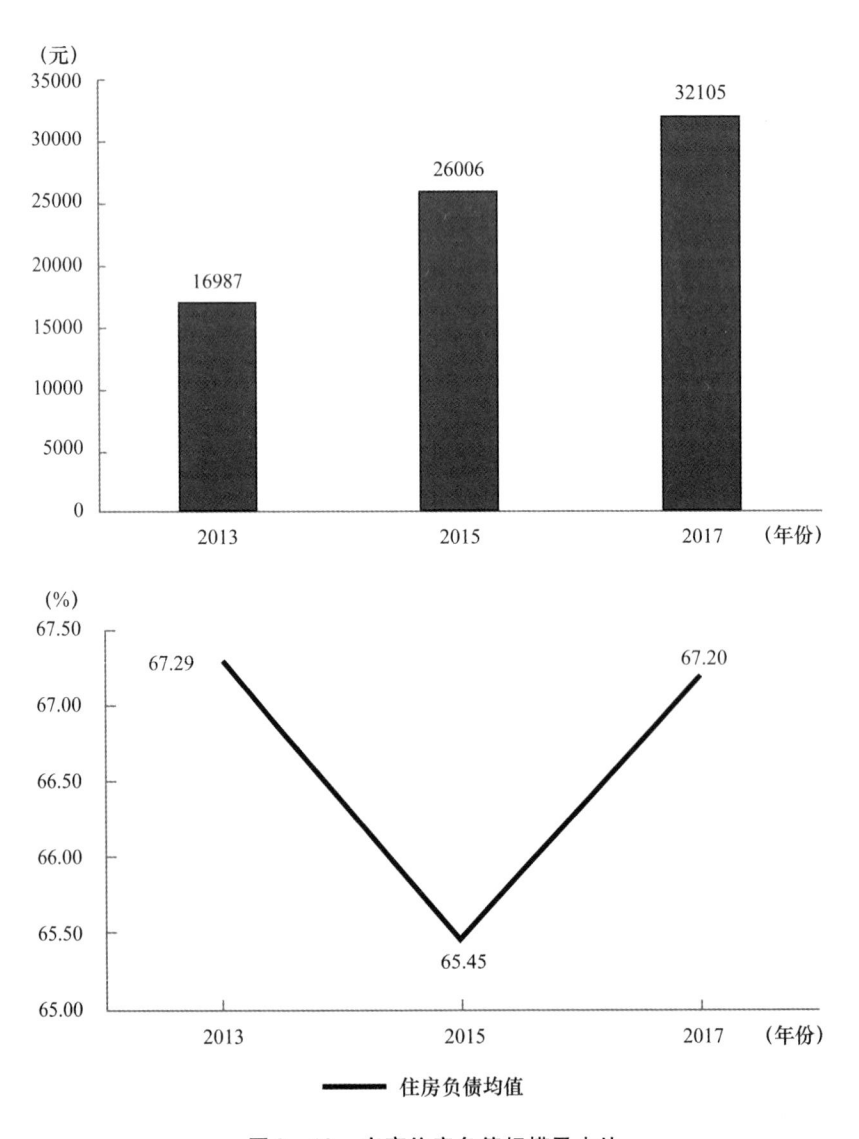

图3-12 家庭住房负债规模及占比

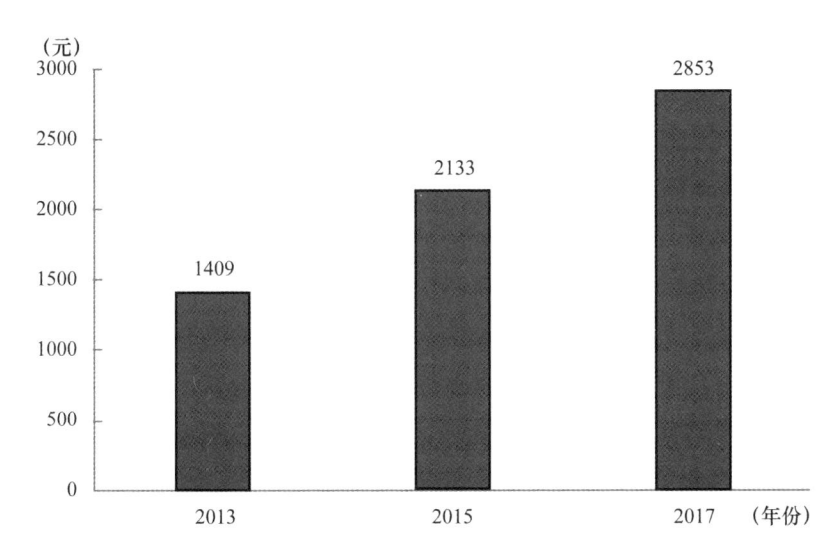

图 3－13 家庭农业负债规模

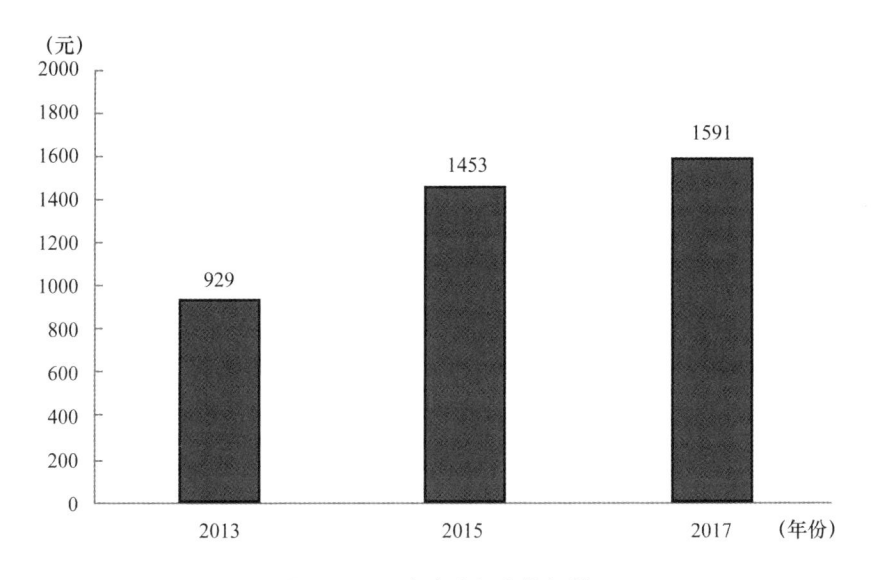

图 3－14 家庭车辆负债规模

医疗负债方面，由于 CHFS（2013）没有单列医疗负债，本节使用 2015 年和 2017 年医疗负债数据进行比对，2015 年家庭户均医疗负债为

1254元，2017年家庭户均医疗负债为1609元，医疗负债成为继住房负债、工商业负债、农业负债和车辆负债后的第五大负债，而且在2017年，户均医疗负债规模甚至超过了车辆负债规模。必须重视医疗负债的快速扩张，原因如下：首先，医疗费用支出属于刚性支出，在大额支出和劳动力缺失的双重压力下，很容易使原本脆弱性家庭陷入"病—贫—病"的恶性循环；其次，我国的医疗保障制度还处在初级发展阶段，真正意义上的保障功能不强，特别是针对有毁灭性医疗费用支出的家庭，保障功能起到的作用还非常有限；[1]最后，随着社会经济与文化的发展，数字科技的革新推进了金融领域的市场化进程，乡土社会逐渐向市民社会过渡，使得以亲友为载体的民间借贷在筹款渠道中作用趋于弱化。[2]因此，有必要加强社会医保机制及医疗信贷服务对农村家庭和城镇贫困家庭的覆盖。

二 家庭负债结构的地区分布

（一）住房负债的地区分布

住房负债在不同地区的分布差异通常由所在地区基础设施建设、居民持有现金规模、房地产市场建设面积、地区经济社会的发展水平、人口规模、房地产市场制度完善程度、政府土地出让政策以及城镇化发展水平等因素共同决定。[3]图3-15显示，我国东部、中部和西部地区家庭住房负债呈现出较大的异质性。总体来看，无论东部、中部还是西部地区，我国居民家庭住房负债均值和负债比例均逐年递增。分区域看，东部城镇家庭住房负债均值和负债比例最高，西部次之，中部最低。东部、中部和西部农村家庭住房负债均值和负债比例快速增长。不同的是，

---

[1] 朱铭来、于新亮、王美娇、熊先军：《中国家庭灾难性医疗支出与大病保险补偿模式评价研究》，《经济研究》2017年第9期。
[2] 柴时军：《集体主义视角下的家庭债务杠杆研究》，《现代经济探讨》2021年第8期。
[3] 张娟锋、贾生华：《城市间住宅土地价格差异的决定因素——基于长江三角洲城市的实证研究》，《中国软科学》2008年第5期；肖竹韵、冯长春、王乾：《城镇化对城市土地市场影响的时序特征及区域差异》，《统计与决策》2017年第19期。

2013年东部农村家庭住房负债均值最高，西部次之，中部最低，而住房负债的负债比例则是西部农村家庭最高，东部次之，中部最低。对比2015年和2017年的分布情况，可以看出，我国东部农村家庭住房负债均值最高，西部次之，中部最低，而住房负债比例则是西部农村家庭最高，中部次之，东部最低。

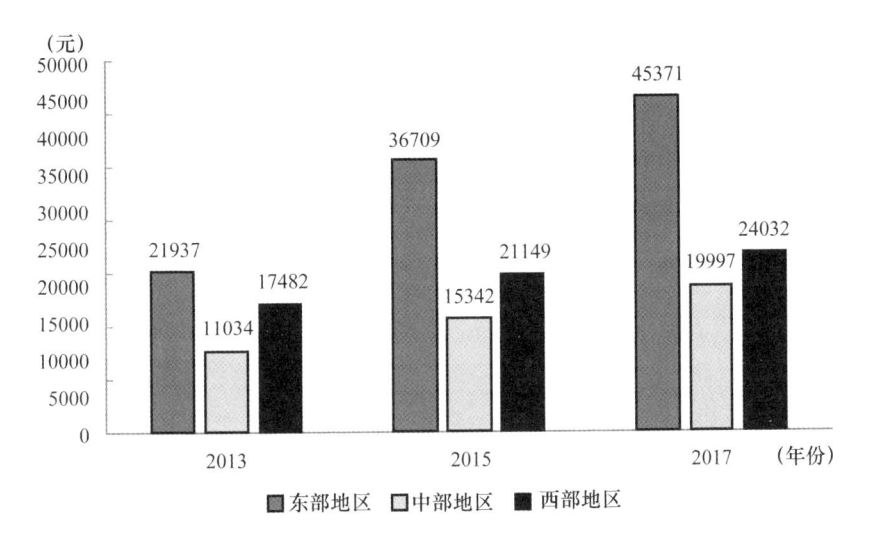

图 3-15 我国住房负债的地区分布

分城乡来看，城镇家庭和农村家庭住房负债规模在2013年至2017年均有大幅增长，且城镇远大于农村。城镇家庭住房负债占家庭总负债的比重在2015年达到极值，之后略有下降，而农村家庭住房负债均值和负债比例在2013年至2017年持续攀升。如何看待城镇家庭住房负债规模更大？一方面，对于城镇家庭，住房负债主要来源于购买或装修商品房，而我国城市住房价格近十年来在全国各地均有不同程度的上涨，在很多省份/城市甚至成倍增长，导致城镇家庭住房负债扩张迅猛；而对于农村家庭，住房负债则大多来自自建、翻新或装修房屋，相比于城镇家庭而言，农村家庭住房负债均值较小。另一方面，与城镇家庭能够依靠住房的抵押而取得信贷资金相比，农村家庭受"宅基地不得抵押"的制约（即便在部分试点突破限制的省份（如浙江），也可以通过宅基地抵押获得贷款，但是额度非常有限），使得农村家庭房屋贷款中的金融排斥问题非常突出。[①]

（二）农业负债的地区分布

农业负债方面，我国不同地区之间同样差异显著。从图3-16可以看到，农村家庭拥有的农业负债均值和负债比例增长迅速，甚至在2017年农村家庭农业负债比例（18.11%）超过其住房负债比例（13.97%），对农村家庭而言，农业负债举足轻重。城乡对比来看，2013年农村家庭农业负债均值是城镇家庭的5.62倍，2015年有所减缓（4.47倍），2017年再次扩大到5.65倍。

进一步地，聚焦于农村家庭农业负债在东部、中部和西部地区的分布状况（见图3-17），可以看出，2013年至2017年，西部农村家庭农业负债均值最大，其次是中部农村家庭，东部农村家庭最少。而在负债比例上，西部农村家庭农业负债比例最高，中部农村家庭次之，东部农村家庭最低，总体表现出经济发展越先进的地区，农业负债规模越小。孙光林和李燕茹（2014）研究了察布查尔县农村经济受来自农业信贷的影响，结果表明，农业贷款对农村特别是贫困地区农业经营收入增长具

[①] 王直民、孙淑萍：《基于"房地分离"的农村住房抵押制度研究》，《农村经济》2012年第10期。

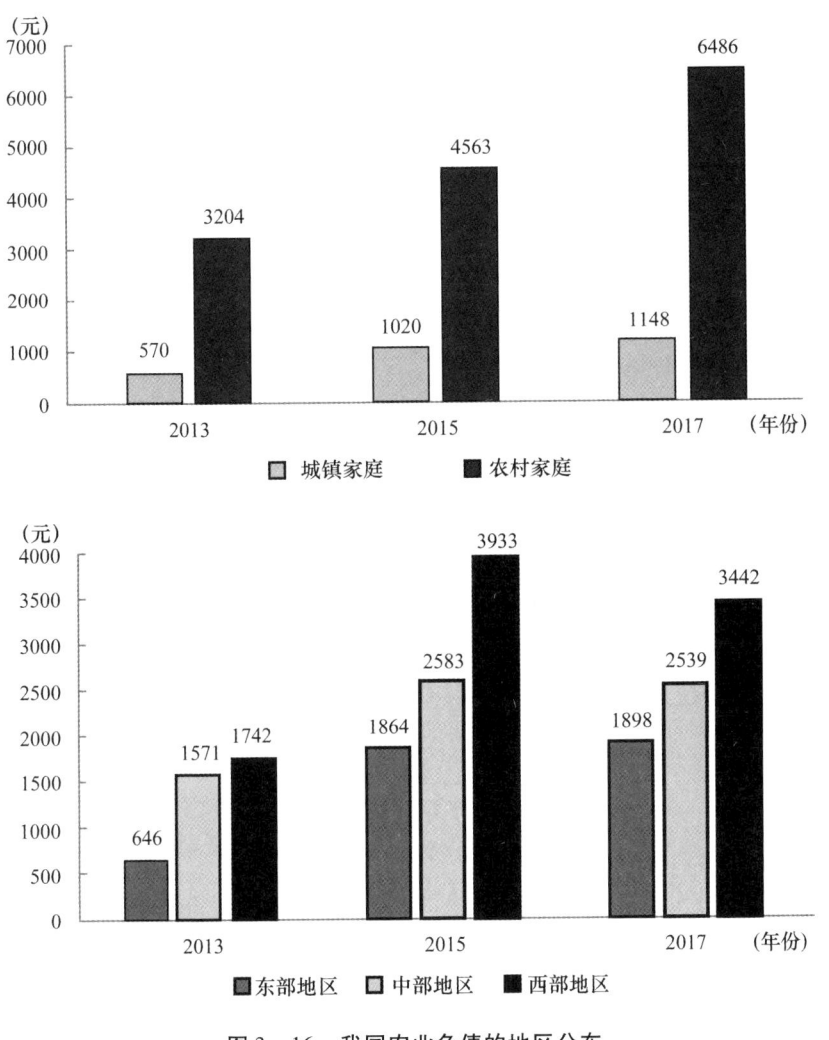

第三章 中国家庭负债的状况、结构及其变化趋势

图 3-16 我国农业负债的地区分布

有显著促进效应,[①] 这也从侧面解释了经济越不发达地区家庭却持有更多农业负债的内在动机。对农户而言,农业信贷的增收效应显著,[②] 但

[①] 孙光林、李燕茹:《中国西部边境农业县农业贷款对农村经济作用的实证研究——以察布查尔县为例》,《现代物业》2014 年第 7 期。

[②] 周卫辉、戴建兵:《河北省农村金融与农民收入关系的实证分析》,《河北师范大学学报》(哲学社会科学版) 2008 年第 4 期。

单纯依靠信贷来扶助农村发展效果相对有限,还须辅之以社会保障和保险机制协同推进。① 农村家庭农业负债规模大幅扩张,从侧面反映了我国农村信贷业务的推广成效显著。

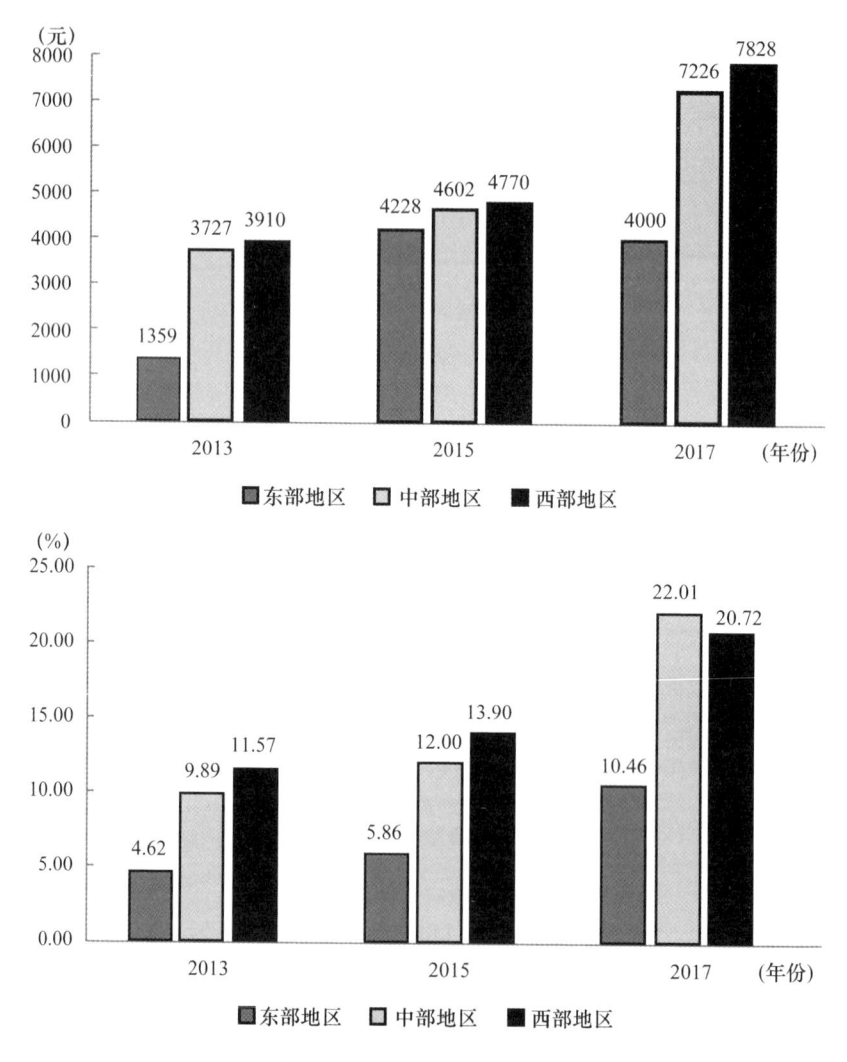

图 3-17 东部、中部和西部农村家庭农业负债均值和负债比例

---

① 廖朴、吕刘、贺晔平:《信贷、保险、"信贷+保险"的扶贫效果比较研究》,《保险研究》2019 年第 2 期。

(三) 工商业负债的地区分布

工商业负债方面，从表3-3可以看出，2013年至2017年城镇和农村家庭工商业负债均值和负债占比均呈先升后降的倒U形分布。与2013年相比，2015年和2017年样本家庭工商业负债均值分别提高了2355元和1383元，而家庭总负债中工商业负债占比分别提高了0.98%和降低了3.50%。工商业负债规模及其占比为什么大幅减少？李凤等（2016）利用CHFS调查数据研究了我国家庭资产状况，发现近年来虽然居民家庭工商业资产的条件中值实现了9.6%的较高增长率，但是条件平均数却下降了27.0%，从事自主创业的家庭中，资产数额较大的家庭在最近两年经营过程中缩水较严重，而资产数额较小的家庭资产有所增加，工商业资产的变动导致了我国家庭工商业负债的变化。

进一步地，剔除2013年至2017年CHFS数据中工商业负债为0元的样本，结果显示，2015年农村家庭工商业负债规模上升源于从事工商业的农村家庭比例的增加。为了探寻2015年至2017年我国城镇家庭和农村家庭工商业负债均值减少的具体分布位置，本节将2013年、2015年和2017年样本中工商业负债大于0元的样本进行统计。结果表明，全国城镇家庭和农村家庭工商业负债都有进一步集中的趋势。以有负债城镇家庭工商业负债为例，样本区间0%—20%，占总负债的比重从2013年的1.62%下降到2017年的1.02%，样本区间20%—40%，占总负债的比重从2013年的5.07%下降到2017年的3.35%，但是负债最高10%城镇家庭工商业负债呈大幅增长变化，从2013年的14.12%上升到2017年的56.80%。由此可见，2015年至2017年城镇家庭工商业负债比例的减少主要来源于城镇家庭中从事自主创业家庭的减少。2013年至2017年，样本区间0%—90%有负债城镇家庭和农村家庭工商业负债占总负债的比重均持续下降，这也从侧面反映了从事工商业生产经营家庭融资渠道少、融资成本高的现象广泛存在。

对比2013年至2017年我国东部、中部和西部家庭工商业负债均值和负债比例，可以发现，工商业负债比例表现出明显的地区分布差异，西部家庭工商业负债比例最高，中部家庭次之，东部家庭最低，即经济社会发展越发达的地区，居民家庭工商业负债比例越小。尽管家庭工商业负债均值在中部和西部地区整体呈上升态势，但是在2015年至2017年我国工商业负债均值的增幅均不大。以中部家庭工商业负债均值变化为例，2013年至2015年，中部家庭工商业负债均值增加了40.62%，但在2015年至2017年，其增幅仅为8.86%。2013年至2017年东部家庭工商业负债均值分化较大：2013年至2015年，东部家庭工商业负债均值增长了97.02%，2015年至2017年，样本均值反而下降了36.25%。

城乡比较来看，图3-18和图3-19显示，2013年至2017年我国东部、中部和西部家庭工商业负债均值和负债比例表现出基本一致的规律性变化，且城镇家庭工商业负债均值和负债比例高于全样本家庭工商业负债均值和负债比例。图3-20显示，2013年至2017年，东部农村家庭工商业负债均值远远大于中部和西部农村家庭；2013年，东部农村家庭工商业负债均值大于西部农村家庭工商业负债均值，而在2015年至2017年，西部农村家庭工商业负债均值大于中部农村家庭负债均值，实现了对中部农村家庭的反超。在负债比例上，2013年至2015年，东部农村家庭工商业负债比例大于西部农村家庭工商业负债比例，西部农村工商业负债比例大于中部农村工商业负债比例，但在2017年，出现了较大的变化，东部农村家庭工商业负债比例下降了0.74个百分点，西部农村家庭工商业负债比例下降了0.45个百分点，中部农村家庭工商业负债比例下降了0.12个百分点。随着我国经济社会的发展以及城镇化进程的持续推进，农村地区的经济社会也在经历着由传统小农经济向现代化农业经济的转化过程，其间出现了越来越多农村家庭逐步退出纯粹的农业生产活动并参与到工商业创业活动中。赵西华和周曙东（2006）认为农户的自主创业行为普遍会受到技术及产业结构和产业组织、教育背景等方面的限制，虽然农户创业积极性和扩大再生产的欲望很高但是受到的制约尤其是资金方面的制约非常严重，农户创业资金的来源大多是自有资金且规模相当有限，有必要完备相关的金融政策增强创业农户的资金支持力度。[1]

---

[1] 赵西华、周曙东：《农民创业现状、影响因素及对策分析》，《江海学刊》2006年第1期。

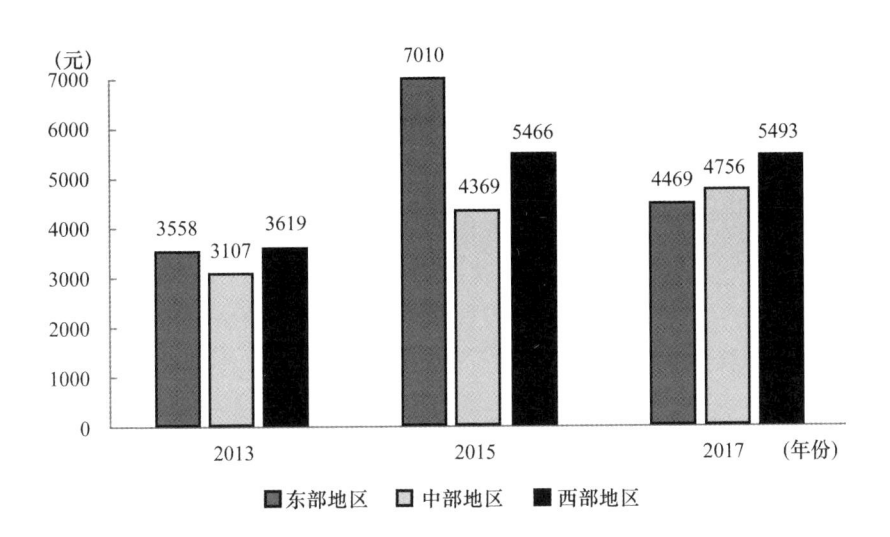

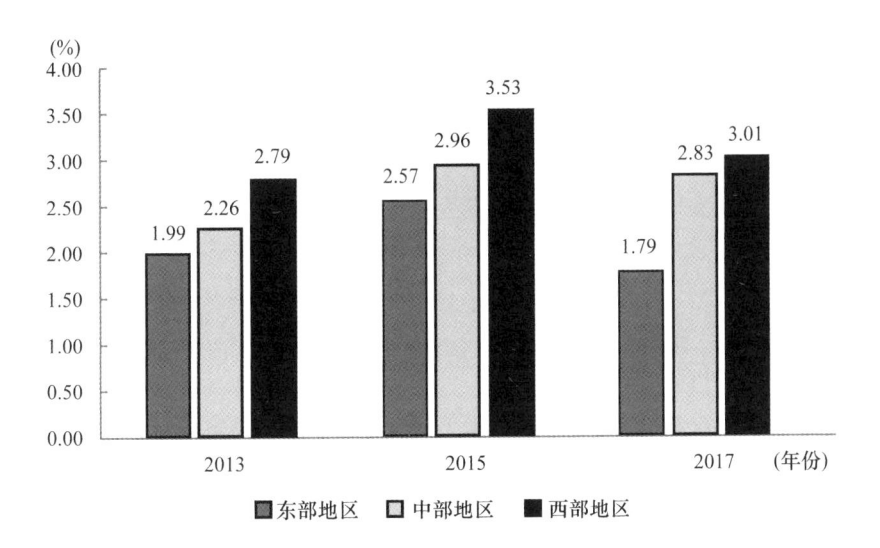

第三章 中国家庭负债的状况、结构及其变化趋势

图 3-18 东部、中部和西部家庭工商业负债均值和负债比例

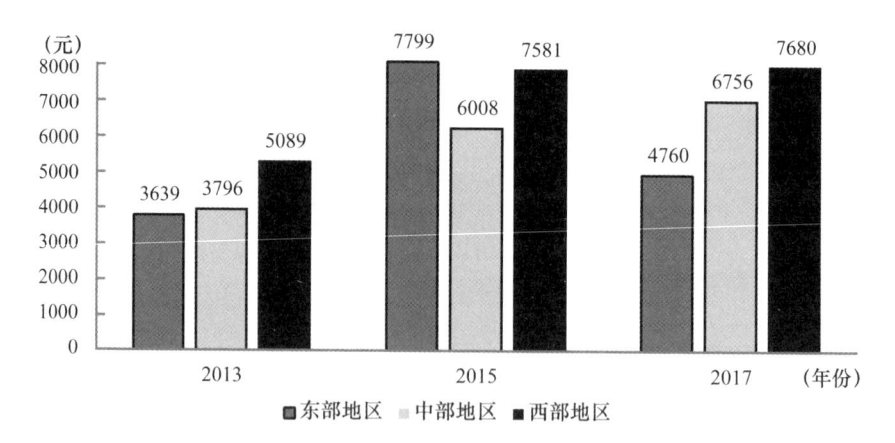

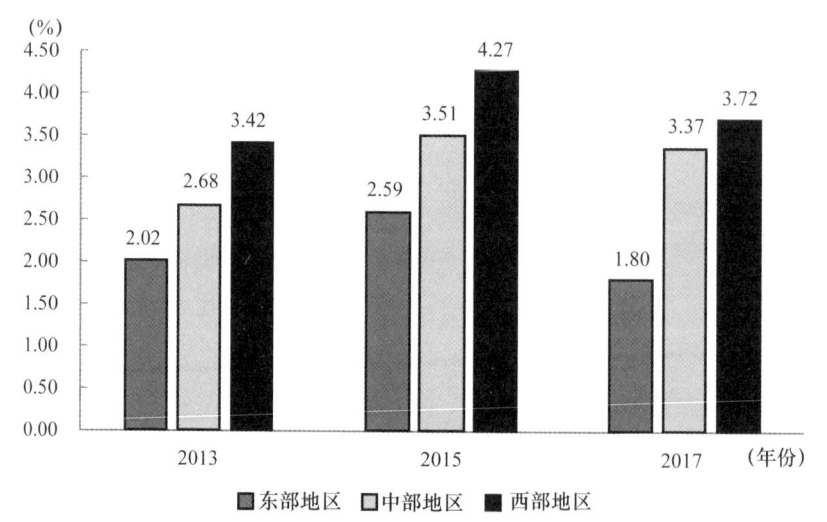

图 3-19　东部、中部和西部城镇家庭的工商业负债均值和负债比例

（四）车辆负债的地区分布

我国城镇家庭和农村家庭的车辆负债规模近年来同样大幅增长。具体而言，从图 3-21 可以看出，2013 年，我国城镇家庭的车辆负债均值为 1076 元，负债比例为 1.53%，农村家庭的车辆负债均值为 612 元，负债比例为 0.95%；到 2015 年和 2017 年，城镇家庭车辆负债均值和负债比例分别达到 1693 元、1800 元和 2.69%、3.26%，而农村家庭车辆负债均值和负债比例分别达到 929 元、1146 元和 2.02% 和 3.75%。由

第三章 中国家庭负债的状况、结构及其变化趋势

此可见，城镇家庭车辆负债均值始终大于农村家庭车辆负债均值。观察图 3-21 还可以发现，相对于城镇家庭，农村家庭车辆负债额度和比例更小，但增长更快，其占家庭总负债的比例在 2017 年甚至超过了城镇家庭。

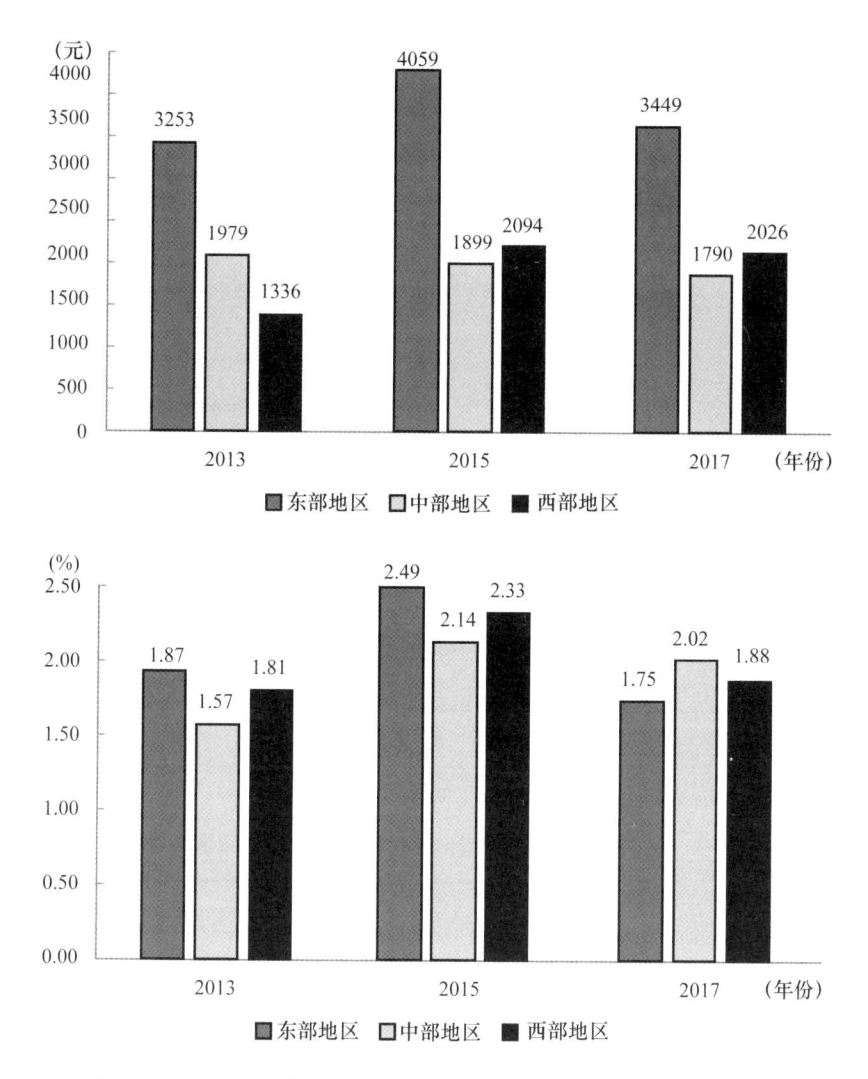

图 3-20 东部、中部和西部农村家庭工商业负债均值和负债比例

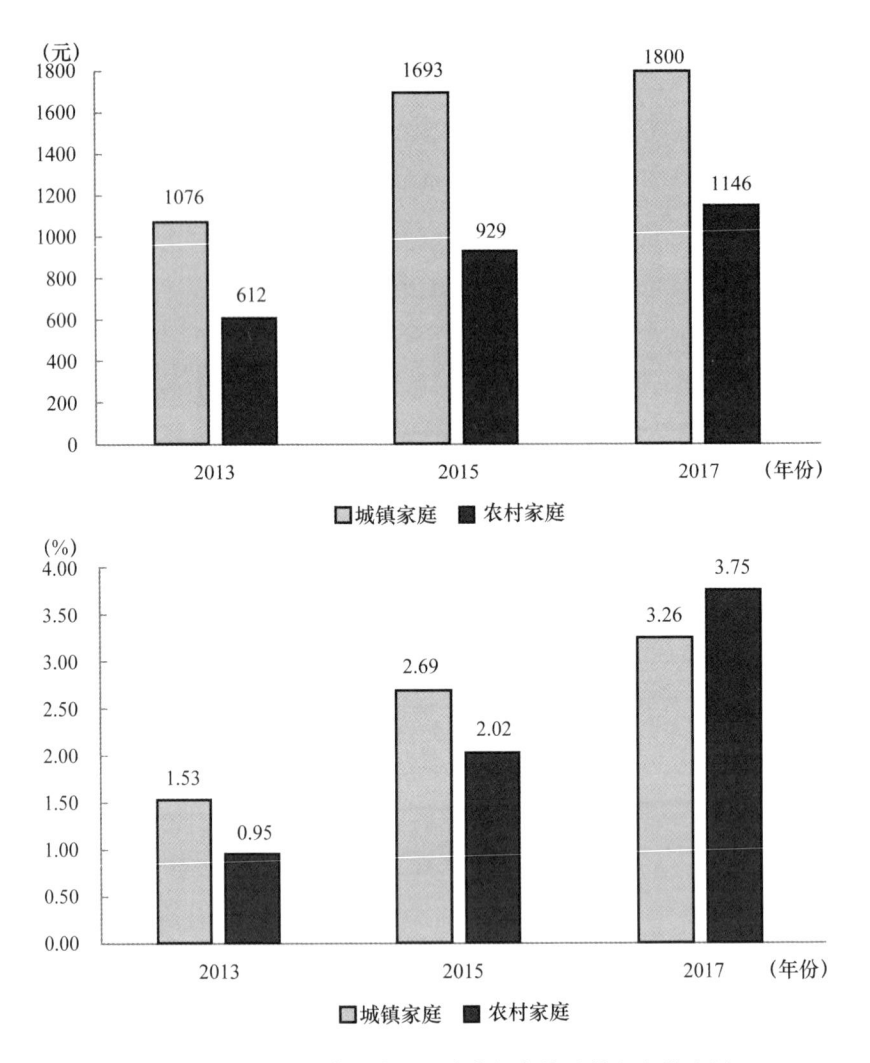

图 3-21 城镇家庭和农村家庭车辆负债均值和负债比例

从地区差异来看，图 3-22 显示，2013 年至 2017 年，西部城镇家庭车辆负债规模最大，其次为东部家庭，最后为中部家庭，且东部城镇家庭车辆负债均值和中部城镇家庭车辆负债均值均呈上升趋势，但是西部城镇家庭车辆负债在 2017 年出现了下降趋势。从负债比例来看，2013 年至 2017 年我国东部、中部和西部城镇家庭车辆负债比例均呈上涨趋势，其中，西部城镇家庭车辆负债比例最大，而负债比例在东部和中部

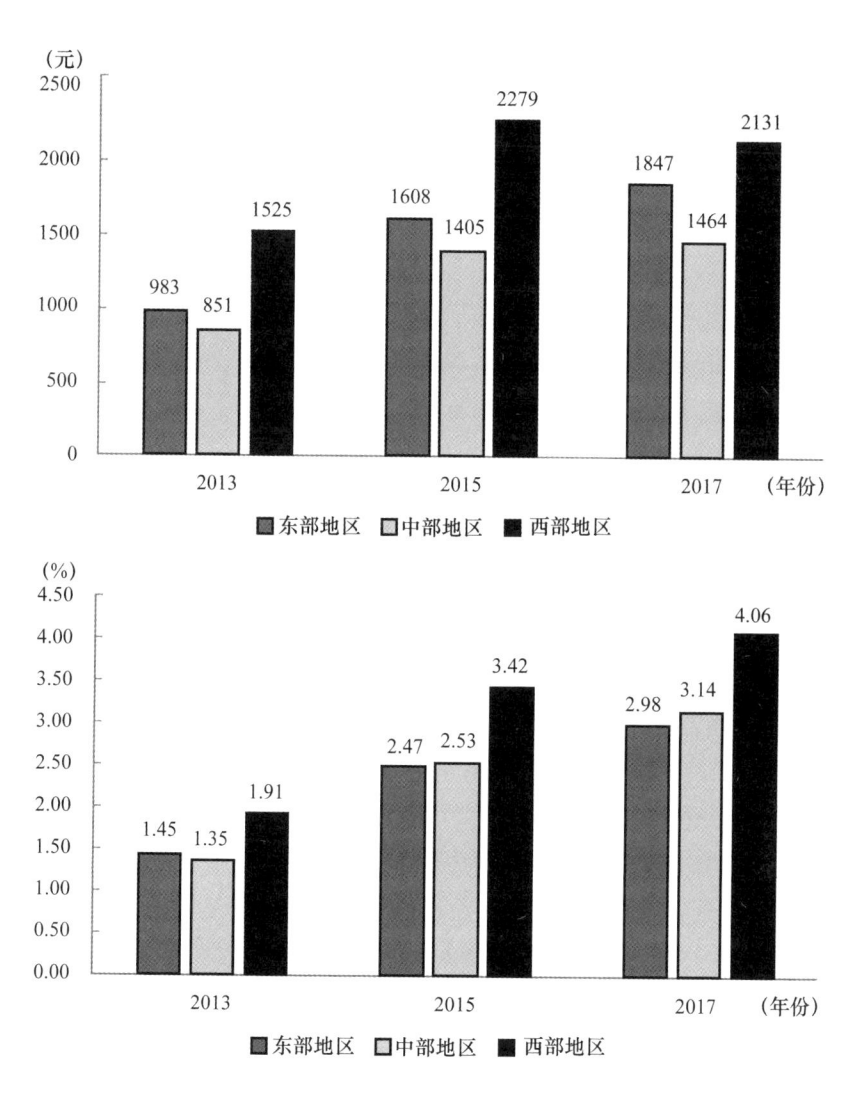

第三章 中国家庭负债的状况、结构及其变化趋势

图 3-22 东部、中部和西部城镇家庭车辆负债均值和负债比例

城镇家庭之间相差并不显著。

就农村家庭而言，图 3-23 显示，东部、中部和西部农村家庭车辆负债均值都随时间推移而快速增长，但相对而言，西部农村家庭车辆负债均值增长最快。并且，东部、中部和西部农村家庭车辆负债比例近年来持续攀升，其中，中部和西部农村家庭车辆负债比例上升较快，而东

部农村家庭车辆负债比例上升趋缓。近年来我国汽车信贷市场蓬勃发展，年均增速高达24.2%，远高于欧美等发达国家汽车金融服务市场的发展速度。但是同期我国汽车信贷服务市场也滋生了一些问题，比如骗贷、欺客及金融监管不力等造成人们对汽车信贷不信任现象广泛存在。[①]

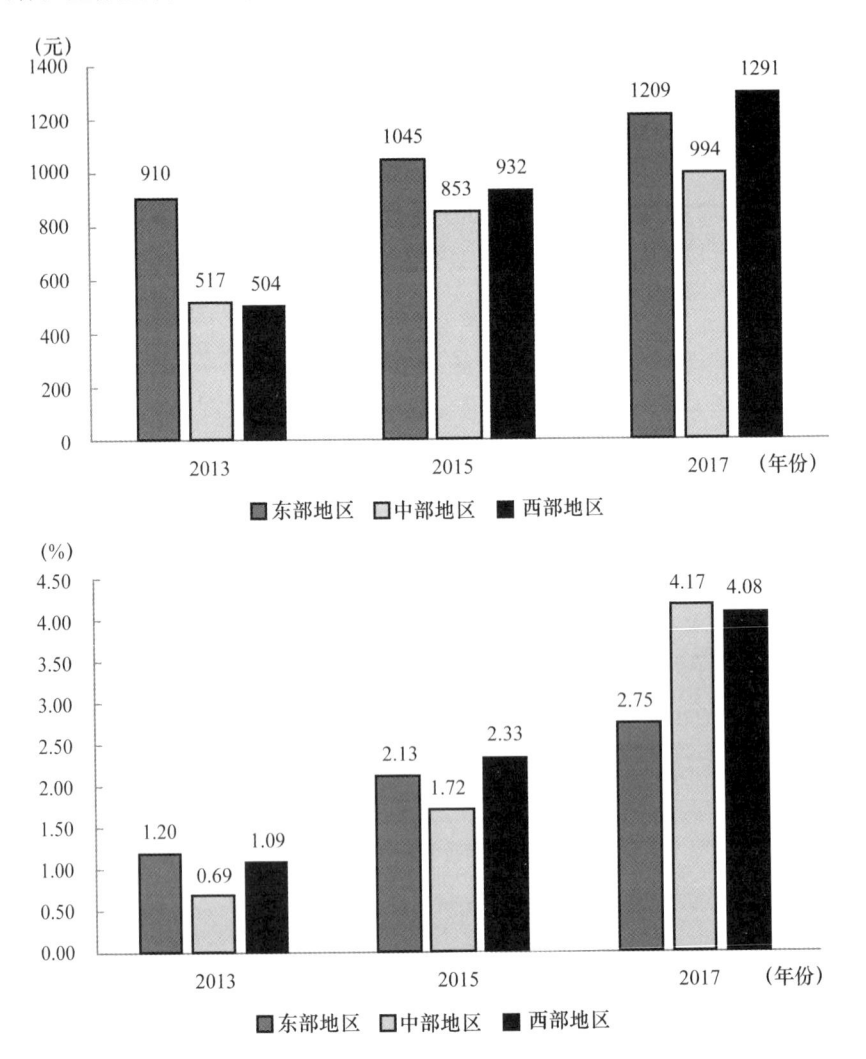

图3-23 东部、中部和西部农村家庭车辆负债均值和负债比例

---

① 陈立辉、邢世凯、杜秀菊：《我国汽车金融服务存在问题及对策研究》，《河北金融》2011年第5期。

（五）教育负债的地区分布

图 3-24 显示，除 2015 年城镇家庭和农村家庭教育负债出现小规模下降外，我国城镇家庭和农村家庭教育负债规模长期来看略有增长；2013 年至 2017 年，农村家庭的教育负债均值和负债比例均高于城镇家庭，即农村家庭比城镇家庭更容易因为教育支出而产生负债；东部地区家庭教育负债均值在 2015 年至 2017 年有较大幅度增长，但是相对应的

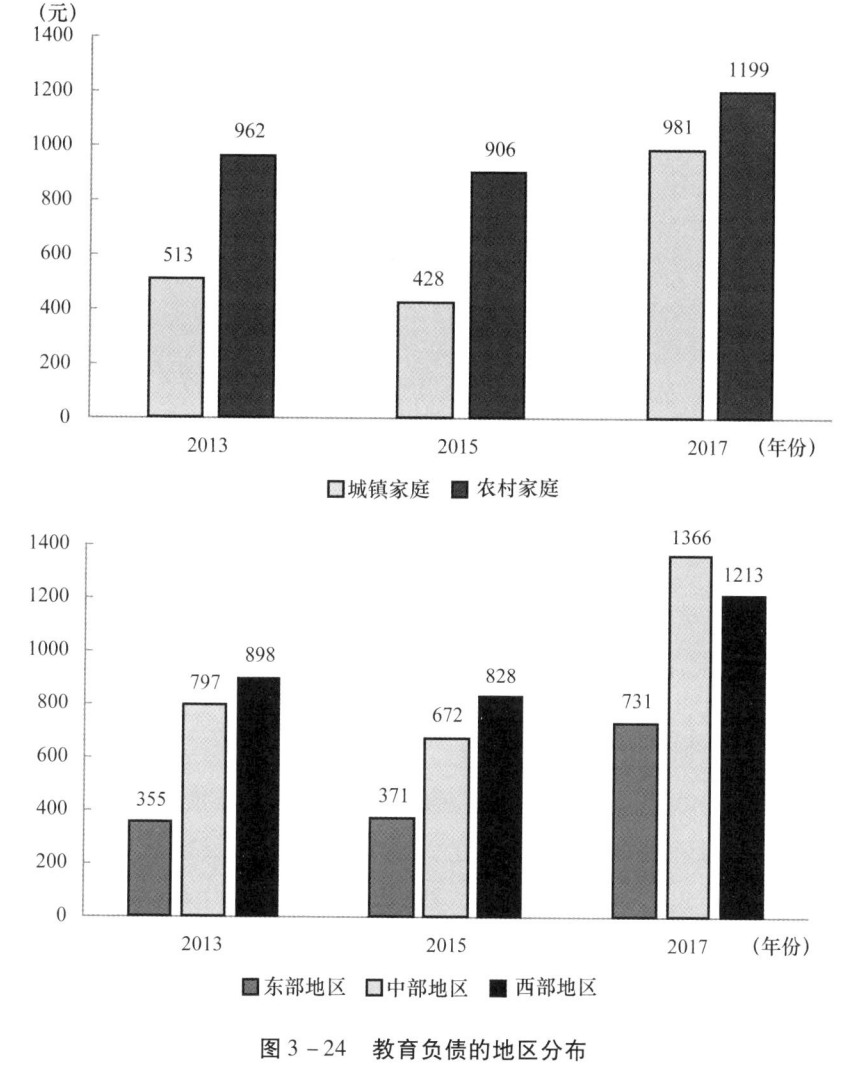

图 3-24 教育负债的地区分布

负债比例却几乎没有变化，这是由于同期除教育负债外的其他负债也同等规模增长。中部家庭和西部家庭教育负债均值相差不大，负债比例呈上升趋势且差距在缩小。

我国东部、中部和西部地区教育负债规模的不同可能与区域教育水平差异相关，尤其是基础教育发展先天不足使得后续发展乏力，西部地区高等教育发展基础差且速度慢。而之所以会出现农村家庭教育负债规模大于城镇家庭，可能是农村居民人均可支配收入少和过度教育城镇化共同影响的。杜文姬（2015）指出，城镇地区和农村地区在教育方面存在着巨大的差距，具体表现为：（1）农村教育经费少且农村教育建设方向存在问题，重视教室校园数量等硬件设施建设而忽略吸引老师质量等软件建设；（2）我国现存的户籍制度限制了农村家庭享受城镇教育资源的机会；（3）地方教育发展与政绩考核无关使得地方教育投资积极性不高。由于城镇地区拥有的教育资源普遍好于农村地区，从而导致农村学生为了求学而向县城流动，这无疑会增加农村家庭的教育负担。[1]

（六）医疗负债的地区分布

CHFS（2013）调查问卷未采集居民家庭的医疗负债信息。从图3-25可以看出，2015年，城镇家庭的医疗负债均值为981元，占总负债比重为2.93%，农村家庭的医疗负债均值为1209元，占总负债比重为8.40%；2017年，城镇家庭的医疗负债均值为1852元，占总负债比重为3.13%，农村家庭的医疗负债均值为2462元，占总负债比重为9.09%。由此可见，无论是在城镇家庭还是农村家庭，医疗负债增长绝对值和占总负债的比值都有大幅提升。城镇家庭和农村家庭在医疗负债方面存在明显的异质性，2015年，农村家庭的医疗负债的平均数是城镇家庭的1.23倍，而在2017年，这一比值扩大到了1.33倍，两者差距在进一步扩大。相对于城镇家庭，农村家庭承担了更多的医疗负债，原因可能在于：一是作为影响医疗支出最显著的影响因素，农村家庭的可支

---

[1] 杜文姬：《我国教育水平发展现状浅析》，《管理观察》2015年第24期。

配收入本身较城镇家庭更少,更有可能通过借贷以弥补医疗消费支出的不足。[①] 二是农村医疗保障较城市更为薄弱。城乡二元经济结构的存在使得我国医疗保障体系长期呈现城乡医保二元分立的状况,造成了我国城镇家庭和农村家庭医疗负债的不同。[②] 三是政府针对城镇和农村的医疗设施建设的财政支持力度不同,使得城镇和农村的医疗支出也会有显著差异。

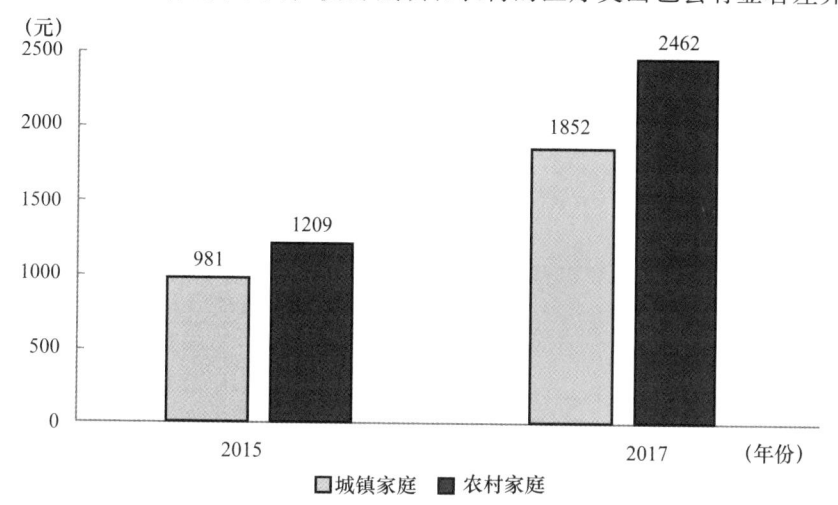

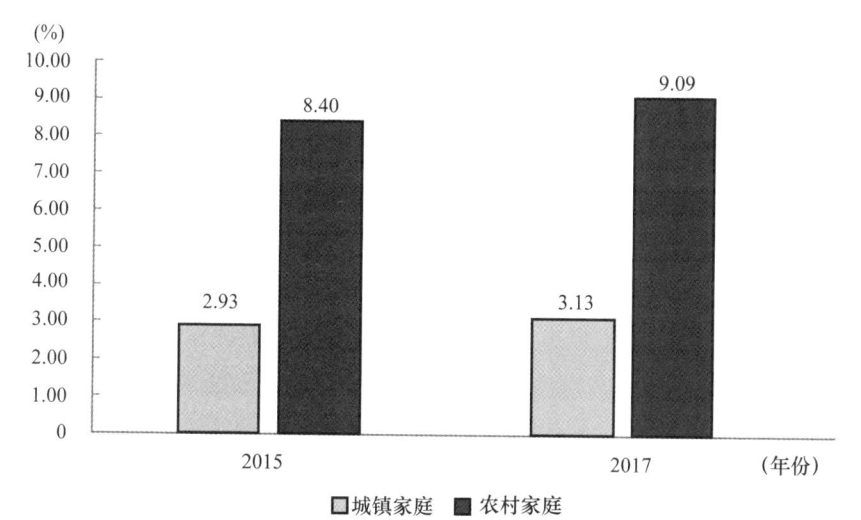

图 3-25 城镇和农村家庭医疗负债均值和负债比例

[①] 胡绍雨:《我国城乡基本医疗保险一体化研究》,《湖北社会科学》2017 年第 12 期。
[②] 林相森、舒元:《我国居民医疗支出影响因素的实证分析》,《南方经济》2007 年第 6 期。

从区域的对比来看，图3-26显示，2015年至2017年，中部家庭医疗负债均值最大，东部家庭医疗负债均值最小。并且，东部家庭医疗负债均值增长最小，且占总负债比例也相对减少，中部家庭医疗负债均值增幅最大，占总负债比重增长最快。焦晨等（2020）认为，医疗负债对居民身心健康和家庭经济稳定性具有非常重要的影响，因此必须关注中部、西部地区家庭医疗负债攀升可能带来的社会问题，采取切实可行

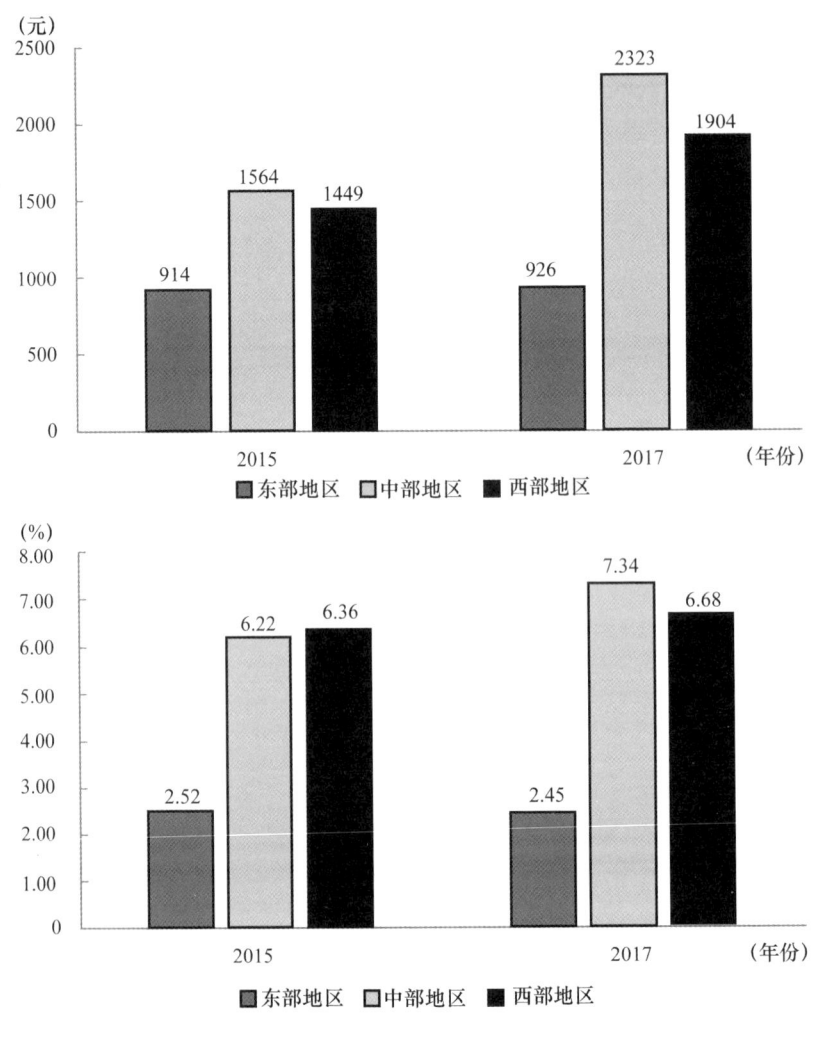

图3-26 东部、中部和西部家庭医疗负债均值和负债比例

的措施，解决中西部地区家庭特别是贫困家庭的医疗负债过重问题。①

进一步地，东部城镇家庭医疗负债均值有小规模下降，说明发达地区的医疗压力相对较小；中部城镇家庭医疗负债均值有较大上升，负债比例增长也较快；西部城镇家庭医疗负债均值虽然也有较大增长，但是负债比例变化不大。农村家庭情况也大致类似，2015年至2017年我国东部、中部和西部农村家庭医疗负债均呈上升趋势。其中，东部农村家庭医疗负债均值和负债比例上升都较小，中部农村家庭其次，西部农村家庭最大，即越是发达地区，医疗负债均值和负债比例越低，这可能得益于经济发达地区有较多的可支配收入、当地政府较多的财政支持和更为完备的医疗保障机制。②

第四节　中国家庭负债的来源状况和结构

一　正规渠道负债和非正规渠道负债

家庭负债按照借款渠道划分为正规借款和非正规借款，前者是指居民与银行和非银行正规金融机构之间的借贷，而后者则指代借款来源于亲友、熟人和民间信贷机构。金融处在现代经济社会的中枢位置，正规金融机构特别是银行的发展，一方面能够通过提高资源配置的效率并提高资本的积累速度从而显著促进经济的发展和产业结构的优化升级；③另一方面，从长期角度看，金融体系所具备的资源配置功能是自发且扭曲的，金融体系的过度繁荣会使得产业"脱实向虚"，进而会对经济的健康发展产生负面影响。④ 而非正规金融机构对企业尤其是私有企业发

---

① 焦晨、李佳婧、赵钦风、胡思梦、王健：《中外医疗负债研究进展及影响综述》，《中国卫生经济》2020年第8期。
② 聂裕：《城镇居民医疗保健消费的区域性差异分析》，《时代金融》2018年第15期。
③ 于成永：《金融发展与经济增长关系：方向与结构差异——源自全球银行与股市的元分析证据》，《南开经济研究》2016年第1期。
④ 袁云峰、曹旭华：《金融发展与经济增长效率的关系实证研究》，《统计研究》2007年第5期；刘兴华、易扬：《金融科技发展与区域实体经济增长的非线性关系——基于省级面板门槛模型的实证研究》，《华北金融》2021年第4期。

展的推动作用异常显著,并且非金融机构提供的资金对促进农村家庭自主创业和收入增长作用非常明显。[①]

正规渠道借款往往相对规范,对借款人的资质要求和金融素养要求均较高,手续正规,利息和风险相对较低,因此在大多数情况下,只有在家庭从银行等金融机构无法获得足够资金时,才会借助非正规渠道借款。非正规渠道借贷门槛相对较低、程序和操作简单,能够有效提高居民信贷的可得性,是对正规渠道借贷的一种有效补充。但是非正规借款也存在诸多问题,如借贷手续不规范、利率普遍偏高、缺乏有效监管、非正规金融机构鱼龙混杂等问题。因此,本节把负债区分为正规渠道负债和非正规渠道负债分别加以考量。需要特别说明的是,2017 年 CHFS 数据中农业负债、车辆负债和医疗负债没有区分银行贷款和其他借款,2013 年 CHFS 数据中商铺、股票、其他金融资产、其他非金融资产的负债没有区分银行贷款和其他借款。因此,为保持口径一致,本节的正规负债和非正规负债仅考虑了工商业负债、住房负债和教育负债。

图 3 - 27 显示,样本家庭正规借款与非正规借款的比值在 2013 年、2015 年和 2017 年分别为 2.79、3.10 和 3.84,且正规借款和非正规借款规模均呈逐年上升趋势。2015 年相对于 2013 年,正规渠道负债均值上升了 57.86%,2017 年相对于 2015 年,正规渠道负债均值进一步上升了 25.02%。与此同时,在三期调查数据中,非正规渠道负债均值分别上升了 42.10% 和 0.96%,样本家庭非正规渠道负债规模增速趋缓。从相对占比的角度看,2013 年至 2017 年非正规渠道负债均值占家庭总负债的比重逐年递减。这也反映了我国市场化金融架构逐渐建立并完善,尤其是近年来数字普惠金融的迅猛发展,我国金融借贷市场整体呈现多元化纵深推进的发展态势。数字普惠金融发展为缓解家庭流动性约束提供了新的渠道和技术,相对于传统的民间借贷,支付宝和腾讯金融提供的蚂蚁花呗、蚂蚁小贷和微粒贷等无须抵押、审核简便,人们很容易从金融信贷市场获得信贷支持,导致民间借贷对家庭借款需求的补充作用正趋于弱化。[②]

[①] 廖冠民、宋蕾蕾:《非正规金融与资源配置效率》,《经济科学》2020 年第 3 期。
[②] 柴时军:《移动支付是否放大了家庭债务风险?——基于家庭财务杠杆视角的微观证据》,《西南民族大学学报》(人文社会科学版)2020 年第 10 期。

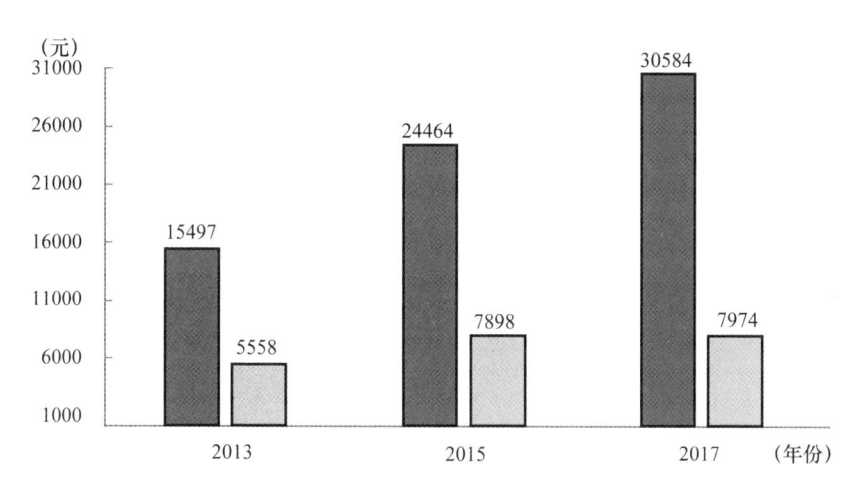

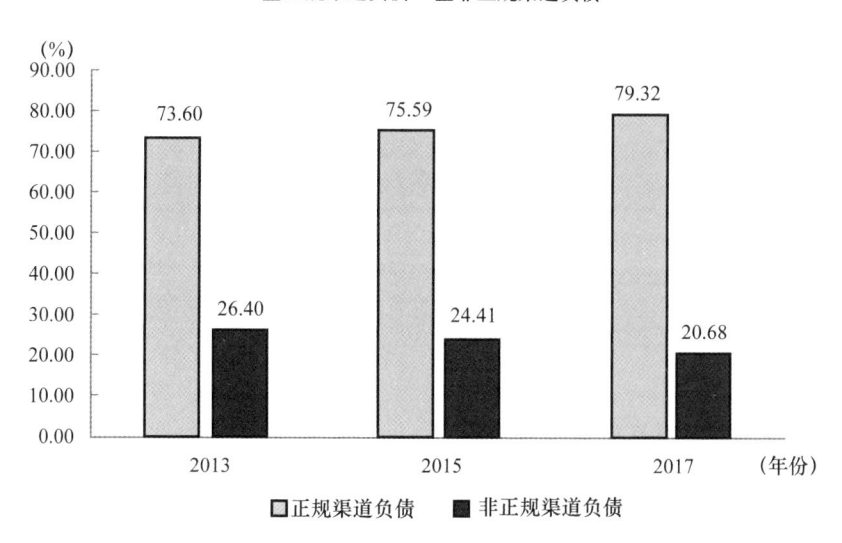

第三章 中国家庭负债的状况、结构及其变化趋势

图 3-27 中国家庭的正规渠道负债和非正规渠道负债的均值和比例

进一步地，从表 3-4 可以看出，2013 年至 2017 年，我国居民家庭持有正规渠道负债的比例和持有非正规渠道负债的比例差别不大。不同之处在于，近年来我国持有正规渠道负债家庭比例小幅增长，而持有非正规渠道负债家庭比例则先递增后递减。说明随着我国金融信贷市场尤

其是普惠金融的持续推进,家庭在获取正规金融机构信贷的便利性方面有了显著改善;2013年和2015年样本家庭持有非正规渠道负债比例大于持有正规渠道负债比例,而在2017年这种形势出现了逆转,说明正规金融架构的有序推进能够降低人们对民间借贷的依赖。从负债构成的角度看,2013年至2017年正规渠道负债和非正规渠道负债中住房负债都占据着很高的比重,且居民家庭因住房资金需求而从正规渠道和非正规渠道获得的借款均大幅攀升;我国家庭住房负债主要来源于银行等正规金融机构,在购房贷款中,正规借款与非正规借款的比值在2013年、2015年和2017年分别为3.43、4.03和5.10。工商业负债在渠道分布中情形类似,三期调查数据中,从正规渠道获得的借款均大于从非正规渠道获得的借款,但教育负债相反,其正规借款在2013年、2015年和2017年均小于非正规借款。这可能与我国房地产信贷政策和创业扶持政策有关,而针对教育贷款,往往缺乏健全的正规金融支持措施。

表3-4　　　　　　　　　　　持有负债家庭比例

	2013年	2015年	2017年
持有正规渠道负债家庭比例	8.68%	9.57%	10.47%
持有非正规渠道负债家庭比例	8.69%	10.93%	10.31%

二　家庭负债来源的城乡分布

长期以来,我国城乡二元格局是社会经济发展的重要特征。这也使得居民家庭的消费、储蓄和投资等经济行为在农村和城市之间均存在较大的差异,进而可能对农村家庭与城镇家庭负债抉择及其来源产生不同影响。图3-28显示,2013年至2017年,城镇家庭从正规渠道获得的借款呈现较快速度的增长,且正规渠道借款额度远大于非正规渠道借款额度。城镇家庭正规渠道负债占家庭总负债的比重呈缓慢增长态势,而非正规渠道借款额度先递增后递减,其占比逐渐缩小。与此同时,农村家庭正规渠道借款和非正规渠道借款同样快速增长,但是正规渠道借款额度增长速度更快，正规渠道负债金额占家庭总负债的比重也越来越大。在2013年和2015年，农村家庭非正规渠道借款额度大于正规渠道借款额度，但在2017年，农村家庭正规渠道借款额度更大。由此可见，近年来我国政府在农村主导并积极推进的普惠性金融发展成效显著，农村家庭从银行或非银行正规金融机构获得资金的便利性有所增强。

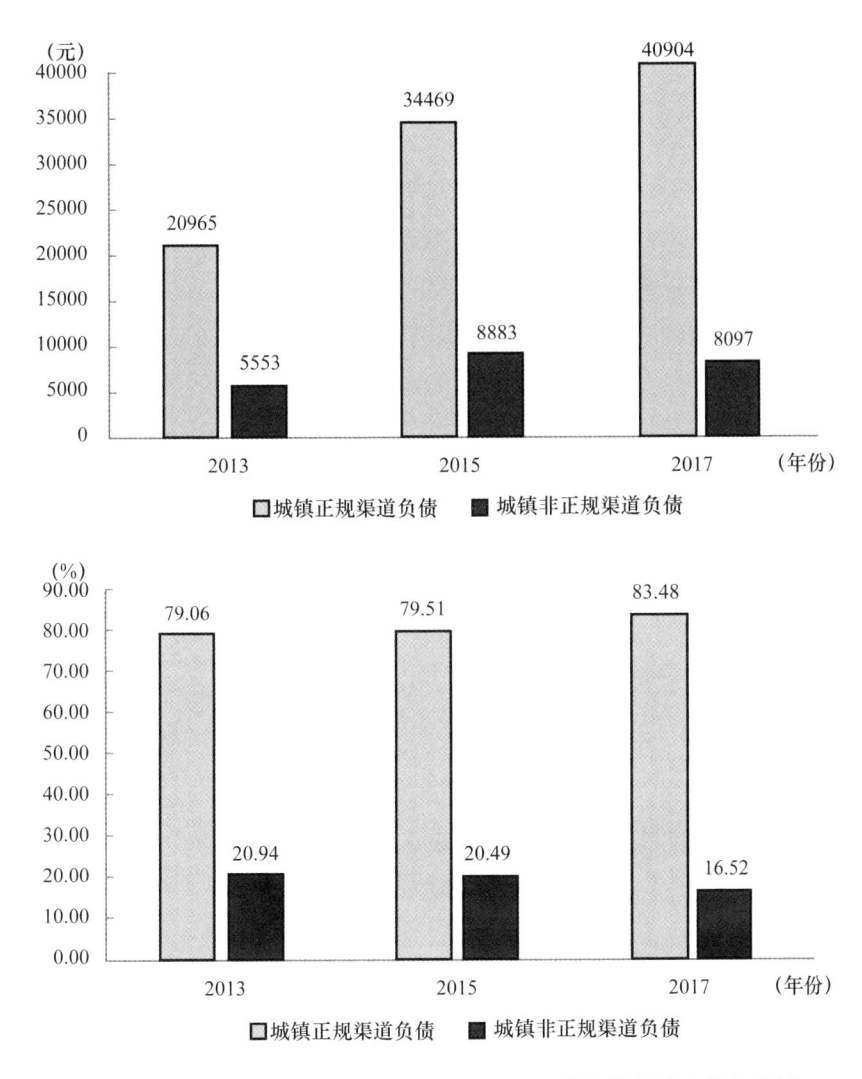

图3-28 城镇家庭从正规渠道和非正规渠道获得借款的均值和比例

对比图 3-28 和图 3-29，可以看出，城镇家庭从正规金融渠道和非正规金融渠道获得借款的规模都大于农村家庭，且城镇家庭和农村家庭从正规渠道获得的借款规模差距更大。这说明城镇家庭负债主要来源于正规渠道，而农村家庭负债由正规借贷和非正规借贷共同构成，两者权重相当。从负债比例的角度看，表 3-5 显示，2013 年至 2017 年，城

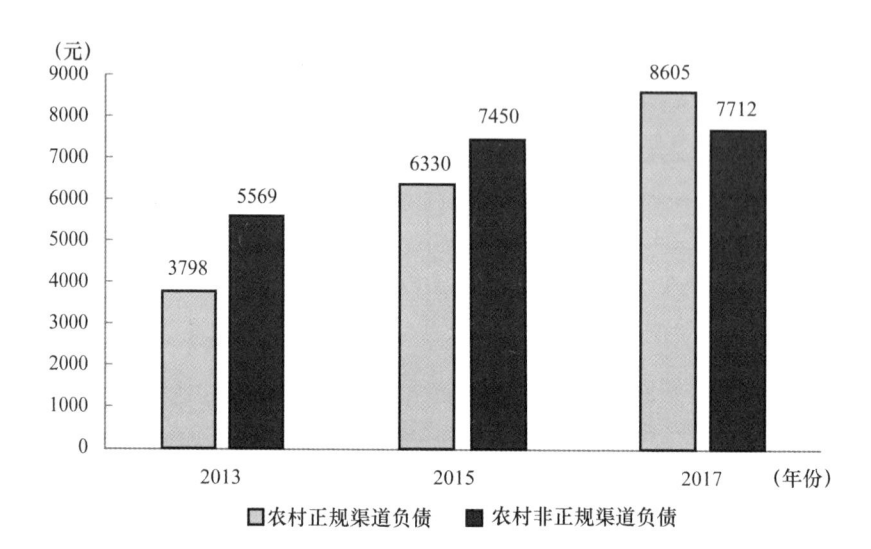

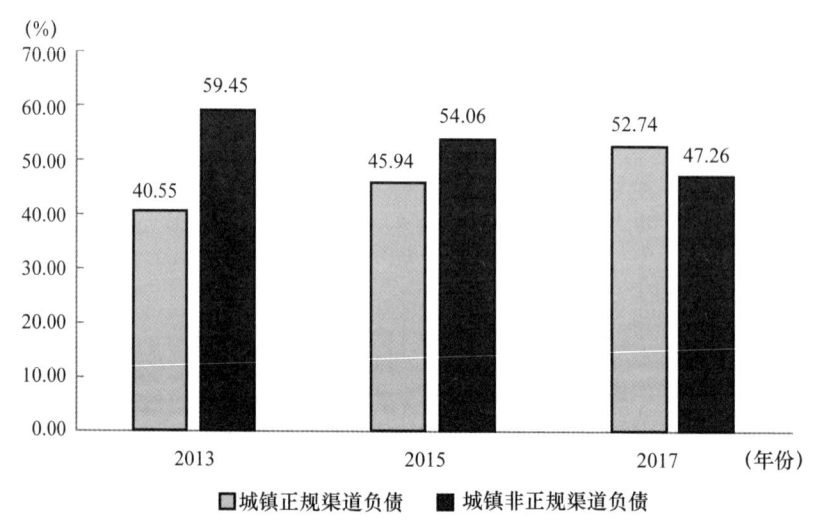

图 3-29 农村家庭从正规渠道和非正规渠道获得借款的均值和比例

镇家庭持有正规渠道负债的比例远大于农村家庭，而在非正规渠道负债的持有比例上，农村家庭远大于城镇家庭。并且，城镇家庭持有正规渠道负债的比例大于持有非正规渠道负债的比例，而在农村家庭，持有正规渠道负债的比例却小于持有非正规渠道负债的比例。这可能是因为，正规渠道负债和非正规渠道负债存在一定的互补和替代作用，两者表现出"此消彼长"的态势；在获得信贷资金的便利性方面，城镇家庭往往具有更大的优势，而农村家庭则处于相对弱势的地位。

表3-5　　　　　　　正规和非正规借贷家庭比例的城乡差异

	2013年		2015年		2017年	
	城镇家庭	农村家庭	城镇家庭	农村家庭	城镇家庭	农村家庭
正规渠道借贷	10.26%	5.28%	12.71%	6.09%	12.24%	6.59%
非正规渠道借贷	7.06%	12.18%	9.80%	15.83%	8.11%	14.97%

农村家庭受到正规金融抑制更为严重的原因是多样的。首先，农村家庭收入更少且来源单一，财富积累有限，且随着季节变化呈明显的周期性变化，收入并不稳定；其次，农村家庭居住集中度低，有效抵押物匮乏，信息透明性相对更低；最后，农村家庭借款往往额度更小却笔数更多，银行或非银行正规金融机构放贷边际成本更高，这也制约了农村家庭从正规渠道获得贷款的可能性。张兵等（2013）认为，农村家庭依赖于非正规借贷并不是简单地源自金融抑制，很多农村家庭在信贷抉择时更倾向于基于亲友的民间借贷，而亲戚朋友间的相互拆借大多为无息借贷，借款程序更为便捷，借款成本反而更低。[①]

三　家庭负债来源的地区分布

家庭负债渠道的地区差异方面，图3-30显示，东部地区家庭从银

[①] 张兵、张宁、李丹、周明栋：《农村非正规金融市场需求主体分析——兼论新型农村金融机构的市场定位》，《南京农业大学学报》（社会科学版）2013年第2期。

行等正规金融机构获取的借款规模最大,其次为中部和西部地区家庭,而在非正规渠道负债方面,东部、中部和西部地区差别并不大。这也说明,经济社会发展能够显著促进所在地区正规借贷偏好,而对非正规借贷偏好影响并不明显。2013年至2017年,我国东部、中部和西部地区家庭从正规渠道获得的借款规模均呈逐年攀升态势,而不同地区家庭从非正规渠道获得借款的规模只在2015年出现较大幅度增长,在2017年

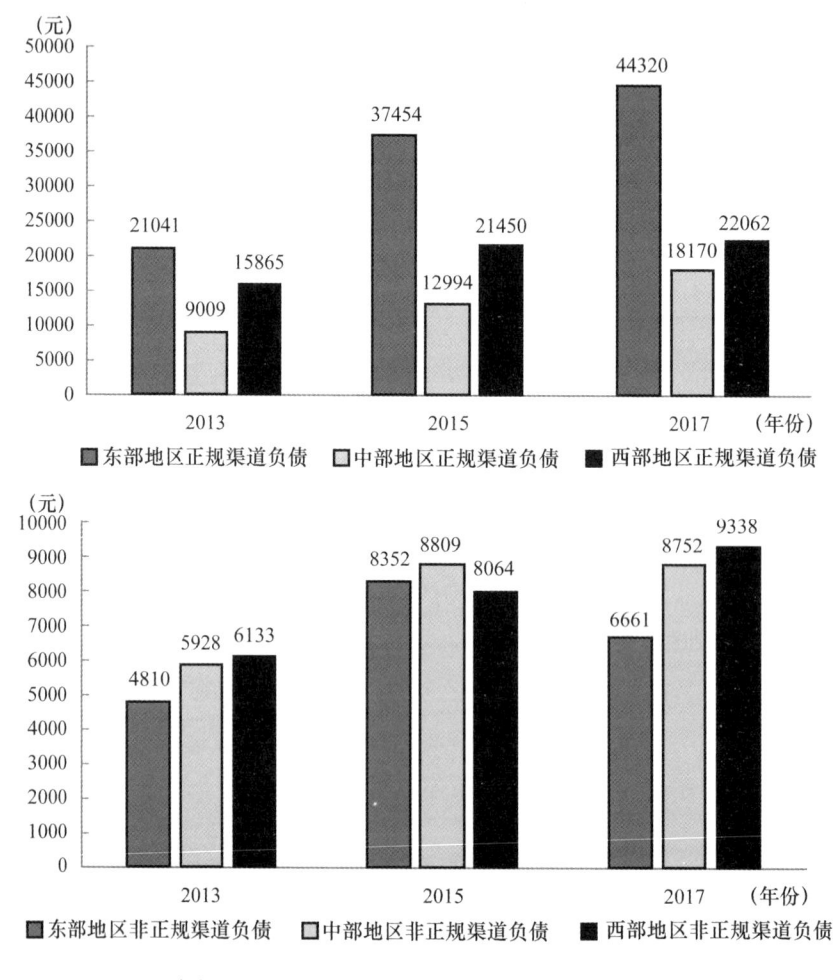

图3-30 东部、中部和西部家庭正规渠道负债和非正规渠道负债均值

呈分化态势：西部地区增长，东部和中部地区降低。根据《中国普惠金融指标分析报告（2017 年度）》，我国在 2016 年加强了对非正规金融机构的监管，非正规金融机构数量出现了大规模缩减，这也导致了居民家庭非正规渠道负债增速大幅下降。从图 3-30 也可以看出，2013 年至 2017 年，我国东部、中部和西部地区家庭正规渠道借款的增长率显著大于非正规渠道借款增长率。

表 3-6 显示，我国东部、中部和西部地区家庭正规渠道借款规模与家庭总负债的比值呈现明显的规律性分布：东部地区家庭从正规渠道获得负债占家庭总负债的比重最高，其次为西部地区家庭，最后为中部地区家庭。这可能是由地区金融发展差异所导致的，东部地区金融资源的渗透性和便捷性远高于中西部地区。宋洪礼和李庶泳（1996）认为，东部、中部和西部地区经济社会非均衡发展导致不同地区的银行信贷资产规模、质量和结构存在显著差异。[①] 吴旭等（2004）也证实，我国东部、中部和西部地区的金融发展程度严重不均：东部、中部和西部地区的贷款总量占全国金融机构贷款总量的比重分别为 57.86%、27.01% 和 15.15%，并且信贷资金从经济社会发展较差地区向经济社会发展较好地区反流现象普遍存在，资金的充沛性可能使得东部地区家庭比中部和西部地区家庭更易于从正规金融机构获得借款。[②]

表 3-6　　　　　　　　正规借贷占家庭总负债的比重

	2013 年	2015 年	2017 年
东部地区家庭正规借贷占比	81.39%	81.77%	86.93%
中部地区家庭正规借贷占比	60.31%	59.60%	67.49%
西部地区家庭正规借贷占比	72.12%	72.68%	70.26%

---

① 宋洪礼、李庶泳：《地区经济差异使商业银行改革面临新挑战》，《山东金融》1996 年第 2 期。
② 吴旭、蒋难、唐造时：《从区域金融发展差异看金融调控政策的区域化取向》，《中国金融》2004 年第 13 期。

从借贷参与的角度看，表3-7表明，无论是正规渠道负债家庭占比还是非正规渠道负债家庭占比，西部地区家庭借贷参与率最高；中部和西部地区家庭更倾向于非正规借贷，而中部地区家庭更偏好于正规借贷。与2013年相比，我国东部、中部和西部地区家庭持有正规渠道负债和非正规渠道负债的样本占该地区总样本的比例在2015年大幅增加；而在2017年，除中部地区正规渠道负债外，其他地区正规渠道负债和非正规渠道负债家庭比例均有不同程度下降；东部地区持有正规渠道负债家庭的比例高于持有非正规渠道负债家庭的比例，而中部和西部地区家庭则是非正规渠道负债家庭比例更高。

表3-7　　　　　　我国居民家庭负债比例的地区分布

	2013年	2015年	2017年
东部地区家庭正规借贷参与率	8.32%	11.31%	10.62%
东部地区家庭非正规借贷参与率	5.97%	8.31%	6.27%
中部地区家庭正规借贷参与率	6.53%	7.85%	8.72%
中部地区家庭非正规借贷参与率	9.71%	13.83%	13.21%
西部地区家庭正规借贷参与率	11.80%	13.01%	12.56%
西部地区家庭非正规借贷参与率	11.19%	14.92%	13.81%

第五节　本章小结

尽管居民借贷在短期内能够刺激居民的消费活动进而推动经济快速发展，但是债务规模的快速攀升可能带来住房价格上涨、贫富差距增大、居民杠杆率升高和长期消费增长受限等负面影响。借助中国人民银行数据统计司2011年至2020年金融机构信贷收支表和中国家庭金融调查（CHFS2013—2017）数据，本章从宏观和微观两个方面分析了我国居民家庭负债状况、结构及其变化趋势。宏观层面，我国住户部门贷款规模总量不断上升但增速趋缓，居民贷款规模与国民经济同步增长，且增长速度超过 GDP 增长速度。其中，消费性贷款构成我国住户部门贷款的主要部分，且消费性贷款占住户部门贷款的比重逐年递增；居民消费性贷款中，中长期消费性贷款占比更大，但短期消费性贷款增速更为明显；无论短期经营性贷款还是中长期经营性贷款，贷款规模均呈显著的增长态势，但两者增长率不同，短期经营性贷款先递减后递增，而中长期经营性贷款震荡上行，中长期经营性贷款增速明显高于短期经营性贷款增速。

微观层面，基于翔实的微观调查数据（CHFS2013—2017），本章重点分析了中国居民家庭的负债比例、负债额度、组成结构、来源渠道及其地区分布特征。统计结果表明：（1）我国居民家庭负债比例和负债额度逐年增加。其中，东部农村家庭负债规模上涨最快，且东部、中部和西部农村家庭户均负债差异有所减弱，渐于趋同。（2）住房负债构成我国家庭负债的最主要部分，规模最大且参与率最高，但增速趋缓。（3）工商业负债规模及占比先增后减，农业负债规模呈明显扩张趋势，车辆负债规模稳步增长，医疗负债规模增长较快，金融负债在我国家庭负债中占比偏低，且不稳定。（4）从负债来源渠道看，家庭从正规渠道获得贷款的比例和额度均呈逐年攀升态势。（5）城镇家庭和农村家庭负债来源表现出明显的异质性，城镇家庭负债主要来源于正规渠道，且比重逐年递增，而农村家庭负债主要来源于民间借贷等非正规渠道，但占比渐趋弱化。（6）东部地区家庭从银行等正规金融机构获取的借款规模最大，其次为中部地区和西部地区家庭，而在非正规借款方面，东部、中部和西部的地区性差别并不明显。

第四章　中国城市家庭杠杆率及其成因分析

第一节　中国城市家庭杠杆率的测度

从现有研究来看，目前文献对家庭债务杠杆的度量主要使用存量杠杆和流量杠杆两类指标。前者依据期权理论（权益为负，Negative Equity），通常使用资产负债率、家庭应偿债务/流动性资产和房贷/房产市值等作为家庭债务杠杆的测量工具；[1] 后者依据非期权理论（支付能力不足，Unaffordability），采用债务收入比、利息/收入、偿债收入比、家庭财务边际比[2]等指标来衡量家庭财务脆弱性。[3] 与存量杠杆相比，流量杠杆指标虽然随意性更大、测量误差更高且构造相对复杂，但普适性强，能够更直接体现家庭杠杆率和财务脆弱性程度。

借鉴已有文献的衡量标准，本章同时考虑两类杠杆指标：使用样本家庭总负债与家庭总资产的比值衡量家庭债务的存量杠杆水平；使用家庭总负债与家庭总收入的比值衡量家庭债务的流量杠杆水平。其中，

---

[1] Lusardi A. and Tufano P., "Debt Literacy, Financial Experiences, and Over-Indebtedness", *Journal of Pension Economics & Finance*, Vol. 14, No. 4, October 2015；隋钰冰、尹志超、何青：《外部冲击与中国城镇家庭债务风险》，《福建论坛》（人文社会科学版）2020年第1期。

[2] 财务边际比=（可支配收入－日常支出－应偿债务）/家庭可支配收入。

[3] Jappelli T., Pagano M. and Maggio M. D., "Households' Indebtedness and Financial Fragility", *Journal of Financial Management, Markets and Institutions*, Vol. 1, No. 1, January 2013；Michelangeli V. and Pietrunti M., "A Microsimulation Model to Evaluate Italian Households' Financial Vulnerability", *International Journal of Microsimulation*, Vol. 7, No. 3, September 2014；孟德锋、严伟祥、刘志友：《金融素养与家庭金融脆弱性》，《上海金融》2019年第8期。

（CHFS2013—2017）问卷中家庭总负债是指家庭由于购房、购车、创业、教育、医疗和消费等原因举债的总体规模；家庭总资产涵盖两大科目——金融资产和非金融资产[①]；家庭总收入包括农业经营收入、工商业经营收入、工资性收入、投资性收入和转移性收入五个类别。两类比值越高代表样本家庭偿债压力越高，陷入财务困境的可能性越大，家庭潜在债务风险也越严重。

表4-1给出了样本中我国城市家庭债务杠杆分布的基本情况。以2017年为例，全部样本中，我国城市家庭总负债占总资产的比值平均为9.71%，总负债与总收入的比值平均为124.11%，无论是资产负债率还是债务收入比，西部城市家庭的债务杠杆程度都要远高于东部城市家庭，前者分别为12.43%和167.45%，后者分别为6.01%和87.05%。从变化趋势来看，与宏观数据的分析结论保持一致，我国城市家庭杠杆率逐年攀升，平均而言，2017年城市家庭资产负债率高出2013年5.15个百分点，债务收入比高出2013年50.89个百分点，并且从不同地区的趋势比较来看，2017年城市家庭债务杠杆程度也都显著高于2013年。可以看出，我国城市家庭杠杆率分布严重不均，且加杠杆问题日益凸显。

表4-1　　　中国城市家庭债务杠杆分布的基本情况　　　单位:%

	2013年		2015年		2017年	
	资产负债率	债务收入比	资产负债率	债务收入比	资产负债率	债务收入比
东部	3.02	57.92	3.68	64.37	6.01	87.05
中部	6.27	86.03	8.01	100.20	10.59	121.33
西部	5.90	92.33	8.42	121.29	12.43	167.45
全国	4.56	73.22	6.20	89.41	9.71	124.11

数据来源：中国家庭金融调查（CHFS）2013年、2015年和2017年数据。

[①] 金融资产包括现金、银行存款、理财产品、基金、股票、债券、借出款、外汇、黄金和其他金融衍生品；非金融资产包括房产、汽车、土地、工商业经营资产、农业经营资产和其他非金融资产。

为了更直观地比较我国城市家庭债务杠杆的群体间分布特征，本节按家庭总负债占总资产的比重对家庭债务杠杆进行分类，将家庭负债为0的样本定义为零杠杆家庭，家庭负债大于0的样本按照资产负债率由高到低划分为三类：高杠杆、中等杠杆和低杠杆，对应的杠杆率分别介于0.15以上、0.05至0.15之间和0至0.05之间。表4-2报告了按户主特征和家庭特征分类的家庭债务杠杆的统计结果。结果显示，不拥有房产家庭中，约有79.15%的家庭债务为0；相反，拥有多套房产家庭中，仅有53.07%的家庭债务为0。但是拥有房产家庭的债务杠杆均值反而更低，主要体现在不持有房产家庭拥有更大比例的高杠杆群体，其比重高达10.83%。这与主流文献的结论并不一致：Worthington（2006）发现持有房产与家庭负债程度是正相关的。[①] 一种可能的解释是，房产在我国具有投资和消费的双重属性，尽管持有房产导致了居民家庭更高的借贷倾向并提高了其获取信贷的可得性，但与此同时，债务杠杆基数即家庭资产在房产持有数量不等的家庭之间存在显著差异，尤其是在我国近年来房价的持续上涨对家庭财富的拉动效应，导致持有房产在促进家庭借贷的同时反而降低了债务在资产中的相对比重。家庭收入状况也显著影响了家庭债务杠杆水平，从表4-2可以看出，资产负债率在低收入阶层最高，其次是中等收入阶层，高收入阶层[②]低杠杆群体的比例最高（17.15%），但是高杠杆群体比例最低（5.12%），总体的债务杠杆水平最低。债务杠杆随户主年龄的增加是递减的，反映债务负担在不同收入阶层和年龄群体间分化严重，可能受按揭购房、贷款创业以及有限的收入和财富积累影响，年轻人和低收入者构成了我国现阶段过度负债的主要群体。与未婚相比，已婚家庭和离异/丧偶家庭的高杠杆群体占比更高，其债务杠杆均值也相对更高。家庭债务杠杆随户主健康状况的改

[①] Worthington A., "Debt as a Source of Financial Stress in Australian Households", *International al Journal of Consumer Studies*, Vol. 30, No. 1, January 2006.
[②] 按家庭人均收入由高到低划分为四等份，将收入高于（含）上四分位数的家庭界定为高收入阶层，低于（含）下四分位数的家庭界定为低收入阶层。

良而递减，较之户主一般/不健康家庭，户主很健康/非常健康家庭处于中等杠杆、高杠杆水平的比例都有明显下降。总体来看，债务负担在不同生命周期阶段、健康状况、房产持有状况和收入阶层之间分化严重。

表4-2　按户主特征和家庭特征分类的家庭债务杠杆（资产负债比）

户主及家庭特征		按家庭债务杠杆分组人数占比（%）				债务杠杆均值	观测数
		零杠杆	低杠杆	中等杠杆	高杠杆		
收入	低收入阶层	61.87	6.79	13.41	17.93	0.308	2945
	中等收入阶层	70.38	13.94	7.96	7.72	0.283	5845
	高收入阶层	62.08	17.15	15.65	5.12	0.206	2914
健康	很健康/非常健康	71.36	14.22	8.50	5.91	0.212	3129
	比较健康	73.68	8.47	10.22	7.62	0.235	4685
	一般/不健康	52.96	12.80	14.68	19.56	0.359	3890
年龄	18—30岁	59.72	11.37	12.66	16.25	0.390	1477
	31—45岁	58.02	14.16	15.09	12.73	0.323	3142
	46—55岁	61.65	13.40	12.28	12.66	0.291	3119
	56岁及以上	78.59	7.79	6.86	6.76	0.167	3966
婚姻	未婚	73.89	10.00	7.64	8.47	0.187	720
	在婚	66.32	9.92	12.03	11.73	0.282	9780
	离婚/丧偶	58.38	24.75	6.98	9.89	0.224	1204
房产	不拥有房产	79.15	5.68	4.34	10.83	0.347	1036
	拥有仅1套房产	63.25	21.79	8.55	6.41	0.282	8895
	拥有多套房产	53.07	19.63	23.03	4.27	0.166	1773

第二节　家庭杠杆率成因的理论分析

家庭是微观个体行为的决策主体，一个自然的问题是：什么影响了家庭债务杠杆水平？前期学者从多个角度展开研究，主要集中于制度环境、家庭资产结构和财富特征、个体特质等方面。

第一，制度环境因素。文献大多基于供给侧的角度探讨信贷宽松程度、金融发展进程以及金融自由化对家庭杠杆率的推动作用。[1] Mian 等（2013）研究了美国居民抵押贷款问题，发现住房资产增值状况会对住房拥有家庭的负债规模和可能性构成明显的影响，且信贷市场监管的宽严程度能够显著影响家庭杠杆率，即如果信贷市场监管较为宽松，会导致家庭债务杠杆短时间内猛增，反之亦然。[2] Nam 和 Mahinda（2013）从宏观层面对澳大利亚家庭债务的决定因素进行分析，证实房地产价格、国民生产总值、家庭规模、利率、失业率和通货膨胀都会对家庭债务规模产生影响，其中房地产价格、国民生产总值和家庭规模对家庭负债会产生促进效应，而其他因素则产生抑制效应，且市场利率的作用最为突出。[3] 林其屏（2008）研究了台湾家庭债务负担过重问题，发现台湾家庭的负债主要用于购置固定资产如住房、汽车和家电等，由于当时经济不景气，台湾当局采用低利率贷款刺激房地产市场的方式来提振经济，从而导致台湾家庭负债居高不下，宏观经济政策对家庭债务杠杆构成显著影响。[4] 随着研究数据和研究工具的不断增多，对家庭债务研究的范围和深度也在不断增加。Zanin 和 Luca（2017）构建广义的线性回归分析模型分析了1995年至2014年意大利微观家庭数据，结果显示家庭从银行等正规金融机构获得借款的可能性和借款额度会受到流动性约束的显著影响，且贷款利率和家庭内部成员的就业状况会影响家庭借款渠道偏好。[5] Barba 和 Pivetti（2009）通过比较不同国家家庭负债影响因素的差别，发现破产法律的申请效率也会影响家庭的负债程度，具体来说，

---

[1] 刘梅：《互联网金融风险防范的难点及解决思路》，《西南民族大学学报》（人文社会科学版）2019年第9期。

[2] Mian A., Rao K. and Sufi A., "Household Balance Sheets, Consumption, and the Economic Slump", *Quarterly Journal of Economics*, Vol. 128, No. 4, June 2013.

[3] Nam T. H. and Mahinda S., "The Determinants of Australian Household Debt: A Macro Level Study", *Journal of Asian Economics*, Vol. 29, No. 6, December 2013.

[4] 林其屏：《台湾家庭负债高的原因与影响》，《亚太经济》2008年第4期。

[5] Zanin M. and Luca K., "Determinants of the Conditional Probability That a Household Has Informal Loans Given Liquidity Constraints Regarding Access to Credit Banking Channels", *Journal of Behavioral & Experimental Finance*, Vol. 13, No. 1, February 2017.

如果一个国家的破产申请程序越复杂，申请破产耗费的时间越长，则居民整体债务水平也越低。[1]

第二，家庭资产结构和财富特征，如房产持有状况[2]、资产流动性[3]、家庭收入[4]等。杨赞和周丹彤（2013）针对我国家庭的住房抵押贷款行为进行了研究，结果表明影响家庭是否借款与借款额度的关键因素是建房购房行为及家庭收入。[5] 郭新华和周程程（2014）证实了我国家庭负债概率会受来自消费者信心和住房价格的正向影响，而家庭负债规模会受到收入的正向影响，且住房价格的升降也会直接影响家庭债务规模，而家庭负债行为对来自市场名义利率的影响并不显著。[6] 而李岩等（2014）发现，家庭收入会对农村家庭负债的可能性构成显著负向影响，且家庭总资产会抑制家庭负债规模。[7] 胡振等（2015）指出，家庭资产积累增加会对家庭负债的积极性构成明显的抑制作用，但不同类型资产对家庭负债行为影响的作用大小可能不尽相同，譬如投资属性越强的资产对家庭负债影响越明显。[8] 何丽芬等（2012）还发现，固定资产如住房和车辆等资产的持有状况、非固定资产如股票等资产的持有状况、户主的职业背景、对待风险的态度以及对未来大额支出的判断等都会显著影响家庭负债行为。[9] 陈屹立和曾琳琳（2017）研究我国农村家庭负债

---

[1] Barba A. and Pivetti M., "Rising Household Debt: Its Causes and Macroeconomic Implications—A Long-Period Analysis", *Cambridge Journal of Economics*, Vol. 33, No. 1, January 2009.

[2] 周广肃、王雅琦：《住房价格、房屋购买与中国家庭杠杆率》，《金融研究》2019年第6期。

[3] Devlin J., "A Detailed Study of Financial Exclusion in the UK", *Journal of Consumer Policy*, Vol. 28, No. 3, March 2005.

[4] 谢绵陛：《家庭债务收入比的影响因素研究》，《中国经济问题》2018年第1期。

[5] 杨赞、周丹彤：《居民住房抵押贷款需求的微观研究》，《财经问题研究》2013年第1期。

[6] 郭新华、周程程：《消费者信心与房价对家庭借贷行为的影响分析》，《统计与决策》2014年第1期。

[7] 李岩、兰庆高、赵翠霞：《农户贷款行为的发展规律及其影响因素——基于山东省573户农户6年追踪数据》，《南开经济研究》2014年第1期。

[8] 胡振、杨华磊、臧日宏：《家庭负债异质性与影响因素解析：中国的微观证据》，《商业经济与管理》2015年第9期。

[9] 何丽芬、吴卫星、徐芊：《中国家庭负债状况、结构及其影响因素分析》，《华中师范大学学报》（人文社会科学版）2012年第1期。

行为时强调，农村家庭有着强烈的信贷诉求，其负债行为会受到来自生产经营活动和购房建房行为的激励，且农村家庭是否持有负债及持有负债规模通常不受贷款利率和价格预期的制约。① Barba 和 Pivetti（2009）分析美国家庭负债攀升原因时指出，家庭收入不平等和社会财富分配不均的加剧会显著增加家庭负债的可能性和额度，尤其是收入相对较低的家庭，为了使家庭成员的消费需求得到满足而不得不通过负债的行为来弥补当期收入不足，从而引起家庭负债规模的大幅扩张。②

第三，个体特质，如生命周期③、健康状况④、人力资本⑤、婚姻状况⑥、政治身份和乐观心态⑦等。Davis 和 Kim（2017）实证研究了美国信用卡市场的变化，发现户主年龄较大的家庭会比年轻家庭更加重视资本的回报率，而户主年龄较小的家庭则更加在意借贷的成本，家庭负债的规模和可能性不仅会受到来自家庭人口统计学因素的影响，还会受到来自乐观心态和未来发展预期的影响。⑧ Fabbri 和 Padula（2004）在对司法成本和家庭债务关系的研究中发现，家庭人口数量对家庭的负债行为有着显著正向作用。一方面，较大规模家庭对信贷需求通常会比较大；另一方面，成员数量多的大家庭，往往拥有更丰富的社交网络和融资渠

---

① 陈屹立、曾琳琳：《中国农村居民家庭的负债决策及程度：基于中国家庭金融调查的考察》，《贵州财经大学学报》2017 年第 6 期。

② Barba A. and Pivetti M., "Rising Household Debt: Its Causes and Macroeconomic Implications—A Long-Period Analysis", *Cambridge Journal of Economics*, Vol. 33, No. 1, January 2009.

③ Fabbri D. and Padula M., "Does Poor Legal Enforcement Make Households Credit-constrained?", *Journal of Banking and Finance*, Vol. 28, No. 10, October 2004.

④ Rosen H. and Wu S., "Portfolio Choice and Health Status", *Journal of Financial Economics*, Vol. 72, No. 3, June 2004.

⑤ 吴卫星、吴锟、王琎：《金融素养与家庭负债——基于中国居民家庭微观调查数据的分析》，《经济研究》2018 年第 1 期。

⑥ Delrio A. and Young G., "The Impact of Unsecured Debt on Financial Pressure among British Households", *Applied Financial Economics*, Vol. 18, No. 7, July 2008.

⑦ Liu Z., "The Economic Impact and Determinants of Investment in Hunan and Political Capital in China", *Economic Development and Cultural Change*, Vol. 51, No. 4, July 2003.

⑧ Davis A. and Kim J., "Explaining Changes in the US Credit Card Market: Lenders Are Using More Information", *Economic Modelling*, Vol. 61, No. 1, February 2017.

道，因而更容易获得借款。① 在负债分布的生命周期方面，Delrio 和 Young（2008）分析了美国家庭的债务和支出情况，发现负债较多的家庭，户主年龄大多集中在 30 岁至 40 岁之间。② 国内学者也得出了相似的结论，陈斌开等（2011）利用 2009 年 CHFS 调查数据，发现影响负债规模大小的主要因素是家庭是否建房购房，而我国居民家庭的建房购房行为往往在 30 岁后达到峰值，我国家庭负债程度的年龄分布表现出与生命周期理论相符的倒 U 形特征。③ Delrio 和 Young（2008）还发现，在获得缺乏担保负债的成功概率方面，未婚/离异/丧偶状态者的成功概率低于已婚者；家庭持有缺乏担保负债的成功概率还会受到户主受教育程度的显著正向影响，且受教育程度对家庭负债额度具有积极推动作用。④ 伍再华等（2017）发现，家庭是否负债和负债规模会受户主金融素养的影响，且负债规模会随着财富不平等差距的扩大而显著减少。⑤ 周利和冯大威（2020）利用 CFPS 调查数据，发现人格特征也会影响家庭负债行为，其作用机制在于人格特征会影响个人社交能力和金融素养，从而间接对家庭持有负债概率和规模产生影响。⑥

家庭能否从各种金融机构获得信贷主要受流动性约束的影响。流动性约束意味着存在较大金融排斥，使得人们无法获得来自金融机构以及非金融机构或个人提供的信贷资金，信贷成本的高低和信贷资源的可获取性都会对居民借款行为产生影响。前期研究大多基于预防性储蓄动机、生命周期理论和流动性约束假说，较好地诠释了欧美发达国家与巴西、

---

① Fabbri D. and Padula M., "Does Poor Legal Enforcement Make Households Credit-constrained?", *Journal of Banking and Finance*, Vol. 28, No. 10, October 2004.

② Delrio A. and Young G., "The Impact of Unsecured Debt on Financial Pressure among British Households", *Applied Financial Economics*, Vol. 18, No. 7, July 2008.

③ 陈斌开、李涛：《中国城镇居民家庭资产—负债现状与成因研究》，《经济研究》2011 年第 S1 期。

④ Delrio A. and Young G., "The Impact of Unsecured Debt on Financial Pressure among British Households", *Applied Financial Economics*, Vol. 18, No. 7, July 2008.

⑤ 伍再华、叶菁菁、郭新华：《财富不平等会抑制金融素养对家庭借贷行为的作用效果吗？——基于 CHFS 数据的经验分析》，《经济理论与经济管理》2017 年第 9 期。

⑥ 周利、冯大威：《人格特征与家庭负债》，《金融发展研究》2020 年第 2 期。

印度和南非等新兴经济体在居民负债（杠杆率）上的显著差异，但无法解释作为典型的新兴市场经济体国家，我国居民为什么也有与发达经济体（诸如法国、德国、日本等）相似的高杠杆程度。一些学者尝试从文化属性的视角来解释家庭负债行为，分别从宗教信仰[①]、儒家文化[②]、社会信任[③]等多个角度分析文化差异如何影响家庭借款。而作为文化本质的一个重要维度，我国传统文化中鲜明的集体主义观念也可能显著影响家庭的负债决策及其程度。然而，由于数据的限制和技术上的困难，以及集体主义测度指标上的争论，[④]沿循这一路线的研究还非常有限。相关文献主要讨论集体主义与人们社会关系、风险偏好和生活态度等的内在关联,[⑤]缺乏其是否作用于家庭债务杠杆的直接证据。

与已有研究相比，本章的贡献体现在两个方面：一是尽管文献对居民家庭杠杆行为影响因素的分析在个体、家庭和社会环境层面都有所涉及，但是缺乏对它们置于统一框架下更为全面的系统考察，而且数据限制也使得上述影响路径的评判大多停留于理论层面的定性阐释，对变量之间逻辑关系进行严肃分析的实证文献并不多见。借助翔实的微观家庭调查数据（CHFS2013—2017），本章在统一的框架下实证考察了影响当前我国居民家庭债务杠杆的各种因素，同时对这种影响的地区差异进行了分样本的异质性分析。二是根据文献中给出的可能影响家庭债务杠杆的理论预期，本章所用到的解释变量不仅包括现有文献已经使用的年龄、

[①] 潘黎、钟春平：《去教堂祷告还是去银行借款？——宗教与金融行为内在关联的微观经验证据》，《经济学（季刊）》2015年第1期。

[②] 叶德珠、连玉君、黄有光：《消费文化、认知偏差与消费行为偏差》，《经济研究》2012年第2期。

[③] 柴时军：《信任视角下的家庭融资渠道偏好研究》，《经济与管理研究》2019年第11期。

[④] 李涛、方明、伏霖、金星晔：《客观相对收入与主观经济地位：基于集体主义视角的经验证据》，《经济研究》2019年第12期。

[⑤] Greif A., "Cultural Beliefs and the Organization of Society", *Journal of Political Economy*, Vol. 102, No. 5, October 1994; Acemoglu D., *Introduction to Modern Economic Growth*, Princeton: Princeton University Press, 2009, pp. 155 – 156; Tanaka T., Camerer C. F. and Nguyen Q., "Risk and Time Preferences: Linking Experimental and Household Survey Date from Vietnam", *The American Economic Review*, Vol. 100, No. 1, March 2010.

健康、家庭规模、流动性资产、家庭持有房产状况、婚姻状况、人力资本等变量，还添加了集体主义、社会信任、社会网络、宗教信仰和政治身份等新的变量。

第三节 中国城市家庭杠杆率成因的实证分析

一 数据、变量与方法

（一）数据来源

本章所使用的微观数据主要来自中国家庭调查权威数据库——中国家庭金融调查（CHFS）项目2013年、2015年和2017年的数据。CHFS问卷涵盖个人、家庭和社区/村三个层次，询问了家庭金融参与、资产配置、负债构成以及收入支出状况等多方面的详细信息。在数据清理中，本节选取三轮调查的匹配样本，剔除家庭资产、家庭收入和家庭支出最高2.5%和最低2.5%样本，家庭负债最高2.5%样本，以及其他关键变量题项中"不适应"、"不知道"和"拒绝回答"的无效样本，最后保留的城市家庭样本规模为10570。其中，东部、中部和西部地区分别为4338户、2655户和3577户，分别占比41.04%、25.12%和33.84%。

（二）分析变量

本章所用到的解释变量大体可以归为三类：户主特征变量、家庭特征变量和地区经济环境变量。

户主特征变量。户主婚姻状况，分为已婚、未婚、丧偶/离婚，对应虚拟变量married、unmarried和div_wid。户主年龄及其平方，以实际年龄赋值，记为age和age2。户主性别（gender），男性取值为1，女性取值为0。户主健康程度（health），CHFS问卷将健康程度分成5等，1—5分别对应不健康、一般、比较健康、很健康、非常健康。户主的人力资本水平，采用理解能力和语言表达能力度量，分别记为under_ab和ex-pre_ab，打分区间为1—7，1代表很差，7代表很好，以访员根据样本居民在受访过程中表现出的理解能力和语言表达能力的客观评价赋值。

85

社会信任（social_trust），采用问卷中"您是否认为大多数人是可以信任的？"进行测量，是则赋值为1，反之为0。基于这种测量方式下的调查结果不是针对特定对象或某个具体情境做出判断，通常能够较好摒弃受访者违心选择"信任或者不信任"的可能性，有助于增强调查信度。集体主义信念（collectivism），借鉴Brewer和Chen（2007）对"集体主义—个人主义"的识别与测度标准，[①] 使用"传宗接代的重要程度"[②]、"关系比能力更重要"[③] 和"不被人讨厌的重要程度"[④]，分别对应价值观、信念和自我三个维度来构造集体主义综合指标。为使数据分布更为收敛，使用主成分分析法（CPA），将上述三个维度指标（子因子）进行加权求和，提取公共因子，并进一步对提取的公因子进行指数化，变量取值介于0—1之间。

家庭特征变量。家庭持有的流动性资产，包括现金、银行存款以及股票、外汇、债券、基金、理财产品等，记为fin_asset。家庭社会网络（socialnet），采用文献中普遍认可的测量工具家庭礼金支出来度量家庭拥有的社会网络水平。为了避免回归分析中量纲的影响，本章对家庭礼金支出和流动性资产进行加1后取对数赋值。家庭规模（fam_size），以家庭同灶吃饭实际人数赋值。家庭持有房产状况，分为是否不拥有房产、是否拥有仅1套房产和是否拥有多套房产，对应虚拟变量real_no、real_one和real_ma。党员身份（party_ide），根据是否有家人为中共党员，按虚拟变量赋值，是则为1，反之为0；宗教信仰（relig_bel），CHFS问卷详细询问了户主及其成员是否信仰天主教、伊斯兰教、基督教、道教、佛教等宗教，当他表示信仰其中任何一种宗教时，赋值为1，反之为0。

地区经济环境变量。家庭所处地区，采用虚拟变量region_west、re-

[①] Brewer M. B. and Chen Y. R., "Where (Who) are Collectives in Colletivism? Toward Conceptual Clarification of Individualism and Collectivism", *Psychological Review*, Vol. 114, No. 1, January 2007.
[②] 1—5的有序变量，1为不重要，5为重要。
[③] 1—5的有序变量，1为十分不同意，5为十分同意。
[④] 1—5的有序变量，1为不重要，5为重要。

gion_ mid 和 region_ east 表示，分别对应居民家庭是否位于西部、中部和东部地区。省级经济特征变量，将家庭所在省（直辖市/自治区）的金融发展程度（银行或非银行金融机构的贷款余额除以当地 GDP 总额）和人均 GDP 作为省级经济特征的代理变量。此外，考虑到回归方程中社区层面同一社区内部家庭行为可能的相关性，本在计量模型中纳入社区/村庄编码，控制社区（村）固定效应既已控制社区/村庄行为惯习、风俗、人文环境和背景风险等同时作用家庭结构和财富特征与债务杠杆程度的因素。

（三）估计方法

因变量数据结构具备典型的截断性特征，有相当比例的家庭没有借款（占比 67.06%），家庭杠杆率为 0。按照一般的思路，本章使用 Tobit 检验模型，如式（4-1）。

$$debt\_lev_{ij}^{*} = \beta_0 + \beta X_{ij} + \gamma Z_{ij} + \eta \lambda_j + u_{ij} \qquad (4-1)$$

其中，$debt\_lev_{ij}^{*}$ 刻画了家庭债务杠杆程度，包括资产负债比（总负债/总资产）和债务收入比（总负债/总收入），X_{ij} 和 Z_{ij} 分别表示可能影响家庭杠杆率的户主特征变量和家庭特征变量，λ_j 为地区特征向量，u_{ij} 代表模型扰动项。

Tobit 模型假定因变量存在数据截取的门槛值（$L^{*}=0$），即只有当 $debt\_lev_{ij}^{*}>0$ 时，潜变量 $debt\_lev_{ij}^{*}$ 才能被观测到。这意味着家庭只有在意愿借款额度严格为正值时才会参与借贷，且在刚好跨越借款意愿门槛值的情形下，其借款额度非常接近于零。由于借贷市场通常存在交易费用、市场摩擦和最低限额，这一先验假设与实际情形明显不符。Heckman 模型很好地解决了这一矛盾，它将家庭债务杠杆转化成两个连续的过程：是否决定借款（选择方程）和借款程度或杠杆率（回归方程）[①]。Heckman 两步法具体形式如下：

[①] 从直观上看，Heckman 两阶段模型等同于"随机门槛"效应下的 Tobit 模型，但 Heckman 模型能够更好地对样本选择性偏误及由此产生的内生性问题进行控制，可能更适合刻画家庭杠杆行为的决策过程。

$$P(debt\_pro_{ij}=1) = \Phi(\beta X_{ij} + \gamma Z_{ij} + \eta \lambda_j) \quad (4-2)$$

上式中，$P(debt\_pro_{ij}=1)$ 代表家庭发生借款行为的概率，因此式（4-2）采用的实质上是一个决定家庭是否参与借贷的 Probit 模型。在此基础上，使用有借款家庭子样本，进一步构建回归方程：

$$debt\_lev_{ij} = \beta_0 + \beta X_{ij} + \gamma Z_{ij} + \eta \lambda_j + u_{ij} \quad (4-3)$$

其中，$\hat{\lambda}_{ij} = \varphi(\beta X_{ij} + \gamma Z_{ij} + \eta \lambda_j) / \Phi(\beta X_{ij} + \gamma Z_{ij} + \eta \lambda_j)$，代表模型修正项（也称逆米尔斯比率），$LA_i$ 和 UE_i 分别为样本观测值分布的密度函数和积累函数。与选择方程（4-2）相比，回归方程（4-3）还另外控制了乐观心态、市场预期和个人情绪三个变量，作为选择方程中可能影响家庭是否决定借款，但不直接影响借款程度或者杠杆率的识别性变量。其他变量的设置与模型（4-1）保持一致。

二　实证结果及分析

（一）均值分析

表 4-3 汇报了主要变量样本分组的均值统计结果，包括总体样本和有无家庭负债两个细分样本。观察总体样本：超过 14% 的受访居民有宗教信仰；超过 10% 的受访居民为中共党员；健康程度接近比较健康，介于一般和比较健康之间；已婚比例超过 83%，而未婚、丧偶和离婚比例仅为 6.9%、7.3% 和 2.6%；居民对自己熟悉的特定群体如父母、邻居的信任程度相对较高，而对熟人圈之外的机关干部或陌生人信任程度略低或很低；调查过程中，受访者表现出的理解能力和语言表达能力几乎都不差；样本家庭上一年度人情礼支出平均为 4230 元；同灶吃饭的家庭规模平均为 3.73 人；家庭持有的现金、银行存款以及理财产品、股票、基金等金融性资产总额平均为 5.33 万元；现有住房及其他房产市值总额平均为 48.75 万元；家庭所有成员包含劳动收入、转移性收入和财产性收入在内的家庭年收入平均为 5.91 万元。集中在有负债家庭和无负债家庭两个细分样本，统计结果表明，较之无负债家庭，有负债家庭户主男性比例更高，年龄更小，具有更高的宗教信仰比例，家庭规模更大，有

更广泛的家庭社会网络，有更高的已婚比例和更低的单身与丧偶比例，拥有更高的房产市值和收入水平以及更少的金融性资产。考虑到不同变量之间的相互影响，更加可靠的结论还需通过回归分析进一步验证。

表4-3　　　　　　　　　　主要变量的统计描述

变量名	变量说明	所有家庭 均值	所有家庭 标准差	有负债家庭 均值	有负债家庭 标准差	无负债家庭 均值	无负债家庭 标准差
debt_lev1	资产负债比	0.270	1.952	0.799	3.293	0	0
debt_lev2	债务收入比	0.908	3.692	2.684	5.961	0	0
gender	性别（男=1）	0.519	0.499	0.530	0.491	0.513	0.501
age	年龄	49.642	15.010	45.588	12.876	51.715	15.580
fam_size	家庭人口数量	3.731	1.904	4.173	1.935	3.505	1.848
health	健康程度	2.677	1.206	2.336	1.232	2.851	1.192
relig_bel	宗教信仰（有=1）	0.146	0.353	0.156	0.363	0.141	0.348
party_ide	党员身份（是=1）	0.104	0.305	0.101	0.302	0.105	0.307
socialnet	人情礼支出	0.423	0.747	0.491	0.702	0.388	0.767
unmarried	未婚=1	0.062	0.254	0.047	0.225	0.069	0.267
married	已婚=1	0.835	0.375	0.832	0.334	0.837	0.392
div_wid	离婚/丧偶=1	0.103	0.260	0.120	0.214	0.094	0.279
fin_asset	流动性资产	5.324	20.597	3.989	23.385	6.006	19.004
under_ab	理解能力	5.701	1.231	5.753	1.206	5.675	1.242
expre_ab	语言表达能力	5.561	1.304	5.621	1.270	5.531	1.319
social_trust	社会信任	6.225	2.210	7.497	2.205	5.636	2.211
collectivism	集体主义信念	0.6915	0.157	0.843	0.135	0.617	0.204
real_no	不拥有房产=1	0.085	0.278	0.043	0.203	0.106	2.211
real_one	仅1套房产=1	0.721	0.449	0.695	0.460	0.734	2.122
real_ma	多套房产=1	0.195	0.396	0.262	0.440	0.160	2.670

（二）基于总体样本的估计结果

分别以资产负债比和债务收入比为衡量指标，表4-4给出了样本家庭债务杠杆影响因素的基准回归结果。需要注意的是，研究家庭金融行为影响因素经常面临的一个问题是一些解释变量可能是内生的，例如家庭持有房产状况、流动性资产等。因此表4-4报告的估计结果可能揭示的是这些解释变量与居民家庭债务杠杆之间的相关关系而非因果关系。但是，正如李涛等（2010）所指出的，深入研究各种可能的影响因素与居民家庭金融决策之间的因果关系必须首先建立在识别出它们之间相关关系的基础上。[①] 这部分目的正是在于讨论了可能作用家庭负债行为的一系列内生决定因素的相关关系以及外生决定因素的因果关系，为进一步跟进分析提供了一个初步图谱和基础平台。考虑到可能的内生变量对估计结果的反向影响，本节在回归分析中逐步控制了家庭流动性资产、是否持有仅1套房产和是否持有多套房产。

表4-4第（1）至（3）列汇报了家庭资产负债比影响因素的三组全样本回归结果。显著且稳健的发现包括：户主为男性、有宗教信仰、党员身份、已婚、更差的健康状况、拥有更广泛的家庭社会网络、更少的金融性资产、更多的家庭人口数量、对周围其他人更高的信任度、持有房产和更强的集体主义信念都会显著提高居民家庭资产负债比水平，而年龄对家庭资产负债比的影响呈现先增后减的倒U形分布，转折点介于27岁至32岁之间。具体而言，其他因素不变：户主从女性变为男性、从不信仰宗教变为信仰宗教、从非党员变为党员、从单身变为已婚、健康状况降低1个单位、家庭人情礼支出增加1倍、金融性资产减少1%、家庭成员增加1人、认为大多数人不值得信任变为值得信任、从不持有房产变为持有仅1套房产、从不持有房产变为持有多套房产、集体主义信念增加1个单位，家庭资产负债比会至少增加 11.38%、6.17%、6.70%、23.77%、3.43%、3.54%、0.14%、3.57%、0.89%、4.95%、19.46%和7.06%。

[①] 李涛、王志芳、王海港、谭松涛：《中国城市居民的金融受排斥状况研究》，《经济研究》2010年第7期。

表4-4　　　　居民家庭债务杠杆的影响因素：基准回归

	资产负债比（debt_lev1）			债务收入比（debt_lev2）		
	（1）	（2）	（3）	（4）	（5）	（6）
gender	0.1161*** (0.0215)	0.1138*** (0.0214)	0.1368*** (0.0206)	0.1450*** (0.0471)	0.1527*** (0.0461)	0.2080*** (0.0442)
age	0.0217*** (0.0051)	0.0221*** (0.0051)	0.0193*** (0.0049)	0.0446*** (0.0111)	0.0309*** (0.0109)	0.0245** (0.0104)
age2	-0.0004*** (0.0001)	-0.0004*** (0.0001)	-0.0003*** (0.0001)	-0.0008*** (0.0001)	-0.0006*** (0.0001)	-0.0005*** (0.0001)
fam_size	0.0441*** (0.0058)	0.0423*** (0.0059)	0.0357*** (0.0056)	0.1059*** (0.0127)	0.0749*** (0.0126)	0.0599*** (0.0120)
health	-0.0429*** (0.0091)	-0.0423*** (0.0091)	-0.0343*** (0.0087)	-0.1068*** (0.0200)	0.1060*** (0.0195)	-0.0874*** (0.0186)
relig_bel	0.0617** (0.0302)	0.0634** (0.0302)	0.0678** (0.0291)	0.0756** (0.0362)	0.0924*** (0.0352)	0.1015*** (0.0328)
party_ide	0.0670* (0.0357)	0.0780** (0.0353)	0.0815** (0.0362)	0.1373* (0.0800)	0.1865** (0.0767)	0.2116*** (0.0785)
ln(socialnet)	0.0369*** (0.0052)	0.0354*** (0.0052)	0.0399*** (0.0050)	0.0737*** (0.0113)	0.0608*** (0.0110)	0.0713*** (0.0106)
married	0.2377*** (0.0820)	0.2432*** (0.0826)	0.2511*** (0.0808)	0.5480*** (0.1788)	0.3791** (0.1660)	0.3907** (0.1612)
div_wid	0.1105* (0.0659)	0.1146* (0.0657)	0.0836 (0.0520)	0.1546 (0.1008)	0.1504 (0.1046)	0.1537 (0.0963)
under_ab	0.0330 (0.0237)	0.0346 (0.0237)	0.0373 (0.0231)	0.0985** (0.0481)	0.0746 (0.0494)	0.0752 (0.0491)
expre_ab	0.0138 (0.0128)	0.0116 (0.0127)	0.0184 (0.0122)	0.0445 (0.0280)	0.0426 (0.0273)	0.0413 (0.0262)
social_trust	0.0089* (0.0048)	0.0091* (0.0048)	0.0098** (0.0046)	0.0284*** (0.0105)	0.0303*** (0.0102)	0.0293*** (0.0098)
collectivism	0.1029*** (0.0248)	0.1154*** (0.0247)	0.0706*** (0.0242)	0.2455*** (0.0543)	0.2779*** (0.0529)	0.1757*** (0.0518)

续表

	资产负债比（debt_lev1）			债务收入比（debt_lev2）		
	（1）	（2）	（3）	（4）	（5）	（6）
real_one		0.0568** (0.0246)	0.0495** (0.0236)		0.2979*** (0.0784)	0.2684*** (0.0838)
real_ma		0.2363*** (0.0488)	0.1946*** (0.0505)		0.7800*** (0.1797)	0.6511*** (0.1622)
ln(fin_asset)			−0.1443*** (0.0512)			−0.2012*** (0.0460)
省级经济变量	控制	控制	控制	控制	控制	控制
社区固定效应	控制	控制	控制	控制	控制	控制
Pseudo R^2	0.1635	0.1667	0.2094	0.1391	0.1538	0.1848
观测值	31710	31710	31710	31710	31710	31710

注：（1）括号内数值为稳健标准误。（2）*** $p<0.01$，** $p<0.05$，* $p<0.10$。（3）Heckman 模型选择方程中还控制受访者乐观心态、个人情绪和对未来的市场预期，作为可能影响是否借款但不直接影响借款程度的识别性变量，限于篇幅，未汇报选择方程的估计结果，下表同。

上述回归发现基本都可以对应文献中给出的理论预期：男性比女性具有更强的不确定性风险偏好，因此男性户主家庭可能更倾向于通过借贷来实现跨期消费或优化家庭生产性经营；拥有政治身份和广泛社会网络资源的居民，由于较少受到信贷约束而可能更多地参与正规或非正规借贷；由于缔结婚姻会产生诸如购房、生养抚育等一系列大额支出，也可能是由于婚姻的形成为家庭提供了更充分的财产或收入担保凭证，因此已婚家庭可能持有更高的债务杠杆；健康状况越好的居民对未来不确定的前景越有信心，从而更愿意承担在选择金融机构信贷产品和服务时的成本和风险而进行借贷；金融财富越多的家庭，其资产的流动性越好，因而更少可能参与融资借贷活动；家庭成员增加可能导致更沉重的家庭负担，进而增加家庭资产负债比；信任影响家庭与周围其他群体之间的信息交流与传递，促进社会资本的生成，在缓解借贷双方信息不对称的同时，也使居民更容易理解并以更低成本获得信贷机构（正规或非正规组织）的产品和服务，进而提升家庭的资产负债比。家庭持有房产由于内在动机（如更大的资金需求、更高的风险容忍度）以及外在条件（如更低成本获得抵押贷款）等多重因素影响通常拥有更高的家庭债务杠杆；集体主义能够拓宽人们的社会网络资源，并在组织或圈层内提供更为便捷的融资渠道，增强家庭获得借款的可能性，而且集体主义还可以借助氏族内部的风险分担机制，提高个体的风险容忍度并降低其不确定性规避倾向，进而提高家庭的债务杠杆水平。

唯一例外的是，宗教信仰对居民家庭资产负债比的影响也是显著的，但与文献预期不同，宗教信仰显著提高了居民家庭债务杠杆水平。这可能是因为中国人历史上长期推崇的是儒家文化，而本章在变量的构造中，并没有体现儒家文化的宗教信仰属性。一个公认的事实是，儒家文化是最提倡积累财富、储蓄和节俭的，[1] 因此与大部分受儒家文化熏陶的非宗教群体相比，信仰其他宗教的居民可能更容易表现出较强的负债动机。这也从侧面反映了基于西方经验发展而来的宗教理论在中国实践中并不完全适用。

表4-4第（4）至（6）列汇报了家庭债务收入比影响因素的三组全样本回归结果，分别对应是否控制家庭流动性资产、是否持有仅1套房产和是否持有多套房产的不同解释变量组合。从总体样本的回归结果来看，与引言中理论预期基本一致的发现是：更大的家庭规模、更广泛的社会网络、更少的金融性资产、男性户主、党员身份、有宗教信仰、对周围其他人更高的信任度、已婚、更差的健康状况、家庭持有房产和更强的集体主义观念等都会显著提高居民家庭的债务收入比，而居民年龄对家庭债务收入比呈现倒U形的非线性影响，转折点在24岁至28岁之间。具体而言，其他因素不变：家庭成员增加1人、家庭人情礼支出增加1倍、金融性资产减少1%、户主从女性变为男性、从非党员变为党员、从无宗教信仰变为有宗教信仰、认为大多数人不值得信任变为值

---

[1] 李涛、王志芳、王海港、谭松涛：《中国城市居民的金融受排斥状况研究》，《经济研究》2010年第7期。

得信任、从单身变为已婚、健康水平降低1个单位、从不持有房产变为持有仅1套房产、从不持有房产变为持有多套房产、集体主义信念增加1个单位，家庭债务收入比会至少增加5.99%、6.08%、0.20%、14.50%、13.73%、7.56%、2.84%、37.91%、8.74%、26.84%、65.11%和17.57%。

（三）基于地区细分样本的比较结果

长期以来，我国地区发展不平衡是社会经济发展的重要特征。这也使得居民的消费、储蓄和投资等经济行为在不同地区之间均存在较大偏差，进而可能对家庭债务杠杆及其形成机制产生不同影响。鉴于此，本节将样本进一步细分为东部地区家庭和中西部地区家庭分别进行回归。表4-5第二列和第四列报告了家庭资产负债比影响因素的地区细分样本回归结果。结果表明，与总体样本回归有所不同的是，宗教信仰、政治身份和社会网络对家庭资产负债比的直接影响仅体现在中西部地区家庭中，而房产持有状况对家庭资产负债比的强化作用则主要体现在东部地区家庭中。这也意味着，在当前市场机制和正式制度体系尚不健全的约束条件下，尤其是正规金融机构缺位和金融信贷抑制普遍存在的中西部地区，宗教信仰、政治身份和社会网络等非正式制度因素在人们经济行为中扮演了更为重要的角色。除此之外，随着居民年龄增加，家庭资产负债比峰值的年龄转折点在东部地区家庭有明显提高，家庭规模、健康状况、婚姻对家庭资产负债比的边际影响在中西部地区家庭更大，而其他特征变量的影响在东部地区家庭和中西部地区家庭之间并无显著差异。

表4-5　基于细分样本的债务杠杆影响因素的回归结果：地区差异比较

	东部地区		中西部地区	
	debt_lev1	debt_lev2	debt_lev1	debt_lev2
gender	0.1601*** (0.0357)	0.1924*** (0.0417)	0.1479*** (0.0395)	0.1609*** (0.0275)
age	0.0074*** (0.0022)	0.0129*** (0.0041)	0.0087** (0.0038)	-0.0094*** (0.0034)

续表

	东部地区		中西部地区	
	debt_lev1	debt_lev2	debt_lev1	debt_lev2
age2	-0.0001*** (0.0000)	-0.0002*** (0.0000)	-0.0002*** (0.0000)	-0.0002** (0.0001)
fam_size	0.0181*** (0.0047)	0.0285*** (0.0094)	0.0528*** (0.0124)	0.0715*** (0.0144)
health	-0.0145** (0.0057)	-0.0331** (0.0139)	-0.0495*** (0.0169)	-0.1252*** (0.0369)
relig_bel	0.0195 (0.0216)	0.0375 (0.0434)	0.1079** (0.0424)	0.1322*** (0.0229)
party_ide	0.0641 (0.0426)	0.1195 (0.0856)	0.0934*** (0.0268)	0.2391*** (0.0512)
ln(socialnet)	0.0201 (0.0136)	0.0333 (0.0272)	0.0513*** (0.0024)	0.0894*** (0.0244)
married	0.0980*** (0.0356)	0.1385* (0.0719)	0.3405*** (0.1243)	0.5593*** (0.1454)
div_wid	0.1068 (0.0854)	0.1195 (0.0916)	0.0781 (0.0591)	0.1520 (0.1042)
under_ab	0.0232 (0.0190)	0.0439** (0.0221)	0.0107 (0.0155)	0.0240 (0.0171)
expre_ab	0.0169 (0.0110)	0.0448* (0.0241)	-0.0056 (0.0082)	0.0120 (0.0096)
social_trust	0.0081** (0.0036)	0.0187*** (0.0072)	0.0099** (0.0040)	0.0062* (0.0037)
collectivism	0.0362* (0.0207)	0.1846*** (0.0518)	0.0258** (0.0107)	0.0619*** (0.0198)
real_one	0.1331*** (0.0240)	0.0984** (0.0388)	0.0651** (0.0277)	0.3099*** (0.0603)
real_ma	0.2005*** (0.0460)	0.2945*** (0.0521)	0.0634** (0.0292)	0.7659*** (0.1632)
ln(fin_asset)	-0.1196*** (0.0316)	-0.1435*** (0.0233)	-0.1680*** (0.0510)	-0.1339** (0.0618)
省级经济变量	控制	控制	控制	控制
社区固定效应	控制	控制	控制	控制
Pseudo R^2	0.2001	0.1840	0.2440	0.2014
观测值	13014	13014	18696	18696

注：*** $p<0.01$，** $p<0.05$，* $p<0.10$。

表4-5第三列和第五列的估计结果表明，与资产负债比的回归发现类似，家庭规模、健康状况、婚姻对家庭债务收入比的边际影响在中西部地区更大，而社会信任、人力资本对家庭债务收入比的强化作用则主要体现在东部地区家庭中；宗教信仰、政治身份和社会网络对家庭债务收入比的直接影响仅体现在中西部地区家庭中。这进一步验证了上述不同解释变量对东部地区家庭与中西部地区家庭债务杠杆的形成机制存在异质性影响的结论。唯一例外的是，无论是持有仅1套房产，还是持有多套房产，东部地区家庭和中西部地区家庭的债务收入比都更高，但与地区之间资产负债比差异的影响不同，持有房产对家庭债务收入比的边际影响在中西部地区更大。原因可能在于，债务杠杆基数即家庭总收入在地区之间存在显著差异，尤其是城市房屋租金和房价的持续上涨对东部地区家庭财产性收入的拉动效应，导致其在增加负债可能性的同时降低了负债在家庭收入中的相对比重。

（四）内生性和稳健性检验

从计量方法的角度看，上述回归结果可能存在难以克服的内生性估计偏误。一方面，居民的负债行为可能反向影响家庭资产的流动性和房产持有状况，例如更高的债务杠杆水平可能导致家庭金融性资产更为充裕，或提升家庭持有1套或多套房产的概率；另一方面，家庭特征或户主特征与家庭债务杠杆变动还可能同时受到家庭及其成员的行为惯习、偏好、对经济形势的判断和预期等一系列难以量化并加以控制因素的影响，这可能导致部分解释变量的回归系数估计有偏。为较好地克服计量识别中的内生性影响，本节对居民家庭资产负债比和债务收入比的构造保持基于2017年数据不变，而对户主婚姻、健康、宗教信仰、政治身份以及家庭房产持有状况、家庭成员数、金融性资产等解释变量则采用CHFS2015匹配样本数据赋值，即通过分析2015年家户特征变量对2017年家庭债务杠杆的影响来避免之前采用同期数据所造成的变量之间反向

第四章　中国城市家庭杠杆率及其成因分析

因果关系。①

与表4-4第四列和第七列控制变量组合类似，表4-6第二列和第三列分别提供了基于匹配数据滞后期变量的家庭资产负债比和债务收入比的回归结果。从估计结果来看，家庭规模、户主的性别和政治身份对家庭债务杠杆的影响不再显著，但宗教信仰、已婚、社会网络、社会信任以及家庭持有房产对于家庭资产负债比和债务收入比均依然存在显著的正向影响，户主的健康状况和家庭持有的金融性资产对家庭债务杠杆的影响是负向显著的，年龄和地区差异也显著影响其债务杠杆程度，而且方向与前文保持一致。

表4-6　　　内生性和稳健性检验：基于匹配数据滞后期变量和差分变量的估计结果

自变量	因变量：2017年债务杠杆		自变量	因变量：两期差分债务杠杆	
	$debt\_lev1_{17}$	$debt\_lev2_{17}$		$\Delta debt\_lev1$	$\Delta debt\_lev2$
$gender_{15}$	0.0331*** (0.0044)	0.0445*** (0.0072)	$\Delta gender$	0.0206*** (0.0062)	0.0278*** (0.0092)
age_{15}	0.0018* (0.0010)	0.0031* (0.0017)	Δage	-0.0007 (0.0013)	-0.0026* (0.0014)
$age2_{15}$	-0.0001*** (0.0000)	-0.0001*** (0.0000)	$\Delta age2$	-0.0000* (0.0000)	-0.0000 (0.0000)
fam_size_{15}	0.0083*** (0.0012)	0.0120*** (0.0020)	Δfam_size	0.0058*** (0.0017)	0.0057* (0.0031)
$health_{15}$	-0.0095*** (0.0019)	-0.0159*** (0.0030)	$\Delta health$	-0.0082*** (0.0026)	-0.0133*** (0.0047)

---

① 选用匹配数据替换变量主要基于如下考虑：一方面，家户特征变量在一个较短的时间跨度内能够保持相对的延续性和稳定性，数据统计也表明，家户特征变量在两期匹配数据（CHFS2015和CHFS2017）中具有很强的相关性；另一方面，2017年家庭负债行为（或债务杠杆程度）通常不会反向影响家庭2015年房产或金融性资产等的持有状况，因此在家庭债务杠杆决定方程中有着很好的外生性。

续表

自变量	因变量：2017年债务杠杆		自变量	因变量：两期差分债务杠杆	
	debt_lev1₁₇	debt_lev2₁₇		Δdebt_lev1	Δdebt_lev2
relig_bel₁₅	0.0100* (0.0060)	0.0198** (0.0097)	Δrelig_bel	0.0020 (0.0084)	0.0157 (0.0153)
party_ide₁₅	0.0232*** (0.0070)	0.0435*** (0.0114)	Δparty_ide	0.0141 (0.0098)	0.0305*** (0.0108)
ln(socialnet)₁₅	0.0092*** (0.0011)	0.0138*** (0.0017)	Δln(socialnet)	0.0072*** (0.0013)	0.0112*** (0.0024)
married₁₅	0.0501*** (0.0106)	0.0804*** (0.0174)	Δmarried	0.0415*** (0.0145)	0.0866*** (0.0264)
social_trust₁₅	-0.0021** (0.0010)	-0.0035** (0.0016)	Δsocial_trust	-0.0021 (0.0014)	-0.0047* (0.0025)
collectivism₁₅	0.0445*** (0.0077)	0.0693*** (0.0140)	Δcollectivism	0.0244*** (0.0053)	0.0340*** (0.0087)
real_one₁₅	-0.1285*** (0.0117)	0.0892*** (0.0213)	Δreal_one	-0.0117 (0.0091)	0.0947*** (0.0156)
real_ma₁₅	-0.1086*** (0.0133)	0.3035*** (0.0241)	Δreal_ma	0.0422*** (0.0098)	0.2202*** (0.0166)
ln(fin_asset)₁₅	-0.0135*** (0.0007)	-0.0287*** (0.0012)	Δln(fin_asset)	-0.0124*** (0.0005)	-0.0193*** (0.0008)
省级变量	控制	控制	省级变量	控制	控制
社区变量	控制	控制	社区变量	控制	控制
Pseudo R²	0.2658	0.1787	Pseudo R²	0.1709	0.2135
观测值	10570	10570	观测值	21140	21140

注：限于篇幅，表中仅汇报了显著变量的回归结果。*** $p<0.01$，** $p<0.05$，* $p<0.10$。

截面数据计量模型经常面临的一个问题是残差项中一些不可观测因素可能与解释变量相关，而在两期数据中部分不随时间变化的非观测效应很容易被"差分"，即满足：LC_i 与 DP_i 无关。因此，本节使用基于CHFS问卷2013年、2015年和2017年三期数据的一阶差分方程，重新估计婚姻、健康、社会网络、房产和金融性资产等家户特征变量对家庭债务杠杆的影响，家庭资产负债比和债务收入比的估计结果分别如

表4-6第五列和第六列所示。与表4-6前两列中使用滞后期变量的回归结果相比，采用差分变量估计家庭债务杠杆的影响因素，发现尽管上述解释变量的回归系数不同程度地有所收敛，但家庭及户主特征变量对家庭资产负债比和债务收入比影响的检验结果基本保持一致，这说明中国居民家庭负债行为中上述家庭结构和财富特征等变量显著影响的结论是可靠的。

第四节　本章小结

家庭负债是衡量居民金融行为特征的重要方面，而居民家庭债务杠杆程度是影响我国微观金融安全的核心指标之一。借助翔实的微观调查数据，本章实证考察了中国居民家庭资产负债比和债务收入比的影响因素及其城乡差异，回归结果表明现阶段我国家庭的负债行为存在明显的群体性差异，主要结论有：（1）家庭借贷"有限参与"现象普遍存在，家庭持有房产及持有更多房产显著提升了家庭债务杠杆程度，而资产流动性越好的家庭，资产负债比越低，债务收入比也相对更低；（2）人口学变量婚姻、健康、年龄、社会网络、宗教信仰、集体主义信念和社会信任等对家庭资产负债比和债务收入比均有显著影响，这可以从信贷约束、风险偏好和金融排斥等方面来解释；（3）分地区来看，宗教信仰和社会网络对家庭资产负债比的直接影响仅体现在中西部地区家庭中，东部地区家庭中房产持有状况对家庭资产负债比的强化作用更大，但是对债务收入比的影响却显著更低，户主的健康和婚姻状况对家庭债务杠杆的边际影响在中西部地区更大。

上述结果的政策含义在于，尽管适度负债有助于缓解家庭预算约束、平滑消费乃至优化生产性经营活动，但是过度负债则可能造成家庭资金流动性收紧，偿债风险和家庭财务脆弱性加剧，甚至对其他部门如金融机构、实体企业等产生严重的负外部性，反而制约了我国经济的可持续发展。因此，政府在鼓励普惠金融、放松金融排斥的同时，更应该通过完善信贷制度和规范市场秩序，合理引导家庭借贷行为，尤其要警惕高杠杆家庭债务风险问题。一方面，中青年尤其是持有房产的低收入群体不仅负债参与率高，而且其债务杠杆程度也相对更高。加不动的杠杆、提不起的消费，制约了内需拉动的经济内生增长战略目标的实现。因此，对于广大的不富裕家庭尤其是高杠杆家庭，有必要引导和规范更合理的家庭资产配置和更有效的投资组合，促进家庭财富增值的同时，在监管可控约束前提下完善居民之间非正式资金融通和信用担保机制，缓解家庭财务脆弱性和提升抵御外部不确定因素冲击的风险承受力。另一方面，金融机构应根据不同地区居民家庭负债行为特征及其影响因素差异，完善居民负债的杠杆约束机制，在特定的人际和地域范围内，构建更具可适性和差异化的家庭债务风险评价和预警机制，推行地域性差别化的居民信贷控制管理，将家庭过度负债维持在可控的合理区间。

第五章 中国城市家庭债务风险的测量

第一节 家庭债务风险测度指标比较

现有文献对家庭债务风险的定义尚未形成一致的结论，相关研究大多围绕过度负债及其引致的金融脆弱性问题展开讨论。早期学者将金融脆弱性等同于金融风险，① 或泛指趋于风险积聚的一种金融状态，② 大多应用于宏观经济领域。而对于微观个体层面金融脆弱性的内涵和界定，学界普遍接受来自 Anderloni 等（2012）的经典描述：金融脆弱性（financial vulnerability，亦译为财务脆弱性），可以定义为家庭由于过度负债或资金流动性收紧而在未来陷入财务困境的风险或危及财务安全边界的可能性。③

家庭债务风险一般使用杠杆率、债务偿还比率、多重负债等指标进行度量。④ 家庭杠杆率一般指家庭总负债与家庭总资产的比值。潘敏和刘知琪（2018）、余湄和李志勇（2021）等使用了杠杆率指标，考察家庭债务风险与居民资产选择、消费及通货膨胀的关系。⑤ 而就债务偿还

---

① Minsky H. P. , *The Financial Instability Hypothesis*, Cambridge: Cambridge University Press, 1982, p. 35.
② Kregel J. A. , "Margins of Safety and Weight of the Argument in Generating Financial Fragility", *Journal of Economic Issues*, Vol. 31, No. 2, June 1997.
③ Anderloni L. , Bacchiocchi E. and Vandone D. , "Household Financial Vulnerability: An Empirical Analysis", *Research in Economics*, Vol. 66, No. 3, September 2012.
④ 谢绵陛：《家庭债务收入比的影响因素研究》，《中国经济问题》2018 年第 1 期；陈洋林、张学勇、李波：《家庭加杠杆的资产配置效应研究》，《中央财经大学学报》2019 年第 3 期。
⑤ 潘敏、刘知琪：《居民家庭"加杠杆"能否促进消费？》，《金融研究》2018 年第 4 期；余湄、李志勇：《通货膨胀、资产选择和家庭财务杠杆》，《管理评论》2021 年第 1 期。

比率指标而言，其构造简单且可以较为准确地衡量家庭债务偿还能力，被国内外学者广泛使用。但 Chichaibelu 和 Waibel（2018）认为，一方面，该指标忽视了家庭资产的作用，虽然家庭债务规模的增加可能会导致家庭偿还债务的难度增加，但也可能带来资产的增值。当家庭在陷入财务困境时，往往可以通过变卖资产来偿还负债；另一方面，该指标忽视了家庭收入的异质性影响，在现实情况中，高收入阶层筹款能力更强，且偿还债务的能力也更强。[①] 相对于债务偿还比率，杠杆率指标在一定程度上可以弥补债务偿还指标对家庭资产作用忽视的缺陷，但仍然不能反映家庭收入的异质性影响。就多重负债指标而言，马建堂等（2016）强调，家庭从不同借贷渠道借款可能会误导对债务人破产风险的评估，因而多重负债也可以作为一个度量家庭债务风险的指标，[②] 但 Chichaibelu 和 Waibel（2018）认为该指标忽略了家庭中可能存在大量未偿还小额债务的情况，而这种情形并不一定会导致家庭过度负债。[③] 由此可见，不同指标度量各有利弊，且在度量家庭债务风险中仅能反映部分信息，构建全面度量家庭债务风险的综合指标是很困难的。

随着家庭微观数据的丰富和研究的深入，部分文献考虑多重指标衡量家庭债务风险。柴时军（2020）使用了存量杠杆（家庭资产负债率）和流量杠杆（家庭债务收入比）度量家庭债务风险。[④] 隋钰冰等（2020）将存量指标（家庭资产负债率）、流量指标（财务边际）和违约概率（风险债务比例）相结合，同时使用三种指标度量家庭债务风险。[⑤] 相比于单项指标，使用多重指标度量家庭债务风险能够更加深入细致地分析

[①] Chichaibelu B. B. and Waibel H., "Over-Indebtedness and Its Persistence in Rural Households in Thailand Vietnam", *Journal of Asian Economics*, Vol. 56, No. 2, April 2018.

[②] 马建堂、董小君、时红秀：《中国的杠杆率与系统性金融风险防范》，《财贸经济》2016年第1期。

[③] Chichaibelu B. B. and Waibel H., "Over-Indebtedness and Its Persistence in Rural Households in Thailand Vietnam", *Journal of Asian Economics*, Vol. 56, No. 2, April 2018.

[④] 柴时军：《移动支付是否放大了家庭债务风险？——基于家庭财务杠杆视角的微观证据》，《西南民族大学学报》（人文社会科学版）2020年第10期。

[⑤] 隋钰冰、尹志超、何青：《外部冲击与中国城镇家庭债务风险》，《福建论坛》（人文社会科学版）2020年第1期。

家庭债务风险及其形成机制。李波和朱太辉（2020）认为债务杠杆会给家庭资金的流动性带来约束，导致家庭防御外部冲击的能力下降。[①] 同时过度的债务杠杆可能会导致杠杆效应，即为了偿还负债和满足现有消费不得不承担更多负债，进而加剧家庭财务负担。从家庭流动性层面看，家庭资产负债率上升会增加家庭的债务支出，可能导致家庭资金流动出现困难，增加家庭的债务违约风险。而家庭是否为过度负债家庭或是否存在金融脆弱性的判断准则一般是家庭是否超过指标设定的阈值。如 Michelangeli 和 Pietrunti（2014）将家庭总负债与家庭总收入比值超过30%的家庭认为存在家庭脆弱性，[②] Daud 等（2018）将持有负债的家庭在偿还每期债务后，其消费支出低于当地贫困线的家庭设定为存在家庭金融脆弱性。[③] 此外，李波和朱太辉（2020）使用"财务保证金"测量家庭金融脆弱性，将其定义为家庭在支付生活成本、偿还债务后的资金剩余。当家庭的资金剩余和能够迅速变现的无风险资产不能应对非预期支出（人情往来或医疗支出）时，家庭财务将无法应对外部冲击，即家庭存在金融脆弱性。[④]

上述指标大多使用客观度量方法度量家庭过度负债和债务风险，还有部分文献使用了主观度量方法，主观度量方法大多是基于家庭自身主观标准对家庭实际经济状态的判断。[⑤] 吴卫星等（2018）把存在难以支付某月生活账单的家庭视为过度负债。[⑥] 孟德锋等（2019）采用"家庭能够承受几倍债务收入比？"作为阈值，将家庭实际的债务收入比（总

[①] 李波、朱太辉：《债务杠杆、金融素养与家庭金融脆弱性——基于中国家庭追踪调查 CFPS2014 的实证分析》，《国际金融研究》2020 年第 7 期。

[②] Michelangeli V. and Pietrunti M., "A Microsimulation Model to Evaluate Italian Households' Financial Vulnerability", *International Journal of Microsimulation*, Vol. 7, No. 3, September 2014.

[③] Daud S. N., Marzuki A., Ahmad N. and Kefeli Z., "Financial Vulnerability and Its Determinants: Survey Evidence from Malaysian Households", *Emerging Markets Finance and Trade*, Vol. 55, No. 9, October 2018.

[④] 李波、朱太辉：《债务杠杆、金融素养与家庭金融脆弱性——基于中国家庭追踪调查 CFPS2014 的实证分析》，《国际金融研究》2020 年第 7 期。

[⑤] 吴锟、王琎、赵越超：《居民家庭的过度负债：度量与特征——来自中国家庭微观调查数据的分析》，《北京工商大学学报》（社会科学版）2020 年第 4 期。

[⑥] 吴卫星、吴锟、王琎：《金融素养与家庭负债——基于中国居民家庭微观调查数据的分析》，《经济研究》2018 年第 1 期。

债务余额与家庭年收入的比值）与其设定的阈值进行比较，如果家庭实际的债务收入比超过了其设定的阈值，则家庭存在金融脆弱性；反之，家庭则不存在金融脆弱性。[①] 与客观指标相比，主观指标通常在数据调查过程中难以实现，因为大多数家庭都将家庭财务数据视为隐私信息，出于财富信息的安全和保密考虑，不愿向外界透露，且由于家庭金融认知能力和风险偏好的差异，因此，与客观指标相比，主观指标的度量往往在一定程度上存在估计偏误。

还有少量文献从其他角度探讨，如刘向耘等（2009）和颜嘉（2019）提出家庭资产负债表分析、家庭信用评分分析和家庭财务指标分析（如债务收入比、收入支出比等）三种评价方法。[②] 一部分学者在对家庭金融脆弱性进行定量研究时使用过此类方法，如刘波等（2020）以家庭资产负债状况和收入支出状况为前提，从"资不抵债"和"入不敷出"两个方面度量家庭金融脆弱性。[③] 家庭资产负债表分析、家庭财务指标分析和家庭信用评分分析的理论逻辑相对严谨，但测度过程中对样本数据的要求较高，学者们在使用这类评价方法时不仅需要翔实的家庭资产和负债的种类、结构数据，而且还需银行等金融机构建立完善且标准化的个人信用评价标准，因此这类研究大多停留在理论层面的定性阐述上，对各指标进行严谨度量的实证文献并不多见。

第二节 数据说明与评价指标

一 数据说明

本章对家庭债务风险的测量数据来自中国家庭调查权威数据库——中国家庭金融调查（CHFS）2013年、2015年和2017年城市样本数据。

[①] 孟德锋、严伟祥、刘志友：《金融素养与家庭金融脆弱性》，《上海金融》2019年第8期。
[②] 刘向耘、牛慕鸿、杨娉：《中国居民资产负债表分析》，《金融研究》2009年第10期；颜嘉：《中国家庭金融债务风险的衡量与防范》，《全国流通经济》2019年第14期。
[③] 刘波、王修华、胡宗义：《金融素养是否降低了家庭金融脆弱性？》，《南方经济》2020年第10期。

CHFS2013—2017问卷涵盖个人、家庭和社区三个层次，询问了家庭金融参与、资产配置、负债构成以及收入支出状况等多方面的详细信息。在问卷数据的清理过程中，剔除"不适应"、"不知道"、"拒绝回答"等无效样本，为了避免异常值对测量结果的影响，删除家庭资产、家庭收入和家庭支出最高1%和最低1%样本及家庭负债最高1%样本，最后保留的样本规模为27669（9223×3）。

二 评价指标体系的构建

靳伟凤等（2019）从系统论思想出发，认为政府债务运行是一个循环过程，涉及"借"、"用"、"还"三个环节，且各环节债务风险相互积聚传导。[1] 类比政府债务，家庭债务的运行也涉及"借"、"用"、"还"三个环节，本章沿循靳伟凤等（2019）的这一思想。但是考虑到中国家庭负债结构中，消费性负债占比较高，家庭借款的目的并不仅仅是为了带来直接的经济利益，也就是说，借款并不一定凭借产生经济利益而对家庭债务风险造成直接影响，因此家庭债务"用"的环节与债务风险可能并无直接关联，故本章主要从"借"、"还"两个环节来测度家庭债务风险。具体来说，举债环节是基础，家庭负债规模和负债程度是否合理，将直接影响债务的可持续性和家庭未来的发展，且债务风险的重要来源就是家庭不合理的负债规模。偿还环节是重中之重，债务是否能够按期偿还，直接影响家庭债务举债风险。该环节家庭债务风险的形成主要涉及了两个方面，一方面是较低的家庭收入水平、家庭财富水平和资产流动性，导致家庭偿债能力较差，从而诱发偿还风险；另一方面，由于借款渠道和借款结构的不合理导致过高的家庭债务成本，从而产生较高的违约风险。基于家庭债务的"借"、"还"两个环节，本章将家庭债务风险按来源划分为三个维度，分别为举债风险、偿债风险和违约风险。根据三个维度的基本内容，对各维度包含的内容进行分解，涵盖13

---

[1] 靳伟凤、张海星、孙底、萌妍：《地方政府债务风险的评价与预警机制研究——基于辽宁省的样本分析》，《财经纵横》2019年第19期。

个细分指标（见表 5-1），综合测度家庭债务风险程度。

（一）举债风险

举债风险是指由于家庭不合理的债务规模，超过家庭财务承受能力，导致到期债务无法偿还或无法足额偿还的风险。家庭负债规模和负债程度反映了家庭举债风险。

1. 负债规模。CHFS 问卷中家庭负债规模是指家庭由于购房、购车、创业、教育、医疗和消费等原因举债的总体规模，包括正规借款和非正规借款总额。

$$X_1 = 家庭负债规模 \quad (5-1)$$

2. 负债程度。负债程度反映家庭负债规模的合理性，本章使用资产负债率表征家庭负债程度。

$$X_2 = \frac{家庭总负债}{家庭总资产} \quad (5-2)$$

其中，家庭总资产包括房产（家庭拥有的现有住房、商铺和其他房产的市值总额）、金融性资产（现金、定期存款、金融产品和借出款等）和其他（耐用消费品、农副产品和自主工商业经营资产等）。

（二）偿债风险

偿债风险是指家庭无法保证短期或长期债务偿付的风险。本章主要从短期偿债能力和长期偿债能力两个方面考量，作为逆向指标，其大小能够间接反映家庭偿债风险。

1. 短期偿债能力。短期偿债能力反映家庭保证短期债务有效偿付的程度。本章使用当年应偿债务/家庭流动性资产（X_3）和当年应偿债务/家庭总收入（X_4）反映家庭短期债务的偿还能力。

$$X_3 = \frac{当年应偿债务}{家庭流动性资产} \quad (5-3)$$

$$X_4 = \frac{当年应偿债务}{家庭总收入} \quad (5-4)$$

上式中，家庭当年应偿债务指家庭当年具有还款义务的短期借款和长期借款总额。家庭流动性资产指家庭持有的可随时变现的资产，包括现金、银行活期存款和货币基金等。家庭总收入除了包括工资、绩效、农业生产或工商业经营收入等工资性收入和经营性收入以外，还包括储蓄利息、财产性投资收益、亲友馈赠、政府补贴、房租等转移性收入和财产性收入。

2. 长期偿债能力。长期偿债能力反映家庭保证长期债务（通常为一年以上）有效偿付的程度。本章使用总负债/金融资产（X_5）、房产贷款/总收入（X_6）、债务收入比（X_7）、家庭净收入（X_8）、金融负债/金融资产（X_9）、房产贷款/房产市值（X_{10}）和多重负债（X_{11}）表征家庭长期偿债能力。

$$X_5 = \frac{家庭总负债}{家庭金融资产} \quad (5-5)$$

$$X_6 = \frac{家庭房产贷款}{家庭总收入} \quad (5-6)$$

$$X_7 = \frac{家庭总负债}{家庭总收入} \quad (5-7)$$

$$X_8 = 家庭总收入 - 家庭总支出 \quad (5-8)$$

$$X_9 = \frac{家庭金融负债}{家庭金融资产} \quad (5-9)$$

$$X_{10} = \frac{家庭房产贷款}{家庭房产市值} \quad (5-10)$$

$$X_{11} = 家庭借款笔数 \quad (5-11)$$

其中，房产包括家庭拥有的现有住房、商铺和其他房产的市值总额；家庭金融负债指家庭为购买股票、基金、互联网理财产品、金融理财产品、债券和金融衍生品等金融产品所持有的负债；家庭金融资产包括股票、外汇、债券、银行存款、货币黄金、借出款、退休基金、投资基金和其他各类金融性资产。

（三）违约风险

违约风险指家庭因各种原因不能履行到期债务偿还义务的风险。本章使用金融脆弱性和风险债务占比两个指标表征家庭违约风险。

1. 金融脆弱性。李波和朱太辉（2020）引入"财务保证金"度量家庭金融脆弱性，将其定义为家庭在满足包括基本生活成本、债务偿付等义务后的资金剩余。① 财务保证金能够反映当家庭面临不确定性冲击时的抵御能力，本章沿用这一概念，并将其作为反向测量家庭债务违约风险的一个维度。具体的计算公式为：

$$X_{12} = FM_i^A + LA_i - UE_i \qquad (5-12)$$

其中 X_{12} 为满足非预期支出义务的"财务保证金"，反映在面临不确定性冲击时，家庭满足可预期支出义务后的资金剩余 FM_i^A 和能够迅速变现的流动性资产 LA_i 能否足够应对非预期支出 UE_i。$FM_i^A = Y_i - LC_i - DP_i$ 衡量家庭在满足可预期出后的资金剩余，Y_i、LC_i、DP_i 分别表示样本中的家庭总收入、基本生活开支和当年应偿债务。UE_i 为不在家庭预算内的不确定性支出，包括家庭人情往来支出、非预期医疗支出等。人情礼支出可能造成家庭沉重的经济负担，尤其对于某些特定地区家庭而言，礼金支出已然成为家庭一笔不堪重负的人情债，而且婚丧嫁娶、上梁添丁等名目繁多的人情往来在很大程度上难以预测。

2. 风险债务占比。风险债务比例考察家庭信用风险暴露的程度，能够反映家庭潜在的违约风险。

$$X_{13} = \frac{高风险负债}{家庭总负债} \qquad (5-13)$$

根据 CHFS 数据可得性，本章家庭高风险负债主要从借款时间和借款渠道两个方面考虑，将 3 个月内到期的正规金融组织（如银行或非银行金融机构）借款和民间金融机构（如网络借贷平台、小额贷款公司或职业借贷人）借款视为家庭高风险负债。

根据上述分析，本章从举债风险、偿债风险和违约风险三个方面构建家庭债务风险综合指标，其涵盖的维度、要素、细分指标及其经济含义如表 5-1 所示。其中，家庭净收入（X_8）和财务保证金（X_{12}）为逆指标，即指标值越大，家庭债务风险越小。为保证口径一致，在使用主成分分析法时，对家庭净收入和财务保证金两个指标进行了正向化处理。

---

① 李波、朱太辉：《债务杠杆、金融素养与家庭金融脆弱性——基于中国家庭追踪调查 CFPS2014 的实证分析》，《国际金融研究》2020 年第 7 期。

表 5－1　　　　　　　　　家庭债务风险评价指标体系

准则层	方案层	指标说明	经济含义	单位
举债风险	负债规模	X_1：负债规模	该指标反映家庭由于购房、创业、教育、医疗等原因举债的总体规模。正指标，即指标值越大，家庭债务风险越大。	万元
	负债程度	X_2：资产负债率	该指标反映家庭能够承受的举债限度和余留空间。正指标。	%
偿债风险	短期偿债能力	X_3：当年应偿债务/流动性资产	该指标反映家庭当年还本付息的压力。正指标。	%
		X_4：当年应偿债务/总收入	该指标直接反映家庭所有成员的资源动员能力和短期债务偿还能力。正指标。	%
	长期偿债能力	X_5：总负债/金融资产	该指标反映家庭金融性资产的偿债能力。正指标。	%
		X_6：房产贷款/总收入	该指标反映家庭偿还住房贷款的能力。正指标。	%
		X_7：债务收入比	常用的衡量家庭杠杆率的指标，反映家庭当前债务水平和持续偿还债务的能力。正指标。	%
		X_8：家庭净收入	该指标不仅反映家庭财力水平，也从侧面反映家庭负债规模是否具有合理性，以及今后举债的能力大小。逆指标，即该指标值越大，家庭债务风险越小。	万元
		X_9：金融负债/金融资产	该指标反映居民加杠杆参与资本市场所产生的风险。正指标。	%
		X_{10}：房产贷款/房产市值	该指标反映居民房产贷款程度及按揭贷款潜在债务风险正在转化为债务危机的一种状态。正指标。	%
		X_{11}：多重负债	该指标反映家庭过度授信和多头共债风险及由此产生的透支效应，在一定程度上揭示其潜在的债务风险。正指标。	笔
违约风险	金融脆弱性	X_{12}：财务保证金	该指标反映家庭缓冲非预期支出等外部冲击的能力。逆指标。	万元
	违约概率	X_{13}：风险债务比	该指标反映家庭由于持有高比例的高风险债务而导致在未来陷入财务困境的风险。正指标。	%

第三节　评价方法

本章通过构建债务风险评价指标综合度量家庭债务风险,具体包含13个细分指标,但每个指标都只是在不同方面和程度上反映家庭债务风险的部分信息,且在大多数的情况下,指标之间具有重叠性和相关性,因此本章采用主成分分析法(CAP),构建综合、多维的城镇家庭债务风险指标。由此合成的综合指标(子指标),不同主成分之间的不相关性有利于对其内涵进行解释,所反映的问题也更为直观且便于理解。

根据本章所使用的数据,假设样本家庭户数为 n,选取的指标个数为 p,则原始数据矩阵如下:

$$X = \begin{bmatrix} x_{11} & x_{12} & \cdots & x_{1p} \\ x_{21} & x_{22} & \cdots & x_{2p} \\ \vdots & \vdots & \vdots & \vdots \\ x_{n1} & x_{n2} & \cdots & x_{np} \end{bmatrix} \quad (5-14)$$

其中,x_{np} 表示第 n 户样本家庭的第 p 项指标。可以得到主成分的表达式如下:

$$\begin{cases} F_1 = a_{11}X_1 + a_{12}X_2 + \cdots + a_{1p}X_P \\ F_2 = a_{21}X_1 + a_{22}X_2 + \cdots + a_{2p}X_P \\ \vdots \\ F_m = a_{p1}X_1 + a_{p2}X_2 + a_{mp}X_P \end{cases} \quad (5-15)$$

其中,F_1、F_2、$\cdots$、F_m 表示提取出来的 m 个主成分,X_1、X_2、$\cdots$、X_3 表示为原始变量 x_1、x_2、$\cdots$、x_m 经过标准化处理后的值,a_{11}、a_{21}、$\cdots$、a_{mp} 表示 X_1、X_2、$\cdots$、X_m 的特征值所对应的特征向量。

主成分分析的具体步骤为:

(1)原始数据的检验

检验 KMO 统计量,计算公式如下:

第五章　中国城市家庭债务风险的测量

$$\text{KMO} = \frac{\sum\sum_{h \neq k} r_{hk}^2}{\sum\sum_{h \neq k} r_{hk}^2 + \sum\sum_{h \neq k} p_{hk}^2} \quad (5-16)$$

本章采用Stata统计软件对选取的反映城镇家庭债务风险的各项指标数据进行主成分分析。运算结果显示KMO值为0.5657，超过临界值0.5，说明适合使用主成分分析法（CPA）。

（2）处理原始数据

原始指标标准化。不同原始指标标准化过程为：

$$z_{ij} = \frac{x_{ij} - \bar{x}_j}{\sqrt{Var(x_j)}} \quad i=1,2,\cdots,n; j=1,2,\cdots,p \quad (5-17)$$

其中，$\bar{X}_j = \frac{1}{n}\sum_{i=1}^{n} X_{ij}$ 为第 j 个指标的均值；$S_j = \sqrt{\frac{1}{n-1}\sum_{i=1}^{n}(X_{ij}-\bar{X}_j)^2}$ 为第 j 个指标的标准差。

原始指标转换。本章选取的家庭债务风险指标包括正指标和逆指标。正指标意味着指标值越大，家庭债务风险越大，而逆指标则相反。在运用主成分分析时，首先必须将各指标同趋向化，保持指标方向一致。

Stata软件相关操作命令能够自动将所有指标进行标准化处理，因此在这里主要是对指标进行转换。13个细分指标中同时包括了正指标和逆指标。逆指标包括家庭净收入和财务保证金，本章采用倒数的方式正向化处理。值得注意的是，财务保证金指标小于0时表示家庭存在金融脆弱性，大于0时表示家庭不存在金融脆弱性。而当财务保证金正向化处理后，指标值越大表示家庭在未来越有可能陷入财务困境，家庭债务风险也越高。

（3）利用标准化后的指标矩阵求相关系数矩阵

$$R = \begin{bmatrix} r_{11} & r_{12} & \cdots & r_{1p} \\ r_{21} & r_{22} & \cdots & r_{2p} \\ \vdots & \vdots & \vdots & \vdots \\ r_{m1} & r_{m2} & \cdots & r_{mp} \end{bmatrix} \quad (5-18)$$

$$r_{ij} = \frac{1}{m-1}\sum_{i=1}^{m} X_{ii}X_{ij}, \text{其中 } i, j = 1, 2, \cdots, p \qquad (5-19)$$

（4）计算特征值和特征向量

根据特征方程 $|\lambda I - R| = 0$，对相关系数矩阵 R 的特征值和特征向量进行求解，用雅可比法可解得，特征值 λ 为 F 的方差，$\lambda_1 \geq \lambda_2 \geq \cdots \geq \lambda_k \geq 0$。然后根据特征值 λ_i 各自对应的特征向量 ε_i，令 $\|\varepsilon_i\| = 1$。

（5）计算方差献率及累计贡献率

$$\text{方差贡献率 } y_i = \frac{\lambda_i}{\sum_{i=1}^{p} \lambda_i} \qquad (5-20)$$

其中 y_i 为第 i 个主成分的方差贡献率。

$$\text{累计贡献率} = \frac{\sum_{i=1}^{k} \lambda_i}{\sum_{i=1}^{p} \lambda_i} \qquad (5-21)$$

主成分分析法是一种广泛采用的降维技术，即使用少数主成分代替多个原始指标，但与此同时也不可避免带来信息损失的问题。如何在主成分数量与信息损失之间实现平衡，一个常用的标准是按照累计贡献率达到某一阈值来确定主成分的个数，文献中通行的做法是超过70%，即 $\sum_{i=1}^{k} \lambda_i / \sum_{i=1}^{p} \lambda_i \geq 70\%$。

（6）家庭债务风险综合得分

以各主成分的方差贡献率为权重计算家庭债务风险综合指标 F：

$$F = \frac{\lambda_1}{\sum_{n=1}^{p} \lambda_n} F_1 + \frac{\lambda_2}{\sum_{n=1}^{p} \lambda_n} F_2 + \cdots + \frac{\lambda_i}{\sum_{n=1}^{p} \lambda_n} F_i + \cdots + \frac{\lambda_p}{\sum_{n=1}^{p} \lambda_p} F_p$$

$$(5-22)$$

第四节 测量结果分析

Stata 软件在进行主成分分析时根据各维变量的原始指标数据，通过

第五章 中国城市家庭债务风险的测量

变量之间的相关系数或协方差矩阵提取主成分。测量结果如下。

（1）主成分的选取与解释

表 5-2 汇报了各主成分的特征值及方差贡献率，表 5-3 汇报了原始指标与主成分的载荷矩阵。依据上文提到的主成分数量确定原则，前 8 个主成分累计方差贡献率达到 77.81%（见表 5-2），符合文献中通行的标准：累积方差贡献率 ≥70%，故最终选取成分 F_1—F_8。

表 5-2　　　　　　　主成分的特征值、方差贡献率

主成分	特征值	方差贡献率（%）	累计贡献率（%）
F_1	2.40658	18.15	15.80
F_2	1.50650	11.59	30.10
F_3	1.21263	9.33	39.43
F_4	1.04149	8.01	47.44
F_5	1.00673	7.74	55.18
F_6	0.99898	7.68	62.87
F_7	0.99270	7.64	70.50
F_8	0.95026	7.31	77.81
F_9	0.90228	6.94	84.75
F_{10}	0.61755	4.75	89.51
F_{11}	0.55735	4.29	93.79
F_{12}	0.42258	3.25	97.04
F_{13}	0.38438	2.96	100.00

根据式（5-15），系数 a_{ij} 越大，说明主成分对该原始指标的代表性越大。结合表 5-3 的测算结果，依据主成分得分情况，前 8 个主成分的线性组合表达式为：

$$F_1 = 0.4037X_1 + 0.1241X_2 + 0.3869X_3 + 0.1023X_4 + 0.4507X_5 + \\ 0.1114X_6 + 0.0518X_7 - 0.0117X_8 + 0.4554X_9 + 0.2262X_{10} + \\ 0.4097X_{11} - 0037X_{12} + 0.1292X_{13}$$

$$F_2 = 0.0670X_1 - 0.0405X_2 - 0.0645X_3 + 0.6171X_4 - 0.2179X_5 + \\ 0.6311X_6 + 0.2749X_7 - 0.0019X_8 - 0.2068X_9 - 0.0458X_{10} + \\ 0.0817X_{11} - 0.0015X_{12} + 0.1897X_{13}$$

$$F_3 = -0.5231X_1 - 0.1849X_2 + 0.3589X_3 + 0.1545X_4 + 0.3438X_5 + \\ 0.1922X_6 + 0.0224X_7 + 0.0513X_8 + 0.3147X_9 - 0.1505X_{10} - \\ 0.5090X_{11} + 0.0814X_{12} + 0.0143X_{13}$$

$$F_4 = -0.0291X_1 + 0.4444X_2 - 0.2571X_3 + 0.0807X_4 + 0.1805X_5 + \\ 0.1183X_6 + 0.3211X_7 - 0.0415X_8 + 0.1073X_9 + 0.0842X_{10} - \\ 0.0894X_{11} - 0.0079X_{12} - 0.7416X_{13}$$

$$F_5 = 0.0445X_1 - 0.2492X_2 - 0.0660X_3 + 0.0027X_4 - 0.0605X_5 + \\ 0.0063X_6 + 0.0483X_7 + 0.6819X_8 + 0.0617X_9 + 0.2405X_{10} + \\ 0.0171X_{11} + 0.6175X_{12} - 0.1312X_{13}$$

$$F_6 = -0.0273X_1 + 0.6157X_2 + 0.0948X_3 - 0.0116X_4 + 0.1075X_5 - \\ 0.0206X_6 - 0.0778X_7 - 0.0198X_8 - 0.1494X_9 - 0.4599X_{10} - \\ 0.0026X_{11} + 0.5459X_{12} + 0.2467X_{13}$$

$$F_7 = 0.0025X_1 + 0.3012X_2 + 0.0305X_3 - 0.0068X_4 + 0.0468X_5 - \\ 0.0108X_6 - 0.0260X_7 + 0.7278X_8 - 0.0690X_9 - 0.2021X_{10} - \\ 0.0066X_{11} - 0.5658X_{12} + 0.0990X_{13}$$

$$F_8 = -0.0080X_1 - 0.1145X_2 + 0.1205X_3 - 0.3207X_4 - 0.0207X_5 - \\ 0.1552X_6 + 0.8863X_7 - 0.0005X_8 - 0.0364X_9 - 0.1577X_{10} + \\ 0.0329X_{11} + 0.0018X_{12} + 0.1792X_{13}$$

表5-3　　　　　　　　　原始指标与主成分的载荷矩阵

	F_1	F_2	F_3	F_4	F_5	F_6	F_7	F_8
X_1	0.4307	0.0670	-0.5231	-0.0291	0.0445	-0.0273	0.0025	-0.0080
X_2	0.1241	-0.0405	-0.1849	0.4444	-0.2492	0.6157	0.3012	-0.1145

续表

	F_1	F_2	F_3	F_4	F_5	F_6	F_7	F_8
X_3	0.3869	-0.0645	0.3589	-0.2571	-0.0660	0.0948	0.0305	0.1205
X_4	0.1023	0.6171	0.1545	0.0870	0.0027	-0.0116	-0.0068	-0.3207
X_5	0.4507	-0.2179	0.3438	0.1805	-0.0605	0.1075	0.0468	-0.0207
X_6	0.1114	0.6311	0.1922	0.1183	0.0063	-0.0206	-0.0108	-0.1552
X_7	0.0518	0.2749	0.0224	0.3211	0.0483	-0.0778	-0.0260	0.8863
X_8	-0.0117	-0.0019	0.0513	-0.0415	0.6819	-0.0198	0.7278	-0.0005
X_9	0.4554	-0.2068	0.3147	0.1073	0.0617	-0.1494	-0.0690	-0.0364
X_{10}	0.2262	-0.0458	-0.1505	0.0842	0.2405	-0.4599	-0.2021	-0.1577
X_{11}	0.4097	0.0817	-0.5090	-0.0894	0.0171	-0.0026	-0.0066	0.0329
X_{12}	-0.0037	-0.0015	0.0814	-0.0079	0.6175	0.5459	-0.5658	0.0018
X_{13}	0.1292	0.1897	0.0143	-0.7416	-0.1312	0.2467	0.0990	0.1792

从主成分分析结果可以看出，第1个主成分（F_1）与负债规模（X_1）、当年应偿债务/流动性资产（X_3）、总负债/金融资产（X_5）、金融负债/金融资产（X_9）、多重负债（X_{11}）五个指标有较大正相关性。

第2个主成分（F_2）与当年应偿债务/总收入（X_4）、房产贷款/总收入（X_6）两个指标有较大正相关性。

第3个主成分（F_3）与当年应偿债务/流动性资产（X_3）、总负债/金融资产（X_5）、金融负债/金融资产（X_9）三个指标有较大的正相关性，且与负债规模（X_1）、多重负债（X_{11}）两个指标有较大的负相关性。

第4个主成分（F_4）与资产负债率（X_2）、债务收入比（X_7）两个指标有较大的正相关性，且与当年应偿债务/流动性资产（X_3）、风险债务比（X_{13}）两个指标有较大负相关性。

第5个主成分与家庭净收入（X_8）、财务保证金（X_{12}）两个指标有较大正相关性，且与资产负债率（X_2）有较大负相关性。

第6个主成分与资产负债率（X_2）、财务保证金（X_{12}）两个指标有较大正相关性，且与房产贷款/房产市值（X_{10}）有较大负相关性。

第 7 个主成分与资产负债率（X_2）、家庭净收入（X_8）两个指标有较大相关性，且与财务保证金（X_{12}）有较大负相关性。

第 8 个主成分与债务收入比（X_7）有较大正相关性，且与当年应偿债务/总收入（X_4）有较大负相关性。

（2）合成家庭债务风险综合指标

如前所述，前 8 个主成分的权重分别为：0.1815、0.1159、0.0933、0.0801、0.0774、0.0768、0.0764、0.0731。城镇家庭债务风险综合指标 F 等价于：

$$0.1815F_1 + 0.1159F_2 + 0.0933F_3 + 0.0801F_4 + 0.0774F_5 + 0.0768F_6 + 0.0764F_7 + 0.0731F_8$$

第五节 家庭债务风险的空间分布特征

我国地域辽阔，各地要素禀赋、区位条件、劳动力市场和资本流动情况不尽相同，区域经济发展不平衡是我国经济发展中存在的突出问题之一，区域协调发展是推动国家经济发展的重要力量。已有研究表明，家庭负债在不同区域间的分布存在显著差异。[①] 况伟大（2014）强调，家庭债务违约风险尤其是房贷拖欠风险具有明显的地域差异。[②] 为了考察不同地区家庭债务风险的分布特征，本节从 28 个省份，东部、中部和西部地区和三大经济圈三个层面展开讨论。

一 家庭债务风险的省际分布

根据家庭债务风险综合指标的测量结果，表 5 - 4 汇报了我国各省（直辖市、自治区）由高到低的排序结果。可以看出，总体而言，家庭债

[①] 纪园园、朱平芳、宁磊：《家庭债务、区域差异与经济增长》，《南京社会科学》2020年第 10 期。

[②] 况伟大：《中国住房抵押贷款拖欠风险研究》，《经济研究》2014 年第 1 期。

务风险在不同省份之间分布差异明显。家庭债务风险综合指数排名前三的省份（直辖市）依次是贵州（73.25）、重庆（58.32）和四川（54.69），风险水平最低的分别是北京（38.99）、上海（39.80）和江苏（42.51），北京市家庭债务风险综合指数仅为贵州省的1/2，说明省际间差异显著。城市家庭债务风险指数全国平均47.80，18个省份在平均线以上，占比64.29%，其中，排名前10的省份中，大多处于西部地区，这也印证了前文提到的中西部地区家庭债务风险更高的结论。债务风险分布不均还表现为各单项指标的分布差异，主要体现在资产负债率、当年应偿债务/流动性资产、当年应偿债务/总收入、总负债/金融资产、房产贷款/总收入、家庭净收入、金融负债/金融资产和财务保证金等指标在各省份的不同。例如，贵州省家庭当年应偿债务/总收入为60.16%，而辽宁省为12.34%，仅为前者的1/5；北京市家庭净收入为2.37万元，而青海省仅为0.79万元，两者相差数倍，家庭债务风险值差距悬殊。

表5-4　　　　　　　家庭债务风险在不同省份的分布情况

	X_1	X_2	X_3	X_4	X_5	X_6	X_7
贵州	6.96	11.93	118.88	60.16	87.93	79.38	129.52
重庆	4.46	7.78	126.32	50.72	45.63	77.48	108.36
四川	5.03	7.23	115.82	31.08	37.82	52.60	114.41
宁夏	4.00	7.71	109.15	34.38	50.67	39.57	105.36
甘肃	5.15	6.68	79.35	24.44	40.22	33.54	102.88
河北	4.94	5.09	73.81	48.06	60.63	71.15	98.63
河南	5.25	9.24	51.39	32.48	35.66	52.37	72.12
安徽	4.15	12.79	94.42	16.90	46.46	73.76	115.45
浙江	6.44	5.05	80.64	48.68	30.65	64.52	97.96
广西	4.28	9.70	74.56	16.62	46.22	63.93	93.66
黑龙江	3.20	9.80	48.66	17.32	60.96	29.50	106.01
陕西	3.61	9.64	85.90	19.16	50.97	57.82	86.90
福建	6.30	5.31	55.59	21.40	18.35	60.80	80.83

续表

	X_1	X_2	X_3	X_4	X_5	X_6	X_7
吉林	2.54	7.65	59.53	34.60	21.43	97.07	112.44
湖南	3.25	6.95	30.66	26.76	38.76	49.49	81.25
江西	5.56	5.91	54.73	16.58	30.61	32.44	63.79
山西	2.13	6.45	25.66	20.76	45.69	64.00	100.40
青海	3.90	5.09	26.39	18.22	41.05	60.44	84.37
海南	4.28	6.21	18.28	24.24	23.25	33.54	52.21
山东	5.05	4.23	56.42	18.24	26.73	68.03	105.05
广东	6.44	7.17	41.47	18.06	19.49	57.15	86.53
云南	4.73	5.07	39.86	12.50	18.68	63.28	99.48
湖北	4.16	5.94	30.16	31.70	24.46	57.61	86.91
天津	4.00	6.73	29.98	16.86	16.57	67.70	101.88
辽宁	3.36	4.87	46.75	12.34	17.75	64.39	105.89
江苏	3.19	5.77	43.37	22.24	22.18	57.58	88.37
上海	5.45	4.94	30.67	19.66	10.69	63.31	96.00
北京	5.96	4.61	24.82	20.05	7.85	79.09	91.91
全国平均	4.44	6.25	56.72	26.90	30.05	58.02	86.91

	X_8	X_9	X_{10}	X_{11}	X_{12}	X_{13}	F
贵州	0.81	24.29	4.28	0.83	3.91	15.47	73.25
重庆	1.21	14.09	9.19	0.61	5.01	21.84	58.32
四川	1.16	13.45	9.55	0.76	5.12	19.11	54.69
宁夏	0.93	17.70	7.01	0.71	3.98	22.75	53.83
甘肃	0.91	12.33	5.36	0.68	2.80	18.20	53.42
河北	1.15	8.42	5.67	0.58	5.27	30.94	52.56
河南	1.21	7.02	5.44	0.66	5.19	16.38	50.88
安徽	1.03	5.61	6.36	0.61	7.49	12.74	50.34
浙江	2.12	13.41	7.98	0.48	9.36	30.03	50.32
广西	0.83	8.74	4.51	0.52	3.70	21.84	50.10
黑龙江	1.05	9.56	5.84	0.53	2.72	19.11	49.99

续表

	X_8	X_9	X_{10}	X_{11}	X_{12}	X_{13}	F
陕西	1.15	13.14	6.83	0.58	2.81	25.48	49.51
福建	1.46	9.16	6.94	0.48	8.95	24.57	49.33
吉林	1.17	7.59	6.98	0.53	5.78	23.66	48.72
湖南	1.15	8.66	5.71	0.48	6.89	21.84	48.51
江西	1.10	9.18	6.03	0.63	7.10	15.45	48.38
山西	0.94	15.68	7.09	0.58	5.26	10.83	48.30
青海	0.79	13.23	5.48	0.65	2.68	22.75	48.16
海南	1.27	4.44	7.35	0.70	5.51	15.47	47.03
山东	1.31	10.36	6.02	0.50	3.69	27.30	46.51
广东	1.51	6.33	6.31	0.73	6.39	15.36	46.04
云南	1.29	6.23	8.7	0.60	5.59	13.65	45.84
湖北	1.18	5.34	6.23	0.48	6.68	18.20	45.65
天津	1.61	5.24	6.87	0.55	12.58	10.92	45.62
辽宁	1.10	5.35	4.96	0.45	4.14	14.55	43.04
江苏	1.48	5.38	7.76	0.28	9.14	9.37	42.51
上海	1.81	4.09	8.18	0.15	15.60	14.57	39.80
北京	2.37	1.91	8.69	0.24	18.30	10.92	38.99
全国平均	1.15	8.62	6.45	0.49	7.68	14.56	47.80

二 家庭债务风险的地区分布

本节按照2013年《中国卫生统计年鉴》对我国地区的划分标准,把样本家庭分为东部、中部和西部地区,统计三大地区城镇家庭信贷参与率和负债平均增长率情况,如图5-1所示。结果显示,从家庭信贷参与率看,西部地区家庭2013年、2015年和2017年信贷参与率分别为25.60%、30.70%和30.30%,均明显高于东部与中部地区家庭。负债

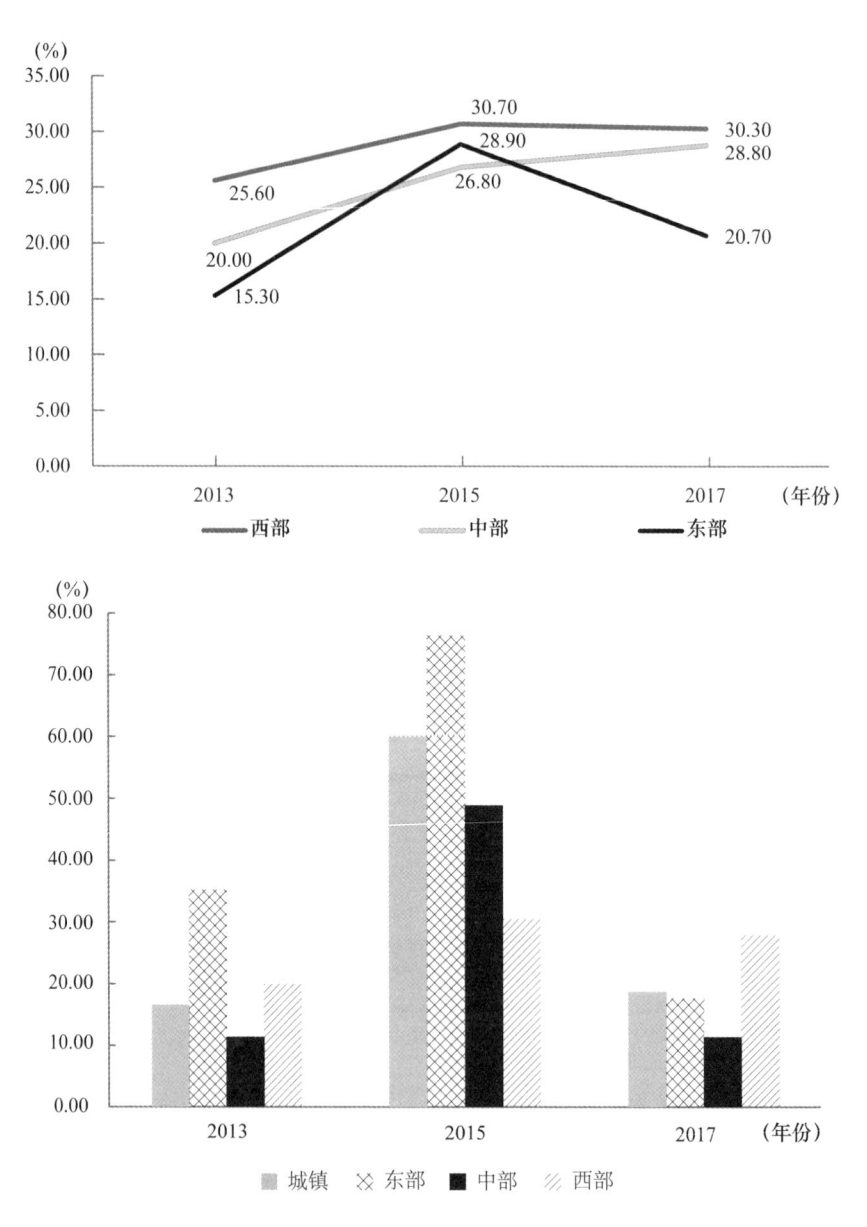

图 5-1 东部、中部、西部地区和城镇家庭信贷参与率和负债平均增长率

数据来源：CHFS2013 年、2015 年和 2017 年的数据。

平均增长率方面，2013年和2015年东部地区家庭负债增长最快，而2017年西部地区家庭负债增长最快，不同地区家庭债务扩张和债务负担差异显著。进一步考察城镇家庭债务风险在东部、中部和西部地区的分布特征（见表5-5）。结果表明，家庭债务风险在地区间差异依旧明显。

表5-5　　　　　　　家庭债务风险在不同区域间的分布

	X_1	X_2	X_3	X_4	X_5	X_6	X_7
东部	4.82	5.35	47.79	23.56	22.23	47.01	67.18
中部	3.61	6.30	53.78	28.32	32.91	50.71	89.77
西部	4.60	7.31	69.73	29.90	37.42	76.80	108.72
平均	4.44	6.25	56.72	26.90	30.05	58.02	86.91
	X_8	X_9	X_{10}	X_{11}	X_{12}	X_{13}	F
东部	1.43	7.03	7.68	0.35	10.53	12.20	42.49
中部	1.05	8.62	6.78	0.54	6.31	9.10	48.63
西部	0.88	10.55	4.71	0.62	5.24	21.48	53.62
平均	1.15	8.62	6.45	0.49	7.68	14.56	47.80

首先，与中部和西部地区相比，东部地区城镇家庭债务风险明显更低，主要表现在资产负债率、当年应偿债务/总收入、总负债/金融资产、金融负债/金融资产和多重负债更低，而家庭净收入和财务保证金更高，分别较全国均值低0.90%、3.34%、7.82%、1.59%、0.12笔和高0.28万元、2.85万元。其次，从家庭债务风险综合指标来看，西部地区家庭指标值最高（53.62），其次是中部地区家庭（48.63），东部地区家庭最低（42.49）。表明西部地区家庭面临更高的家庭债务风险，而东部较发达地区家庭债务风险相对较低。可以看出，地区之间家庭债务水平、偿债能力和债务风险分布不均。地区间发展不均衡会带来诸多方面的差异，从金融服务的角度看，东部地区经济最为发达，金融基础设施与服

务供给完善，居民能够更便捷地参与正规信贷市场、享受金融服务，[①]风险识别和风险应对能力更强，家庭债务风险普遍也更低。

三 不同经济圈家庭债务风险的分布

进一步地，本节选取京津冀、泛珠三角区和长三角区三大代表性经济圈，分析家庭债务风险在不同经济圈的分布状况。其中，京津冀包括北京、天津和河北；泛珠三角区是2003年正式提出的新地理概念，覆盖9个省/自治区和香港、澳门两个特别行政区，由于CHFS数据的限制，本节讨论的泛珠三角区仅包含福建、广东、广西、贵州、海南、湖南、江西、四川和云南9个省/自治区；长三角区包含上海、江苏、浙江和安徽4个省/直辖市。

表5-6给出了我国三大代表性经济圈家庭债务风险的分布情况。结果表明，泛珠三角区家庭债务风险最高（48.68），其次为京津冀（44.61）和长三角区（43.87）。从京津冀内部来看，河北省城镇家庭负债规模4.94万元、当年应偿债务/流动性资产73.81%、当年应偿债务/总收入48.06%、总负债/金融资产60.63%、金融负债/金融资产8.42%、多重负债0.58笔、风险债务比30.94%，高于北京和天津，而家庭净收入1.15万元、财务保证金5.27万元，低于北京和天津，整体债务风险显著更高，区域内部差异明显。就泛珠三角区而言，城镇家庭债务风险贵州省最高，其次是四川省，紧随其后的是广西、福建、湖南、江西、海南、广东和云南，且这一差距在家庭负债规模、当年应偿债务/流动性资产、总负债/金融资产、债务收入比和金融负债/金融资产等细分指标中尤为凸显。从长三角经济圈所覆盖的省（直辖市）来看，浙江省和安徽省家庭债务风险差距不大，且都显著高于上海市和江苏省。总体而言，我国三大经济圈之间和经济圈内部家庭债务负担分化严重，债务风险存在分布失衡且较为集中的问题。

[①] 尹志超、彭嫦燕、里昂安吉拉：《中国家庭普惠金融的发展及影响》，《管理世界》2019年第2期。

表 5-6　　　　　　　代表性经济圈家庭债务风险的分布

	X_1	X_2	X_3	X_4	X_5	X_6	X_7
京津冀	4.27	3.67	41.28	31.62	26.60	67.26	105.20
泛珠三角区	5.34	8.39	66.31	27.90	28.78	45.27	74.15
长三角区	4.36	4.32	56.88	31.72	23.03	65.12	100.94
	X_8	X_9	X_{10}	X_{11}	X_{12}	X_{13}	F
京津冀	1.46	4.94	8.30	0.38	12.30	13.65	44.61
泛珠三角区	1.17	9.03	7.24	0.56	8.62	15.47	48.68
长三角区	1.14	7.42	7.17	0.35	7.70	11.83	43.87

第六章　中国城市家庭债务风险分解

根据家庭债务风险测量结果，本章进一步对我国城市家庭债务风险进行分解。重点讨论家庭债务风险的人口学特征分布、财富特征分布和行为惯习特征分布。其中，人口学特征包括职业声望、金融素养、性别、政治身份、年龄、受教育程度、健康状况、家庭规模、婚姻状况、人口结构和家庭背景；财富特征包括收入状况、是否创业、汽车和房产持有状况；行为惯习包括支付方式（是否使用移动支付）、消费模式（量入为出还是过度消费）、风险态度和借贷渠道偏好（正规借贷还是非正规借贷）。

第一节　家庭债务风险的人口学特征分布

一　职业声望与家庭债务风险

作为衡量社会经济地位的重要指标，职业声望不仅能反映户主当下和未来的预期收入，而且能够体现家庭拥有社会经济资源的数量和质量、生存发展的空间和机会。声望较高的职业可以从两个方面对家庭债务风险产生影响。一方面，声望较高的职业个体掌握了更多的社会资源，能够更好地化解家庭财务危机；另一方面，高声望职业能够增强借款人的议价能力，且在信息不对称情境下拥有更为丰富的信息渠道，能够降低家庭负债成本，降低家庭债务风险。[1] 吴卫星和尹豪（2019）进行职业

---

[1] Hall J. and Jones C., "Social Grading of Occupations", *The British Journal of Sociology*, Vol. 1, No. 1, March 1950.

声望划分时采用了职业声望测量指标"职业社会经济地位指数（ISEI）"，该指标基于职业的平均受教育水平和收入状况等多方面信息进行度量。[①] 本节沿循这一做法，结合 CHFS（2017）问卷对职业的分类（共七大类），将户主的职业声望划分为四个等级：高职业声望（负责人）、中高职业声望（办事人员和专业技术人员）、中低职业声望（生产运输人员和商业服务业人员）和低职业声望（农林牧渔人员和无职业人员）。

为考察户主职业声望与家庭债务风险的关系，表 6-1 统计了户主不同职业声望的家庭债务风险分布情况，包括家庭债务风险评价指标体系的各单项指标和债务风险综合指标。结果显示，与其他职业等级相比，高职业声望家庭资产负债率、当年应偿债务/总收入、总负债/金融资产、房产贷款/总收入和债务收入比最低，而负债规模、家庭净收入、财务保证金和风险债务比最高，家庭整体债务风险最低。与此相反，低职业声望家庭债务风险指标达到 61.04，远高于其他家庭组，主要表现在低职业声望家庭资产负债率（15.26%）、总负债/金融资产（40.24%）、房产贷款/总收入（86.55%）、债务收入比（123.91%）和金融负债/金融资产（12.02%）更高，而家庭净收入（0.61 万元）和财务保证金（2.65 万元）更低。从整体表现来看，低职业声望家庭负债程度更深，家庭财富和收入水平更低，家庭偿债能力较差，而随着户主职业声望的提升，家庭债务风险渐趋弱化，与已有文献的理论预期基本一致。

表 6-1　　户主不同职业声望的家庭债务风险的分布

	X_1	X_2	X_3	X_4	X_5	X_6	X_7
高职业声望	7.12	2.26	46.72	10.42	16.79	43.69	62.77
中高职业声望	4.66	3.63	81.92	32.08	26.95	60.14	95.41
中低职业声望	3.60	8.61	40.32	29.92	35.75	57.98	84.24
低职业声望	2.45	15.26	58.00	12.94	40.24	86.55	123.91

---

① 吴卫星、尹豪：《职业声望、信贷约束与金融市场参与》，《财贸经济》2019 年第 5 期。

续表

	X_8	X_9	X_{10}	X_{11}	X_{12}	X_{13}	F
高职业声望	1.87	6.32	6.71	0.60	17.89	20.02	44.32
中高职业声望	1.17	5.86	10.24	0.49	8.75	15.47	48.03
中低职业声望	0.96	11.56	3.83	0.46	4.00	12.74	47.31
低职业声望	0.61	12.02	2.71	0.43	2.65	9.10	61.04

二 金融素养与家庭债务风险

CHFS（2013—2017）问卷中金融素养模块涉及了14个相关题项，包括能否正确计算利率问题、对金融信息的关注度和对基本金融知识的了解程度。借鉴孟德锋等（2019）的做法，[①] 本节根据各题项的回答情况进行赋分，统计样本家庭的汇总得分。同时为了避免指标量纲对结果的影响，对上述得分进行标准化处理，按照标准值从高到低分为高金融素养、中等金融素养和低金融素养三组。表6-2结果表明，与文献的理论预期不同，户主金融素养高的家庭债务风险反而更高。从家庭债务风险评价各单项指标来看，高金融素养家庭的负债规模、总负债/金融资产、房产贷款/总收入、债务收入比、房产贷款/房产市值和多重负债明显高于其他家庭；而从综合指标来看，高金融素养家庭的综合指标值为55.88，而中、低金融素养家庭综合指标值分别为40.44和47.75，高金融素养家庭债务风险显著高于中、低金融素养家庭。

金融知识和金融素养的提升可能使人们倾向于将家庭资产更多地配置到风险资产，进而放大家庭债务风险。为了验证这一推测，本节统计了CHFS问卷中户主不同金融素养的家庭资产结构。其中，家庭总资产包括金融资产（现金、定期存款、借出款和股票、基金等金融产品）和非金融资产（家庭拥有的现有住房、商铺和其他房产的市值总额、耐用消费品、农用机械、农副产品和自主工商业经营资产等）。借鉴李凤等

[①] 孟德锋、严伟祥、刘志友：《金融素养与家庭金融脆弱性》，《上海金融》2019年第8期。

(2016)的做法,① 本节进一步将金融资产划分为风险性金融资产(股票、基金、理财产品和债券、货币黄金、金融衍生品、外汇等其他风险资产)和无风险金融资产(现金和银行存款)。结果表明,随着户主金融素养的提升,家庭金融资产均值和占比逐渐提高,而非金融资产均值和占比逐渐下降;在金融资产结构中,风险资产均值和占比稳步提升,其中股票均值和占比的增长最快。路晓蒙等(2017)研究表明,投资过多股票等风险性金融资产将增加家庭财富缩水的概率,可能放大高金融素养家庭的债务风险。②

表6-2　户主不同性别、政治面貌和金融素养的家庭债务风险的分布

		X_1	X_2	X_3	X_4	X_5	X_6	X_7
性别	男	4.56	5.62	52.78	26.24	30.95	48.70	96.99
	女	4.31	6.93	61.00	27.62	29.08	68.11	75.99
党员身份	是	4.32	4.12	7.49	16.24	25.67	53.05	77.78
	否	4.45	6.51	55.02	28.22	30.60	58.63	88.04
金融素养	低	2.32	6.44	57.35	25.12	35.29	59.76	87.35
	中	4.56	10.26	70.31	12.74	31.42	36.93	54.09
	高	6.30	1.69	41.32	44.02	23.65	79.39	122.30

		X_8	X_9	X_{10}	X_{11}	X_{12}	X_{13}	F
性别	男	1.06	8.74	4.84	0.51	8.61	15.47	46.02
	女	1.25	8.49	8.19	0.47	6.67	13.64	49.73
党员身份	是	2.53	6.72	5.85	0.42	4.42	23.66	46.09
	否	0.98	8.85	6.52	0.50	8.08	13.63	48.01
金融素养	低	1.51	9.81	6.39	0.39	8.28	2.73	47.75
	中	1.04	10.30	6.34	0.48	8.01	20.01	40.44
	高	0.95	5.67	7.09	0.60	6.76	20.02	55.88

---

① 李凤、罗建东、路晓蒙、邓博夫、甘犁:《中国家庭资产状况、变动趋势及其影响因素》,《管理世界》2016年第2期。

② 路晓蒙、李阳、甘犁、王香:《中国家庭金融投资组合的风险——过于保守还是过于冒进?》,《管理世界》2017年第12期。

三 户主性别与家庭债务风险

除了金融素养,表6-2还汇报了户主不同性别和政治面貌家庭债务风险的分布情况。结果表明,女性户主家庭债务风险略高于男性户主家庭。从单项指标来看,女性户主家庭资产负债率、当年应偿债务/流动性资产、当年应偿债务/总收入、房产贷款/总收入和房产贷款/房产市值明显高于男性户主家庭,前者分别为6.93%、61.00%、27.62%、68.11%和8.19%,后者分别为5.62%、52.78%、26.24%、48.70%和4.84%,表明与男性户主家庭相比,女性户主家庭负债程度更深,偿债能力更差。从综合指标来看,女性户主家庭债务风险指标值为49.73,男性户主家庭债务风险指标值为46.02,说明户主为女性的家庭债务风险更高。女性户主家庭虽然债务规模更低,家庭净收入更高,但财务保证金反而更低,且住房贷款负担过重、家庭债务偿还和抵御外部风险冲击的能力均较差,家庭整体债务风险更高。

四 政治身份与家庭债务风险

政治身份方面,表6-2显示,户主非党员家庭资产负债率、当年应偿债务/总收入、债务收入比、金融负债/金融资产、房产贷款/房产市值和多重负债均高于户主党员家庭,而家庭净收入明显低于户主党员家庭,前者分别为6.51%、28.22%、88.04%、8.85%、6.52%、0.50笔和0.98万元,后者分别为4.12%、16.24%、77.78%、6.72%、5.85%、0.42笔和2.53万元,表明户主非党员家庭的负债程度更深,家庭流动性更差。整体而言,户主为党员家庭债务风险综合指标为46.09,而户主非党员的家庭指标值为48.01。也就是说,与户主党员家庭相比,户主非党员家庭债务风险略高。党员是能力的一种体现,党员身份能够显著提高家庭收入,[1] 通过对比两组家庭债务收

---

[1] 李爽、陆铭、佐藤宏:《权势的价值:党员身份与社会网络的回报在不同所有制企业是否不同?》,《世界经济文汇》2008年第6期。

入比和家庭净收入的差异也印证了这一推论。并且，统计结果表明，户主非党员家庭房产贷款/总收入大于户主党员家庭，户主非党员家庭房贷压力更大，更低的家庭收入水平和更大的房贷压力提高了家庭整体债务风险水平。

五　户主年龄与家庭债务风险

表6－3汇报了户主不同年龄阶段家庭债务风险分布情况。本节将户主年龄依次划分为25—35岁、36—45岁、46—55岁、56—65岁和66—75岁五组。可以看出，随着户主年龄的增长，家庭规模、房产贷款/总收入、债务收入比和房产贷款/房产市值先升后降，符合生命周期假说，但当年应偿债务/流动性资产、当年应偿债务/总收入、金融负债/金融资产、多重负债和风险债务比呈阶梯式下降，家庭债务风险也逐渐减小。户主25—35岁家庭债务负担最重，债务风险最高，主要表现在户主25—35岁家庭当年应偿债务/流动性资产（87.98%）、当年应偿债务/总收入（50.62%）、金融负债/金融资产（10.98%）、多重负债（0.93笔）和风险债务比（17.29%）明显高于其他年龄组，而家庭净收入（0.52万元）和财务保证金（2.52万元）明显低于其他年龄组。近年来我国城市房价持续上涨，绝大多数城市年轻家庭选择按揭方式购房，家庭定期房贷偿付导致了资金流动性的收紧。① 而且，对比当年应偿债务/流动性资产、房产贷款/总收入、债务收入比和房产贷款/房产市值等指标在各年龄段的分布情况，可以发现，年轻家庭有着更高的房贷压力和资金流动性风险，这在很大程度上放大了家庭债务风险。

---

① 黄晓东：《警惕家庭部门债务风险对中国经济增长的负面影响》，《郑州航空工业管理学院学报》2018年第1期。

表6-3　　　家庭债务风险在户主不同年龄阶段下的分布

户主年龄	25—35岁	36—45岁	46—55岁	56—65岁	66—75岁
X_1	2.38	4.78	4.58	2.52	1.21
X_2	2.39	7.43	6.44	6.59	6.07
X_3	87.98	71.57	58.60	38.40	15.23
X_4	50.62	45.20	22.92	5.76	6.36
X_5	11.84	37.07	36.48	27.37	16.98
X_6	60.57	71.79	63.30	44.43	29.77
X_7	80.34	93.00	83.04	64.18	48.57
X_8	0.52	0.97	1.56	0.96	1.41
X_9	10.98	10.95	9.25	5.86	3.48
X_{10}	8.22	8.60	6.35	3.65	2.34
X_{11}	0.93	0.60	0.51	0.23	0.17
X_{12}	2.52	6.40	8.22	9.58	12.90
X_{13}	17.29	16.38	15.47	11.83	9.10
F	67.09	55.80	40.04	43.52	38.84

进一步分析发现，与其他年龄组相比，户主25—35岁家庭和户主66—75岁家庭流动性均有所收紧，虽都与家庭住房贷款相关，但原因有所不同。户主25—35岁家庭房贷收入比为60.57%，而在户主66—75岁家庭中该比率仅为29.77%，不足前者的1/2，过高的房贷压力导致户主25—35岁家庭流动性较差。户主25—35岁家庭往往处于适婚年龄，往往有着购房的刚性需求，而户主66—75岁家庭流动性较差，这可能是由于为子女买房或者子女"啃老"等压力所致。根据上海财经大学高等研究院调查数据（见图6-1），从2009年至2013年，老年家庭为子女全款买房的比例呈现增长趋势，在2013年达到28.50%。而图6-2显示，2009年至2013年，老年家庭在子女买房提供补助的家庭同样呈增长趋势，在2013年该比例高达47%，接近半数。可见，老年家庭为子女买房或提供经济支持现象广泛存在。由于微观数据的限制，无法观察到

2017 年的变动，但可以推测，经历 2016 年全国房价的井喷式增长和家庭部门杠杆率的大幅攀升，这一现象可能更加普遍。

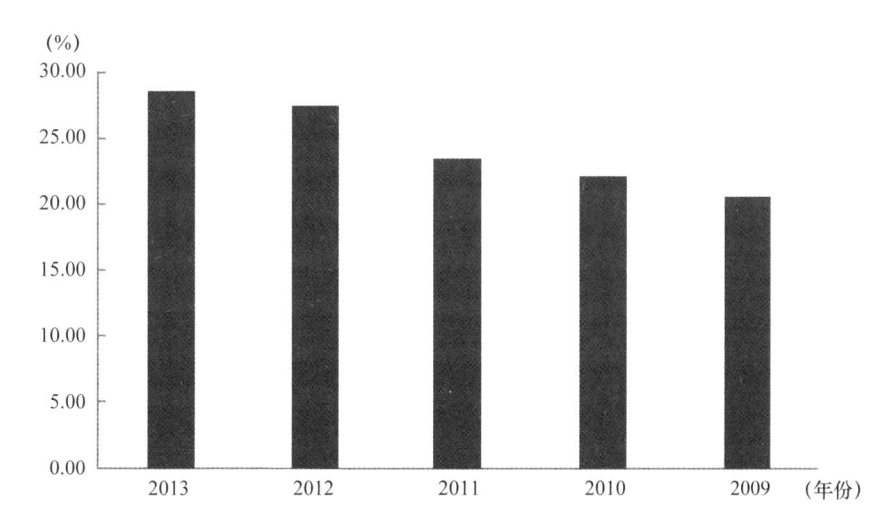

图 6-1 为子女买房老年家庭比例

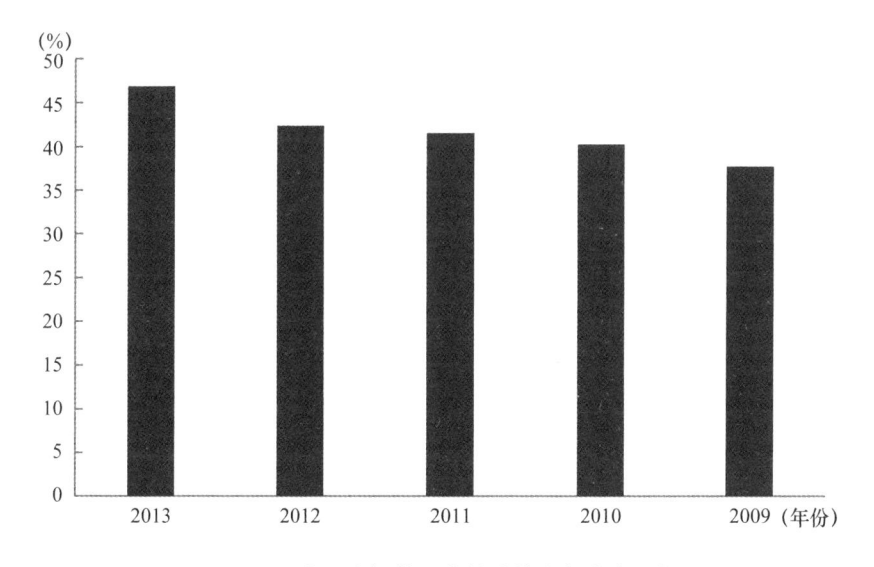

图 6-2 为子女提供买房补助的老年家庭比例

数据来源：上海财经大学高等研究院调查数据。

此外，图 6-3 显示，在 50—55 岁、56—60 岁和 61—65 岁的三组老年家庭中，老年家庭向子女经济转移的金额明显低于从子女处得到的补助，且图 6-4 表明，如果仅考虑提供补助和获得补助的老年家庭，其向子女提供的补助和从子女处得到的补助的差异更加显著，说明"啃老"现象日渐凸显。从上述数据可以看出，住房对于中国家庭来说绝非简单居住，沉重的房贷负担可能使得两代人都成为房奴，而"房奴效应"加剧了家庭债务风险。

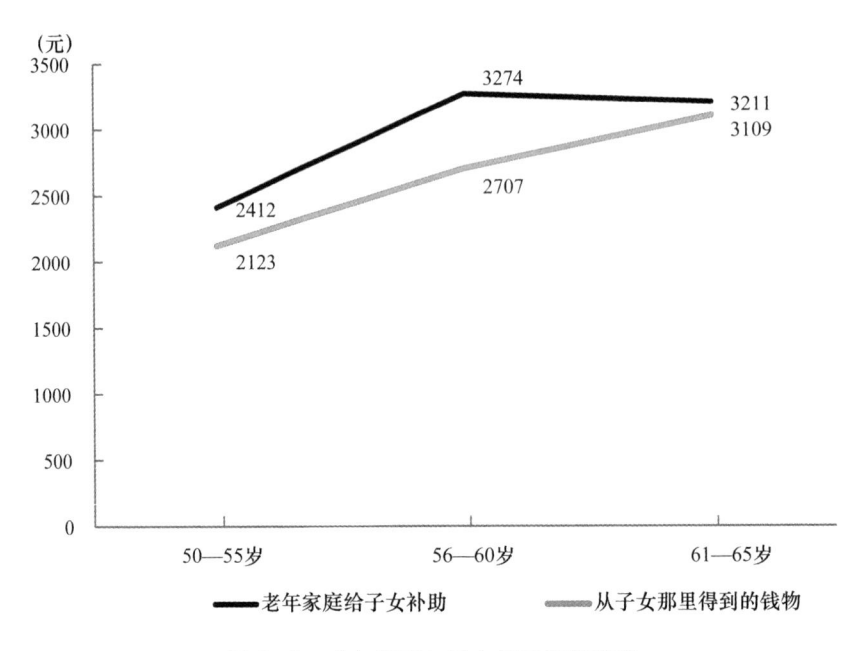

图 6-3 老年家庭与子女相互经济转移

六 受教育程度与家庭债务风险

人们的文化水平差异也可能影响家庭债务风险。受教育程度高的个体有更强的认知能力和更丰富的知识储备，从而使其应对新事物、新技术的接受能力和学习技能更高。[①] 当前借贷活动尤其是数字金融借贷作

---

① 易行健、周利：《数字普惠金融发展是否显著影响了居民消费？——来自中国家庭的微观证据》，《金融研究》2018 年第 11 期。

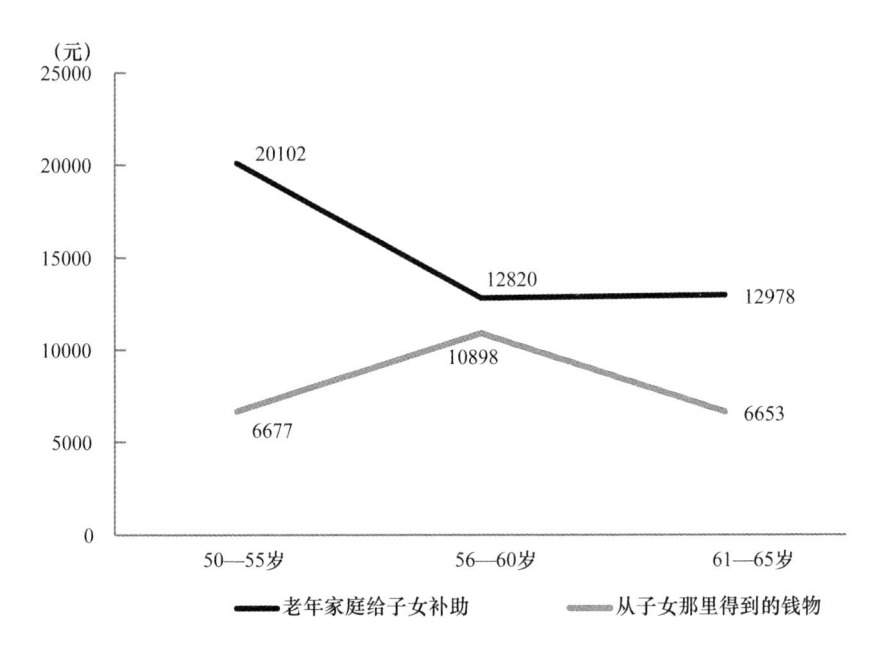

图 6-4 仅考虑提供补助和获得补助的老年家庭

数据来源：上海财经大学高等研究院调查数据。

为信息时代的产物，在其运行过程中个体人力资本的作用尤为关键，受教育程度高的个体对其提供的金融产品及服务的认知和接受程度更高，导致金融借贷对于家庭债务杠杆更能在高学历群体中发挥作用。本节将样本家庭按照户主的受教育程度分为 5 组：小学及以下、初中、高中/职高、大专/本科、本科以上。表 6-4 统计结果显示，户主学历为小学及以下家庭资产负债率最高，而家庭净收入和家庭财务保证金最低，分别为 8.95%、0.93 万元和 3.42 万元；相反，户主学历为本科以上家庭，拥有更高的财务保证金和家庭净收入，但家庭整体债务风险反而最高。

根据已有文献的结论，随着户主受教育水平的提高，借款能力越强，家庭债务水平逐步上升。[1] 李凤等（2016）也证实，受教育程度高的家

---

[1] 陈斌开、李涛：《中国城镇居民家庭资产—负债现状与成因研究》，《经济研究》2011 年第 S1 期。

庭，其资产规模也显著更大，并且户主受教育程度越高，家庭负债与资产都将越高。①而表6-4统计结果表明，随着户主受教育程度的提高，家庭负债规模与资产负债率大致呈反向变动，家庭资产的积累速度要高于负债增加的速度，教育投资回报成效显著。相对于其他学历家庭组，户主受教育程度为小学及以下家庭的资产负债率和总负债/金融资产显著更低，而家庭净收入和财务保证金显著更高，表明了文化程度低的家庭财富水平更低，且家庭资金的流动性更差。但从整体效应来看，户主学历为本科以上家庭债务风险综合指标高达51.60，明显高于其他学历家庭组，表明户主本科以上学历家庭有着更高的家庭债务风险。主要表现在本科以上学历家庭负债规模、当前应偿债务/流动性资产、总负债/金融资产、金融负债/金融资产、房产贷款/房产市值和多重负债等指标过高。可能的解释是，在"提高居民财产性收入"的政策引导下，文化程度高的家庭倾向于增加负债和加杠杆过度参与金融市场，而且受教育程度越高，个体越晚参加社会经济活动，往往对住房贷款的依赖性也更高，②导致家庭债务风险加剧。

表6-4　　　　　户主不同受教育程度的家庭债务风险分布

受教育程度	小学及以下	初中	高中/职高	大专/本科	本科以上
X_1	2.13	3.17	4.34	6.42	7.16
X_2	8.95	7.61	5.24	2.54	8.33
X_3	38.76	61.14	54.71	58.98	72.17
X_4	27.68	46.04	20.48	13.44	24.42
X_5	42.46	32.67	22.26	18.83	46.27
X_6	59.15	108.83	38.39	22.79	58.53
X_7	82.24	147.2	64.14	41.82	98.61

① 李凤、罗建东、路晓蒙、邓博夫、甘犁：《中国家庭资产状况、变动趋势及其影响因素》，《管理世界》2016年第2期。
② 孟德锋、严伟祥、刘志友：《金融素养与家庭金融脆弱性》，《上海金融》2019年第8期。

续表

受教育程度	小学及以下	初中	高中/职高	大专/本科	本科以上
X_8	0.93	1.16	0.94	1.21	1.90
X_9	9.78	9.43	6.95	7.78	11.12
X_{10}	8.70	5.17	5.26	6.77	8.79
X_{11}	0.41	0.47	0.46	0.57	0.59
X_{12}	3.42	4.61	6.49	5.55	26.91
X_{13}	11.82	18.20	14.56	13.65	11.84
F	47.08	48.52	46.04	47.94	51.60

七 健康状况与家庭债务风险

通常来说，户主健康状况决定了家庭健康风险，健康状况差不仅影响家庭收入和财富积累，而且未来大笔医疗支出在很大程度上难以预测，可能会加剧家庭财务脆弱性并放大家庭债务风险。表6-5统计了不同健康状况家庭债务风险的分布情况。结果显示，户主健康状况为一般或不健康的家庭尽管负债规模最小，但同时家庭净收入和财务保证金也最少。并且，相对于户主非常健康和比较健康的家庭，户主身体状况一般/不健康家庭资产负债率（13.01%）、当年应偿债务/总收入（46.56%）、总负债/金融资产（86.44%）、债务收入比（120.59%）、金融负债/金融资产（17.24%）和风险债务比（28.21%）明显更高，表明户主一般/不健康家庭虽然举债规模小，但举债风险高。从整体效应来看，户主身体状况为一般/不健康家庭债务风险综合值最高，达到51.71，其次是比较健康家庭，非常健康家庭最小，与直观推测相符。

表6-5　　　　户主不同健康状况的家庭债务风险分布

		X_1	X_2	X_3	X_4	X_5	X_6	X_7
健康状况	非常健康	5.16	4.49	45.00	20.80	20.79	32.35	46.36
	比较健康	4.22	5.60	66.56	25.46	22.02	69.44	98.73
	一般/不健康	3.89	13.01	37.32	46.56	86.44	61.47	120.59

续表

		X_8	X_9	X_{10}	X_{11}	X_{12}	X_{13}	F
健康状况	非常健康	1.37	6.83	6.31	0.55	9.66	10.01	46.51
	比较健康	1.11	7.57	6.90	0.49	7.92	13.65	47.55
	一般/不健康	0.90	17.24	4.68	0.36	2.33	28.21	51.71

八 婚姻状态与家庭债务风险

表6-6给出了不同婚姻状况家庭债务风险分布的情况。结果显示，户主未婚家庭的负债规模、资产负债率、当年应偿债务/总收入、债务收入比和风险债务比明显高于户主已婚家庭和离婚/丧偶家庭，前者分别为5.21万元、9.12%、36.80%、188.35%和31.85%，后者分别为4.48万元、5.85%、25.84%、77.16%、12.74%和1.73万元、8.55%、27.76%、70.73%、11.83%，表明户主未婚家庭负债规模大，但对应的收入水平更低，偿还债务压力更大。户主已婚家庭的当年应偿债务/流动性资产、金融负债/金融资产、房产贷款/房产市值远高于其他家庭组，意味着已婚家庭房贷压力更大，短期偿债能力相对更差。原因可能在于，已婚家庭相比于未婚、离婚或丧偶家庭有更多人情礼支出和教育支出，可能导致家庭储蓄率下降。从细分指标来看，未婚家庭财务保证金和家庭净收入仅为2万元和0.73万元，金融脆弱性问题凸显，这主要是由于未婚家庭的人口结构不完整，且储蓄动机弱，家庭财务状况难以缓冲失业等外部冲击，家庭应对不确定风险能力差。整体而言，未婚家庭债务风险明显高于已婚家庭和离婚/丧偶家庭，前者为50.42，后者分别为47.61和46.13。结合单项指标，可以推断，未婚家庭债务规模高、储蓄动机小、家庭财务状况缓冲外部冲击能力差导致其往往面临更高的家庭债务风险。

表6-6　　　　　不同婚姻状况的家庭债务风险的分布

		X_1	X_2	X_3	X_4	X_5	X_6	X_7
婚姻状况	未婚	5.21	9.12	40.79	36.80	30.69	54.25	188.35
	已婚	4.48	5.85	59.51	25.84	30.18	56.62	77.16
	离婚/丧偶	1.73	8.55	32.08	27.76	25.94	96.90	70.73
		X_8	X_9	X_{10}	X_{11}	X_{12}	X_{13}	F
婚姻状况	未婚	0.73	5.74	5.99	0.48	2.00	31.85	50.42
	已婚	1.21	9.02	6.57	0.50	8.40	12.74	47.61
	离婚/丧偶	0.98	6.40	4.73	0.29	4.79	11.83	46.13

九　人口结构与家庭债务风险

赡养老人和抚养孩子会加重家庭负担，可能对家庭借款行为和债务风险水平产生影响。为考察家庭结构与家庭债务风险之间的关系，本节分别将家庭60岁以上和18岁以下成员定义为老年人和未成年人，按照家庭有无老年人和未成年人将样本家庭结构划分为四组：有老有小，有老无小、无老有小和无老无小。表6-7汇报了不同人口结构家庭债务风险的分布情况。结果表明，有老有小家庭债务风险最高。首先，有老有小家庭负债规模为5.65万元，远大于其他人口结构家庭；其次，有老有小家庭金融负债/金融资产为14.81%，多重负债为0.63笔，风险债务比为21.84%，均明显高于其他人口结构家庭，表明有老有小家庭的短期和长期偿债能力均较差。

表6-7　　　　　不同人口结构家庭债务风险的分布情况

		X_1	X_2	X_3	X_4	X_5	X_6	X_7
家庭结构	有老有小	5.65	5.52	52.43	17.94	30.10	37.72	61.02
	有老无小	1.30	4.51	17.47	6.82	14.63	41.68	70.37
	无老有小	4.63	7.67	75.05	42.34	36.01	80.61	115.96
	无老无小	4.58	5.63	59.23	26.12	30.14	60.83	81.80

续表

		X_8	X_9	X_{10}	X_{11}	X_{12}	X_{13}	F
家庭结构	有老有小	1.41	14.81	6.15	0.63	7.22	21.84	52.67
	有老无小	1.05	3.80	3.53	0.17	12.70	5.46	39.02
	无老有小	1.03	5.60	7.82	0.49	7.04	11.83	51.79
	无老无小	0.99	7.58	6.50	0.52	3.39	15.47	48.72

从整体效应来看，有老有小家庭债务风险综合指标最高（52.67），紧随其后的是无老有小家庭（51.79），再次为无老无小家庭（48.72），有老无小家庭最低（39.02）。对比无老家庭和有老家庭两种情形，发现有老家庭债务风险反而更低。这可能是因为：其一，抚养孩子和赡养老年人相比，家庭抚养孩子产生的债务负担更重，债务风险水平更高，这与 Anderloni 等（2012）研究结论一致；[1] 其二，与年轻人相比，老年人具有更强的风险规避倾向，且年龄的增长能够提升个体风险控制能力和认知分析能力；其三，根据生命周期理论，年龄增长往往意味着家庭财富和收入积累增加，有助于降低家庭债务风险。

十 家庭背景与家庭债务风险

家庭背景也可能影响家庭债务风险，其中一个重要机制是家庭背景直接影响子女的受教育程度，而受教育程度是决定家庭财富和收入状况的重要因素，[2] 进而影响家庭负债行为和债务风险状况。Letkiewice 和 Fox（2014）采用母亲的受教育程度来衡量家庭背景，[3] 本节沿用这一做法。

---

[1] Anderloni L., Bacchiocchi E. and Vandone D., "Household Financial Vulnerability: An Empirical Analysis", *Research in Economics*, Vol. 66, No. 3, September 2012.

[2] 李凤、罗建东、路晓蒙、邓博夫、甘犁：《中国家庭资产状况、变动趋势及其影响因素》，《管理世界》2016 年第 2 期。

[3] Letkiewice J. C. and Fox J., "Conscientiousness, Financial Literacy and Asset Accumulation of Young Adults", *Journal of Consumer Affairs*, Vol. 48, No. 2, May 2014.

表6-8描述了不同背景的家庭债务风险分布情况。结果显示，整体而言，母亲受教育程度越高，家庭债务风险越小。分单项指标来看，母亲受教育程度为本科及以上的家庭负债规模为2.55万元，房产贷款/房产市值为4.68%，多重负债为0.41笔，显著低于其他家庭组，而财务保证金（18.60万元）则高于其他家庭组。从家庭债务风险综合指标来看，母亲受教育程度为小学及以下家庭、初中家庭和高中家庭债务风险值分别为51.99、54.59和51.22，三者差异并不明显；而母亲受教育程度为大专/高职和本科及以上家庭债务风险值分别为39.38和36.28。可以看出，母亲受教育程度越低，家庭债务风险越高。

表6-8　　　　　不同背景的家庭债务风险分布情况

母亲受教育程度	X_1	X_2	X_3	X_4	X_5	X_6	X_7
小学及以下	5.57	7.43	76.76	37.46	32.67	67.36	91.31
初中	5.15	4.10	66.06	25.44	39.58	64.25	99.25
高中	3.35	8.40	53.34	24.30	21.03	49.69	76.74
大专/高职	4.15	5.89	32.03	20.17	26.07	51.92	82.36
本科及以上	2.55	4.57	48.37	22.28	28.80	49.35	78.35
	X_8	X_9	X_{10}	X_{11}	X_{12}	X_{13}	F
小学及以下	1.05	9.12	6.72	0.44	4.47	9.10	51.99
初中	1.14	7.37	7.09	0.47	3.71	11.83	54.59
高中	0.99	8.18	7.67	0.54	7.28	11.80	51.22
大专/高职	1.26	7.74	5.41	0.56	10.52	20.02	39.38
本科及以上	1.51	12.79	4.68	0.41	18.60	27.30	36.28

十一　家庭规模与家庭债务风险

家庭规模对债务风险有着重要影响，已有研究表明，人口数量越多，家庭将有更高的消费需求和教育需求，从而负债概率越高，[1] 家庭金融

---

[1] 陈斌开、李涛：《中国城镇居民家庭资产—负债现状与成因研究》，《经济研究》2011年第S1期。

脆弱性更为显现。① 本节使用 CHFS 问卷中家庭同灶吃饭人口数量表示家庭规模,按照家庭人口数对样本家庭进行分组。表 6-9 描述了不同规模的家庭债务风险分布情况。可以看出,整体而言,家庭人口数越多,家庭债务风险越高,与已有文献结论一致。

从单项指标来看,家庭人口数为 8 人及以上的家庭尽管家庭净收入(2.14 万元)和财务保证金(14.60 万元)更高,但当年应偿债务/流动性资产(123.13%)、当年应偿债务/总收入(42.36%)、总负债/金融资产(75.88%)、房产贷款/总收入(46.70%)和金融负债/金融资产(17.06%)同样更高。相对于其他人口数量家庭,家庭人口数为 8 人及以上家庭房贷压力和短期偿债压力均最高。从整体效应来看,家庭人口数为 8 人及以上家庭债务风险综合指标为 65.47,而独居家庭债务风险综合指标为 37.51,两者相差近 1 倍。人口数量越多,家庭债务风险越高,原因可能在于,家庭人口数量越多,家庭日常消费支出越多,借款动机可能更大,同时家庭负担的增加不利于家庭财富的积累,② 并且拖家带口的家庭更容易受到经济波动的不利影响,不利的外部冲击能够通过影响家庭偿债能力放大家庭债务风险。

表 6-9　　　　　　　不同规模的家庭债务风险分布情况

家庭人口数	X_1	X_2	X_3	X_4	X_5	X_6	X_7
1 人	2.10	6.21	40.50	9.00	8.47	46.88	82.09
2 人	2.37	5.51	30.81	8.28	15.49	55.07	80.11
3 人	4.56	7.53	45.46	30.44	28.71	54.32	74.00
4 人	4.24	6.14	47.71	33.04	20.02	69.60	109.70
5 人	5.63	4.02	51.00	17.62	29.44	67.44	106.48

---

① Lusardi A. and Tufano P., "Debt Literacy, Financial Experiences, and Over-Indebtedness", *Journal of Pension Economics & Finance*, Vol. 14, No. 4, October 2015.
② 李凤、罗建东、路晓蒙、邓博夫、甘犁:《中国家庭资产状况、变动趋势及其影响因素》,《管理世界》2016 年第 2 期。

续表

家庭人口数	X_1	X_2	X_3	X_4	X_5	X_6	X_7
6 人	6.52	7.59	75.31	10.96	24.05	40.54	63.21
7 人	3.97	7.10	99.24	28.92	61.03	75.54	91.89
8 人及以上	5.64	4.25	123.13	42.36	75.88	46.70	75.15
	X_8	X_9	X_{10}	X_{11}	X_{12}	X_{13}	F
1 人	0.46	6.75	2.06	0.15	3.04	16.38	37.51
2 人	0.80	4.74	5.09	0.24	7.41	5.46	32.06
3 人	1.00	7.61	7.79	0.31	5.18	10.01	49.61
4 人	1.07	8.32	6.75	0.60	8.24	22.75	42.85
5 人	1.21	5.19	5.69	0.68	5.18	10.92	49.70
6 人	1.74	9.58	6.46	0.57	12.39	18.20	53.99
7 人	0.92	13.98	4.62	0.89	9.15	28.21	59.40
8 人及以上	2.14	17.06	6.24	0.83	14.60	12.74	65.47

第二节 家庭债务风险的财富特征分布

家庭财富状况是决定家庭负债行为的重要因素，但其对家庭债务风险的影响存在不确定性。一方面，家庭财富水平越高，家庭用于维持基本生活开支、应对突发事件的借款需求就越小，家庭持有负债的概率也就越低；而另一方面，家庭财富水平越高，家庭借款能力越强，受金融排斥越小，借款成本也越低，家庭负债的概率反而会提高。为考察家庭财富水平对家庭债务风险分布的影响，本节从家庭收入和家庭财富等方面分析不同群体家庭债务风险分布特征。

一 收入状况与家庭债务风险

按照家庭人均收入状况，本节将样本家庭划分为五类：低收入阶层（20%分位点及以下）、中低收入阶层（21%至40%分位点）、中等收入阶层（41%至60%分位点）、中高收入阶层（61%至80%分位点）和高收入阶层（81%分位点及以上）。表6-10给出了家庭债务风险在不同收入阶层的分布情况。结果显示，随着家庭收入水平的提高，家庭负债规模呈明显的阶梯式递增变化，但家庭债务风险却表现出先降后升的U形分布。具体而言，低收入家庭和中低收入家庭负债规模分别为2.32万元和2.29万元，区间最低，而高收入家庭负债规模为10.52万元，明显高于其他收入阶层。从家庭债务风险综合指标来看，低收入家庭债务风险高达57.71，紧随其后的是高收入家庭（48.09），中等收入家庭最低，风险值仅为42.76。

表6-10　　　　是否创业和不同收入阶层的家庭债务风险分布

家庭特征	自主创业 是	自主创业 否	低收入	中低收入	中等收入	中高收入	高收入
X_1	6.14	4.23	2.32	2.29	2.77	3.91	10.52
X_2	5.22	6.38	8.87	4.49	3.34	4.26	9.54
X_3	72.52	54.77	47.98	60.65	51.28	54.66	69.42
X_4	33.08	26.14	42.68	24.02	13.84	20.12	29.68
X_5	32.03	29.81	45.17	38.46	23.69	21.82	20.61
X_6	75.40	55.87	84.65	70.66	60.27	38.53	37.25
X_7	114.84	83.46	123.66	102.67	86.75	69.98	52.13
X_8	1.52	1.10	0.73	0.92	1.10	1.39	1.60
X_9	12.50	8.14	10.58	8.11	8.44	7.15	8.57
X_{10}	6.17	6.48	5.74	4.06	5.52	8.13	8.48
X_{11}	0.72	0.46	0.25	0.32	0.47	0.65	0.75
X_{12}	3.39	8.21	1.47	6.79	7.51	11.32	11.64
X_{13}	30.94	12.75	12.73	11.82	12.74	11.85	22.75
F	63.96	45.80	57.71	45.53	42.76	43.43	48.09

低收入阶层为什么会有更高的家庭债务风险？原因可能在于：一方面，收入水平低可能导致家庭更难以应付非预期支出和承担家庭的生活

开支，也更容易受到失业等外部冲击的影响；另一方面，低收入家庭所享受到的普惠性金融服务往往更低，[1] 而且由于认知能力和金融素养较低，家庭在进行资产组合决策时往往无法进行优化配置。与低收入家庭不同，高收入家庭虽然债务规模更高，但整体债务风险却相对较低。一是高收入家庭倾向于借款进行投资，而投资收益会抵消部分债务风险；[2] 二是当高收入家庭陷入债务危机时，可以通过变卖部分或全部资产偿还债务，家庭债务风险水平也更低。此外，对比家庭净收入和财务保证金两项指标，可以看出，低收入家庭净收入和财务保证金分别为 0.73 万元和 1.47 万元，而高收入家庭则分别为 1.60 万元和 11.64 万元，两者相差数倍。这与孟德锋等（2019）的研究结论一致，[3] 即低收入家庭不一定是过度负债最多的群体，但却往往是金融脆弱性最严重的群体。

二 自主创业与家庭债务风险

除了收入阶层，表 6-10 还统计了家庭债务风险在是否从事自主创业家庭中的分布状况。结果表明，与非创业家庭相比，创业家庭尽管家庭净收入（1.52 万元）相对更高，但负债规模（6.14 万元）、当年应偿债务/流动性资产（72.52%）、当年应偿债务/总收入（33.08%）、总负债/金融资产（32.03%）、房产贷款/总收入（75.40%）、债务收入比（114.84%）、金融负债/金融资产（12.50%）、多重负债（0.72 笔）和风险债务比（30.94%）也更高，并且财务保证金（3.39 万元）更低，家庭债务风险综合指标前者为 45.80，后者为 63.96，即创业家庭债务风险远高于非创业家庭。因生产或经营需要，创业家庭有着更强的借款动机，且从事自主创业本身的投资风险会影响家庭资产和收入的稳定性（刘银等，2021），从而削弱家庭偿债能力，进而推高家庭债务风险。

---

[1] 尹志超、张栋浩：《普惠金融、家庭贫困及脆弱性》，《经济学（季刊）》2020 年第 1 期。
[2] 吴卫星、徐芊、白晓辉：《中国居民家庭负债决策的群体差异比较研究》，《财经研究》2013 年第 3 期。
[3] 孟德锋、严伟祥、刘志友：《金融素养与家庭金融脆弱性》，《上海金融》2019 年第 8 期。

三 房产持有状况与家庭债务风险

为了考察住房持有状况对家庭债务风险的影响，本节将样本家庭按拥有房产数量划分为三类：不拥有住房、拥有仅一套住房和拥有多套住房（2套及以上）。表6-11统计了持有不同数量房产家庭债务风险的分布情况。结果表明，与不拥有住房和拥有仅一套住房家庭相比，拥有多套住房家庭持有更多的财务保证金（10.79万元）和家庭净收入（2.35万元），但家庭整体债务风险却更高，前者分别为42.95和44.80，后者为63.52，主要体现在拥有多套住房家庭负债规模（6.20万元）、资产负债率（11.13%）、房产贷款/总收入（101.41%）、债务收入比（107.79%）、金融负债/金融资产（14.15%）、多重负债（1.22笔）和风险债务比（29.12%），远高于不拥有住房和拥有仅一套住房家庭。这说明拥有多套住房导致家庭房贷压力加大，资产流动性变弱，违约风险增高。整体来看，随着家庭住房数量的增加，家庭整体债务风险逐步递增。

表6-11　持有不同数量住房的家庭债务风险的分布情况

	X_1	X_2	X_3	X_4	X_5	X_6	X_7
不拥有住房	1.81	6.98	68.47	47.66	28.53	0	91.72
仅一套住房	4.39	5.01	55.85	26.84	33.77	55.86	81.39
多套住房	6.20	11.13	53.58	14.90	14.96	101.41	107.79

	X_8	X_9	X_{10}	X_{11}	X_{12}	X_{13}	F
不拥有住房	0.41	9.58	0	0.46	4.00	7.28	42.95
仅一套住房	0.97	7.20	7.19	0.32	7.46	11.83	44.80
多套住房	2.35	14.15	7.04	1.22	10.79	29.12	63.52

根据CHFS调查数据，本节进一步统计持有一套住房、两套住房和

两套以上住房家庭总资产中房产占比情况。结果显示，一套住房家庭房产占家庭总资产的比重高达71.70%，而两套住房和两套以上住房家庭房产占比分别为64.42%和51.80%。这从侧面反映了一套住房家庭购买房产往往是刚需，而多套房家庭资产配置更趋多元化，其购房行为存在明显的投机动机。家庭购买多套房产往往出于投资的目的，更加倾向于以更低的首付和更高的银行按揭，借助购房贷款的杠杆效应，以期实现家庭财富的快速积累，[1] 但同时家庭往往也承担着更大的偿债风险。

四 拥有汽车与家庭债务风险

随着居民生活水平的不断提高，家庭消费需求由生存型逐渐转向享受型，以汽车为代表的耐用品消费需求迅速增加。CHFS（2017）调查数据显示，我国城镇家庭拥有汽车的平均比例高达28.89%，占家庭总资产比重达到10%左右，汽车已经成为我国家庭资产的重要组成部分。为考察拥有汽车是否影响家庭债务风险，表6-12统计了是否拥有汽车家庭债务风险的分布情况。结果表明，拥有汽车家庭负债规模、资产负债率、债务收入比、家庭净收入和多重负债略高于不拥有汽车家庭，而当年应偿债务/流动性资产、当年应偿债务/总收入、金融负债/金融资产和风险债务比显著高于不拥有汽车家庭，财务保证金显著低于不拥有汽车家庭，前者分别为76.38%、49.34%、10.53%、19.11%和4.14万元，后者分别为49.08%、18.18%、7.88%、12.74%和9.06万元，表明拥有汽车的家庭短期债务压力更大、家庭资金流动性更差，短期债务的偿债能力更差。从整体效应来看，拥有汽车家庭债务风险综合指标F值为53.88，明显高于不拥有汽车家庭（45.44）。家用汽车具有炫耀品属性，可以彰显自身的收入水平和社会地位，[2] 但是购买汽车属于大额消费性

---

[1] 吴卫星、徐芊、白晓辉：《中国居民家庭负债决策的群体差异比较研究》，《财经研究》2013年第3期。

[2] 任国英、汪津、李锐：《地位寻求与城镇家庭购买耐用消费品借贷行为的研究》，《中央财经大学学报》2020年第7期。

支出，并且一部分购车家庭的车贷偿还压力约束了家庭资产流动性，推高了家庭债务风险。

表 6-12　　　　　　　　是否拥有汽车与家庭债务风险分布

		X_1	X_2	X_3	X_4	X_5	X_6	X_7
是否拥有汽车	是	4.78	7.30	76.38	49.34	30.45	56.77	92.06
	否	4.31	5.84	49.08	18.18	29.90	58.50	84.91
		X_8	X_9	X_{10}	X_{11}	X_{12}	X_{13}	F
是否拥有汽车	是	1.44	10.53	5.94	0.57	4.14	19.11	53.88
	否	1.04	7.88	6.65	0.46	9.06	12.74	45.44

第三节　家庭债务风险的行为惯习特征分布

一　支付方式与家庭债务风险

在过去短短的十几年里，借助于互联网通信的技术创新与移动终端设备的推广和普及，我国电子支付特别是移动支付经历了快速发展，"去现金化"和"无现金社会"成为当前金融支付领域的热点问题。来自益普索的数据显示，2018年以来中国的移动支付规模保持持续增长态势，居民消费支出总额中电子支付（包括移动支付和互联网支付）整体占比超过54%，其中，移动支付占比41%左右，而同期银行卡/信用卡支付和现金支付占比分别下滑至27%和19%。[1]另据易观发布的《移动支付行业数字化进程报告》显示，2019年全球移动支付活跃用户规模达到7.4亿，同比增长19.35%，在支付宝和腾讯金融（微信）引领下的整个移动支付C端用户市场，2019年全年市场交易规模高达204.87万亿元，同比增长超过20%，其中，支付宝占比54.61%，腾讯金融（微

---

[1] 数据来源：https://www.qianzhan.com/analyst/detail/220/190220-35dbec6d.html。

信）占比38.98%。① 尤其是，受新冠肺炎疫情影响，在我国居民整体消费增速明显放缓的情况下，移动支付市场表现依然强劲，甚至呈现加速上升态势。数据显示，全国各类商业银行2020年第一季度共处理移动支付业务225.03亿笔，累计实现交易金额90.81万亿元，笔数和金额均创历史新高。② 现代移动终端设备的普及和移动互联网技术的发展，使得以支付宝和WeChat为主要媒介的移动支付迅速取代传统的现金和银行卡支付，成为金融支付领域的中坚力量（尹志超等，2019）。③

为考察支付方式差异对家庭债务风险分布的影响，本节按家庭是否使用移动支付将样本家庭划分为两组。表6–13汇报了使用不同支付方式的家庭债务风险的分布情况。数据显示，与不使用移动支付家庭相比，使用移动支付家庭债务风险更高，前者为46.91，后者为49.46，与已有文献结论相一致。从单项指标来看，使用移动支付家庭负债规模5.07万元、当年应偿债务/流动性资产65.12%、债务收入比91.00%、金融负债/金融资产10.51%、多重负债0.71笔和风险债务比18.20%，均显著高于不使用移动支付家庭，而家庭净收入显著低于不使用移动支付家庭。目前尚未有文献给出移动支付的使用是否加剧家庭债务风险的直接证据，但从国内外学者有限的理论和经验分析推断，移动支付主要可以通过两种机制对家庭债务风险产生影响。一种是移动支付能够通过便利支付激励居民的消费需求从而增加家庭消费性支出，进而放大家庭债务杠杆和加剧家庭潜在债务风险。④ 另一种机制是移动支付有助于拓宽使用者的外部融资渠道，能够通过缓解家庭流动性约束直接影响家庭债务杠杆，增加家庭过度负债的可能性。⑤

---

① 数据来源：https://qianfan.analysys.cn/refine/view/analyseDetail/analyseDetail.html? id = 111。
② 数据来源：中国人民银行发布的《2020年第一季度支付体系运行总体情况》。
③ 尹志超、公雪、潘北啸：《移动支付对家庭货币需求的影响——来自中国家庭金融调查的微观证据》，《金融研究》2019年第10期。
④ Chen L., "From Fintech to Finlife: The Case of Fintech Development in China", *China Economic Journal*, Vol. 9, No. 3, September 2016.
⑤ 何婧、李庆海：《数字金融使用与农户创业行为》，《中国农村经济》2019年第1期。

表6-13　　　　　　不同支付方式的家庭债务风险的分布情况

		X_1	X_2	X_3	X_4	X_5	X_6	X_7
是否使用移动支付	是	5.07	6.58	65.12	22.54	29.72	52.08	91.00
	否	4.10	6.07	52.20	29.24	30.23	61.22	84.71
		X_8	X_9	X_{10}	X_{11}	X_{12}	X_{13}	F
是否使用移动支付	是	0.75	10.51	6.86	0.71	7.30	18.20	49.46
	否	1.37	7.60	623	0.37	7.88	12.74	46.91

二 消费模式与家庭债务风险

本节按照家庭总支出与家庭总收入的比值是否大于1将家庭的消费模式分为两类：量入为出家庭和过度消费家庭。当家庭总支出与家庭总收入的比值小于或等于1时，认为家庭的消费模式符合中国传统文化所倡导的"量入为出"，反之，则认为"过度消费"。表6-14统计了不同消费模式的家庭债务风险的分布情况。结果表明，与过度消费家庭相比，遵循量入为出消费模式的家庭债务风险水平更低，前者为55.02，后者为46.42，两者相差悬殊。首先，量入为出家庭负债规模略小于过度消费家庭，而家庭净收入和财务保证金则显著大于过度消费家庭，前者分别为4.18万元、1.22万元和8.48万元，后者分别为5.78万元、0.77万元和3.50万元。其次，量入为出家庭资产负债率5.74%、当年应偿债务/总收入24.96%、总负债/金融资产28.38%、风险债务比12.74%，均显著低于过度消费家庭，表明遵循量入为出消费习惯家庭的债务水平更低，负债程度更小，家庭的消费理念更为理性，而过度消费家庭的债务负担更重，偿债压力尤其是短期债务偿债压力更大，且家庭资产流动性更弱。

表6-14　　　　　　不同消费模式的家庭债务风险分布情况

		X_1	X_2	X_3	X_4	X_5	X_6	X_7
是否量入为出	是	4.18	5.74	57.66	24.96	28.38	59.12	85.80
	否	5.78	8.92	51.83	37.08	38.79	52.24	92.75
		X_8	X_9	X_{10}	X_{11}	X_{12}	X_{13}	F
是否量入为出	是	1.22	8.49	6.49	0.48	8.48	12.74	46.42
	否	0.77	9.30	6.25	0.54	3.50	22.75	55.02

三　风险态度与家庭债务风险

根据CHFS问卷中对受访者风险态度的设计，本节将样本家庭分为三组：风险偏好、风险中性和风险厌恶。表6-15汇报了不同风险态度的家庭债务风险的分布情况。结果表明，与风险中性和风险厌恶家庭相比，风险偏好家庭债务风险更高，前者分别为48.31和45.37，后者为54.13，符合直观预期。从单项指标看，风险偏好家庭债务风险高主要表现在其持有更高的负债规模、资产负债率、房产贷款/总收入、房产贷款/房产市值、多重负债和风险债务比，意味着风险偏好家庭偿债压力尤其是住房贷款压力更大，且风险债务占比更高。进一步地，本节统计了CHFS问卷中不同风险态度家庭风险资产参与率、规模和配置比例，如表6-16所示。数据显示，与风险中性和风险厌恶家庭相比，风险偏好家庭的风险资产参与率、持有规模和配置比例明显更高，前者分别为32.58%、3.91万元、18.00%和28.19%、3.53万元、15.00%，而后者分别为51.03%、6.67万元、27.00%。这表明风险偏好家庭更倾向于参与风险金融市场，且在家庭资产配置时偏好投入更大规模资金，从而加剧了家庭资产和收入的波动性，导致家庭偿债能力下降，家庭债务风险放大。

表6-15　　　　　不同风险态度的家庭债务风险的分布情况

		X_1	X_2	X_3	X_4	X_5	X_6	X_7
风险态度	风险偏好	5.10	7.36	52.26	15.70	23.10	67.95	97.72
	风险中性	4.57	5.74	58.98	20.02	29.83	64.16	92.25
	风险厌恶	4.13	6.25	56.57	35.48	32.47	50.39	79.57
		X_8	X_9	X_{10}	X_{11}	X_{12}	X_{13}	F
风险态度	风险偏好	1.96	7.08	7.73	0.69	9.35	17.29	54.13
	风险中性	1.04	7.82	6.44	0.54	6.08	14.56	48.31
	风险厌恶	0.96	9.69	6.04	0.39	8.28	13.65	45.37

表6-16　　　　　不同风险态度的家庭风险资产参与率、
持有规模和配置比例

	风险偏好			风险中性			风险厌恶		
	参与率（%）	规模（万元）	配置占比（%）	参与率（%）	规模（万元）	配置占比（%）	参与率（%）	规模（万元）	配置占比（%）
无风险金融资产	93.54	8.57	73.00	93.20	6.38	82.00	92.69	5.89	85.00
银行定期存款	20.00	2.95	10.00	21.00	2.70	14.00	19.57	2.45	13.00
银行活期存款	70.84	4.60	37.00	62.85	3.01	36.00	62.48	2.77	36.00
现金	89.41	1.02	26.00	90.00	0.67	33.00	88.94	0.67	36.00
风险金融资产	51.03	6.67	27.00	32.58	3.91	18.00	28.19	3.53	15.00
股票	22.83	2.33	7.00	11.66	0.74	3.00	9.97	0.76	3.00
基金	8.16	0.48	2.00	4.01	0.35	1.00	3.68	0.32	1.00
理财产品	0.73	2.02	7.00	14.63	1.33	5.00	10.98	1.23	4.00
其他风险资产	40.62	1.84	11.00	24.18	1.49	9.00	18.98	1.22	8.00

四　借贷渠道与家庭债务风险

家庭借贷按资金来源可分为两类：正规借贷和非正规借贷。正规借贷指家庭从银行或非银行正规金融机构获得的借款，而非正规借贷则指家庭从亲友或民间金融机构等获得的借款。正规借贷一般需要严格的申请审批，按期支付利息，而非正规借贷期限灵活，形式多样，大部分无须利息，但一旦收取利息，利息都非常高。[①] 本节按照负债家庭借贷渠道的不同，将样本家庭划分为三组：仅从正规渠道借贷家庭、仅从非正规渠道借贷家庭和同时从正规渠道和非正规渠道借贷家庭（下文简称正规借贷、非正规借贷和混合借贷）。

家庭借款渠道的不同是否影响家庭债务风险？表6-17给出了有负债家庭从不同渠道借款的家庭债务风险分布情况。结果表明，混合借贷家庭债务风险最高，其次是非正规借贷家庭，最后是正规借贷家庭，家庭债务风险综合指标分别为81.18、74.34和61.62，三者差距悬殊。首先，与正规借贷家庭和非正规借贷家庭相比，混合借贷家庭负债规模相对更大，而家庭净收入和财务保证金则相对更小，表明同时从正规和非正规渠道借贷家庭债务负担更重，资产流动性更差，而债务偿还能力却更弱，违约风险更高。其次，混合借贷家庭资产负债率10.89%、当年应偿债务/流动性资产74.68%、总负债/金融资产61.07%、房产贷款/总收入76.23%、多重负债2.34笔、风险债务比26.39%，均显著高于正规借贷家庭和非正规借贷家庭。可以推断，混合借贷家庭过低的金融资产、过高的房贷压力、多头共债及由此产生的透支效应推高了家庭整体债务风险。

表6-17　　　　从不同渠道借款的家庭债务风险分布情况

	X_1	X_2	X_3	X_4	X_5	X_6	X_7
仅正规借贷	14.64	9.49	65.11	47.78	49.21	75.36	134.29
仅非正规借贷	7.88	8.20	69.79	51.38	47.59	51.84	76.29
混合借贷	16.59	10.89	74.68	41.60	61.07	76.23	112.73

---

① 甘犁、尹志超、贾男、徐舒、马双：《中国家庭资产状况及住房需求分析》，《金融研究》2013年第4期。

续表

	X_8	X_9	X_{10}	X_{11}	X_{12}	X_{13}	F
仅正规借贷	2.23	13.76	5.41	1.98	13.44	16.38	61.62
仅非正规借贷	0.88	18.64	7.80	1.44	8.41	20.93	74.34
混合借贷	0.92	16.68	7.31	2.34	7.32	26.39	81.18

第四节 本章小结

借助翔实的微观调查数据，沿循文献中通行的衡量家庭债务风险指标，选取涵盖举债风险、偿债风险和违约风险三个层面的13个细分变量，利用主成分分析法（PCA）构造个体层面综合多维的债务风险指数，在此基础上，对我国城市家庭债务风险进行分解，包括人口学特征分布、财富特征分布和行为惯习特征分布。结果表明，户主更低的职业声望、男性、非党员、未婚、更低年龄、更差健康状况及更多家庭人口数量的家庭，其债务风险明显更高；受教育程度导致家庭债务风险的差别不大，但家庭背景的影响则不同，母亲受教育程度越低，家庭债务风险越高；过高或过低的金融素养都会加剧家庭债务风险；与有老无小和无老无小家庭相比，有老有小和无老有小家庭债务风险明显更高。财富特征方面，从事自主创业、持有房产或持有多套房产、拥有汽车都会导致家庭债务风险增高，而家庭收入对家庭债务风险的影响则呈先减后增的U形分布。行为惯习特征方面，居民的移动支付行为显著放大了家庭债务风险；较之于量入为出和风险厌恶家庭，过度消费和风险偏好家庭债务风险明显更高；从借贷渠道来看，混合借贷家庭债务风险最高，非正规借贷家庭次之，正规借贷家庭最低。

第七章 中国城市家庭债务风险的影响因素分析

第一节 概述

过去数年，无论是从债务规模还是负债比例来看，我国家庭部门的杠杆程度持续攀升。2020年我国家庭部门债务总额占当年GDP的比值达到62.2%，与2007年的19.1%相比，家庭部门债务的绝对值和比值分别增长了11.8倍和43.1%；受房地产市场及金融信贷政策影响，家庭债务占可支配收入的比例也从2012年的70.1%上升到2020年的140.2%，从变动趋势来看，我国家庭债务负担已经逼近家庭可承受能力的极限。[1] 并且，由于数据的限制和技术上的困难，一部分非正规渠道的民间借贷未统计在列，真实的负债家庭数量和负债规模可能远高于官方统计结果。更为关键的是，居民债务负担分化严重，其负债程度在不同地区和群体之间是非均匀分布的，这种不均衡性使得局部金融风险问题变得日趋严重。城市年轻人尤其是中低收入群体偿债压力过高，导致家庭资金流动性收紧和财务脆弱性加剧，一旦遭遇房价、利率和失业等不确定性外部冲击，可能进一步加剧市场潜在风险，进而危及金融安全和宏观经济运行的稳定性，造成一系列恶性的连锁反应。

家庭负债作为家庭平滑消费和收入波动的主要手段，在家庭跨期的消费中处于举足轻重的地位，[2] 人们能够凭借其对家庭资产结构的优化实

---

[1] 柴时军：《集体主义视角下的家庭债务杠杆研究》，《现代经济探讨》2021年第8期。
[2] 何丽芬、吴卫星、徐芊：《中国家庭负债状况、结构及其影响因素分析》，《华中师范大学学报》（人文社会科学版）2012年第1期。

现生命周期内效用的最大化。但是越来越多的家庭参与到金融借贷活动中，家庭债务累积导致的家庭债务风险问题逐渐显现，特别是低收入家庭的偿债风险持续上涨，使得家庭的债务负担过重，家庭过度负债引起的"孩奴"、"房奴"和"车奴"等现象逐渐引起社会广泛关注。过高的居民杠杆率同时也蕴含着潜在的家庭债务风险，近年来我国居民消费增速低于收入增速，而负债增速高于收入增速（张冀等，2020），[①] 这明显推高了家庭在未来陷入金融脆弱性的可能性。当前我国正处于经济新常态和社会体制转型的关键时期，研究家庭债务风险及其影响因素具有重要的理论价值和现实意义。在微观层面，其不仅可以透视我国居民群体债务风险及其生存状况，还有助于家庭加强不确定性外部冲击的风险意识，优化家庭资产配置并提升其风险应对能力。在宏观层面，能够为党中央提出的"打赢重大风险攻坚战"提供理论依据，有助于决策者更加精准地评价宏观政策的实施效果，通过风险控制和征信分类的强化和管理，促进居民个体征信档案的建立和完善，实现家庭债务杠杆的有效监管与防控。

本章贡献在于：第一，借助翔实的微观调查数据（CHFS2013—2017），使用家庭债务风险不同测量指标和工具变量两阶段估计，明确了家庭债务风险的决定因素，并实证区分了各因素对不同特征群体（城乡、地区、受教育程度和收入阶层）家庭债务风险影响的异质性。第二，根据文献中给出的可能影响家庭债务风险的理论预期，本章所用到的解释变量除了人口学特征、家庭财富特征等传统因素外，还重点关注了普惠金融发展、集体主义文化、移动支付行为和人口年龄结构四个新的变量，为我国当前居民家庭的负债行为及其债务风险问题提供了新的经济学解释。第三，尝试以信贷支持、家庭消费性支出、风险应对能力、减贫增收、风险偏好和生活态度等中介变量为切入点，探讨普惠金融发展、集体主义文化和移动支付行为影响家庭债务风险的传导机制，相应的结论为我国进一步构建和完善金融风险特别是微观家庭财务风险的监

---

① 张冀、孙亚杰、张建龙：《我国家庭负债存在过度风险吗？——基于负债结构下的消费视角》，《河北经贸大学学报》2020年第5期。

第七章　中国城市家庭债务风险的影响因素分析

管及防范机制提供了重要的政策启示。

第二节　理论机制分析

一　普惠金融发展对家庭债务风险的影响机制

普惠金融又称包容性金融，泛指通过政策引导扶持，以可负担的成本为社会各阶层和群体，特别是经济落后地区家庭和社会低收入者提供有效的、便捷的普惠性金融服务的新型金融体系。[1] 无论是在国际上还是在中国国内，近年来普惠金融的思想、理论和实践运行都取得了长足发展：从最初重点关注金融基础设施和银行物理网点的建设，到广泛覆盖信贷、支付、征信、理财、保险和投资等多业务的综合性金融服务。在实践层面，与传统金融的排他性相比，普惠金融凭借金融产品的创新和信息化技术的推广与普及，在降低金融服务成本与客户准入门槛的同时，也极大地拓展了金融业务的覆盖范围，服务对象逐步深入，平民化趋势更加显现，体现出普惠金融的应有之义。已有研究发现，普惠金融能够显著提升家庭风险应对能力[2]、缓解居民流动性约束[3]、减少多维贫困的发生概率[4]、促进非农就业与创业[5]、缩小城乡收入差距[6]及推动经济包容性增长[7]，已然成为当前我国经济发展的重要原动力和增长点。

---

[1] Claessens S., "Access to Financial Services: A Review of the Issues and Public Policy Objectives", *The World Bank Research Observer*, Vol. 21, No. 2, August 2006.

[2] Urrea M. and Maldonado J., "Vulnerability and Risk Management: The Importance of Financial Inclusion for Beneficiaries of Conditional Transfers in Colombia", *Canadian Journal of Development Studies*, Vol. 32, No. 4, March 2012.

[3] 易行健、周利：《数字普惠金融发展是否显著影响了居民消费？——来自中国家庭的微观证据》，《金融研究》2018 年第 11 期。

[4] 尹志超、张栋浩：《普惠金融、家庭贫困及脆弱性》，《经济学（季刊）》2020 年第 1 期。

[5] Bruhn M. and Love I., "The Real Impact of Improved Access to Finance: Evidence from Mexico", *The Journal of Finance*, Vol. 69, No. 3, June 2014.

[6] 周利、冯大威、易行健：《数字普惠金融与城乡收入差距："数字红利"还是"数字鸿沟"》，《经济学家》2020 年第 5 期。

[7] 张勋、万广华、张佳佳、何宗樾：《数字经济、普惠金融与包容性增长》，《经济研究》2019 年第 8 期。

普惠金融能否显著影响居民家庭的债务风险是本章的核心议题之一。目前尚没有文献给出普惠金融作用家庭债务风险的直接证据，相关研究主要讨论了普惠金融与信贷支持、风险分担和减贫增收等的内在关联。就理论推测而言，普惠金融大体可以通过两种机制影响家庭债务风险。一种是普惠金融通过提供适当且有效的避险工具，提升家庭风险应对能力，从而对缓解家庭债务风险产生直接影响。Choudhury（2014）着重研究了孟加拉国因风险和市场冲击导致的贫困问题，他构建了家庭脆弱性与金融排斥之间的理论框架，强调获得普惠性的金融服务是解决与风险相关的贫困脆弱性的重要机制。[1] Urrea 和 Maldonado（2012）运用哥伦比亚家户调查数据，从保险、信贷和储蓄等多种金融服务出发，证实普惠金融有助于抑制家庭在面临特殊收入冲击中的贫困及脆弱性。[2] 另一种机制是普惠金融有助于推动家庭人力与物质资本的积累，通过促进非农就业与创业及减贫增收间接影响家庭债务风险。郑秀峰和朱一鸣（2019）利用中国县域数据，从宏观的角度验证了普惠金融能够通过经济机会提升和金融可及性提高等途径促进居民减贫增收，并且这一增收效应对于贫困县影响更为深远。[3] 尹志超和张栋浩（2020）通过构建微观家庭层面的普惠金融指数，发现普惠金融可以激励家庭从事自主创业，同时降低家庭退出经营的发生概率，而从事创业且持续经营可以显著抑制家庭债务风险。[4] 文献还发现，普惠金融尤其是数字普惠金融能够借助信息化服务平台，提供更便捷的收付服务、推送及时的商业信息以及进行跨时间和空间的金融资源配置，[5] 有助于促进家庭生产性活动并提

---

[1] Choudhury M., "Poverty, Vulnerability and Financial Inclusion: The Context of Bangladesh", *Journal of Politics and Administration*, Vol. 2, No. 1, January 2014.

[2] Urrea M. and Maldonado J., "Vulnerability and Risk Management: The Importance of Financial Inclusion for Beneficiaries of Conditional Transfers in Colombia", *Canadian Journal of Development Studies*, Vol. 32, No. 4, March 2012.

[3] 郑秀峰、朱一鸣：《普惠金融、经济机会与减贫增收》，《世界经济文汇》2019 年第 1 期。

[4] 尹志超、张栋浩：《普惠金融、家庭贫困及脆弱性》，《经济学（季刊）》2020 年第 1 期。

[5] Popov A., "Credit Constraints and Investment in Human Capital: Training Evidence from Transition Economies", *Journal of Financial Intermediation*, Vol. 23, No. 1, January 2014.

升其产出效益,[1] 增强其内生发展动力,进而降低家庭债务风险。

二 集体主义文化对家庭债务风险的影响机制

一些学者尝试从文化属性的视角来解释家庭负债行为,分别从宗教信仰[2]、儒家文化[3]、社会信任[4]等多个角度分析文化差异如何影响家庭借款。而作为文化本质的一个重要维度,我国传统文化中鲜明的集体主义观念也可能显著影响家庭债务风险。然而,由于数据的限制和技术上的困难,以及集体主义测度指标上的争论,[5] 沿循这一路线的研究还非常有限。集体主义对家庭债务风险的影响渠道仍处于黑箱状态,目前还没有研究对此进行深入的实证探讨,尤其是个体层面的经验证据。

集体主义作为衡量国家或地区文化差异的一个重要维度,在伦理上可表征为人们对于自己所处的、熟悉的或者有亲密关系的组织或群体——内群体持有的一种乐观信念和积极性预期。与集体主义相对的是个人主义,前者强调对集体的关注,表现为集体意识、集体认同感和荣誉感、集体身份和情感依存;而后者则更多地强调个体的独立性而轻视其群体性,体现为对自我认同、个体独立、自由人格和个人利益等方面的注重。[6] 集体主义/个人主义是源自社会学的概念,反映的是地域性群体的行为特征及其价值取向,但其引致的观念冲突和社会影响同样也适

---

[1] Bruhn M. and Love I., "The Real Impact of Improved Access to Finance: Evidence from Mexico", *The Journal of Finance*, Vol. 69, No. 3, June 2014.

[2] 潘黎、钟春平:《去教堂祷告还是去银行借款?——宗教与金融行为内在关联的微观经验证据》,《经济学(季刊)》2015年第1期。

[3] 叶德珠、连玉君、黄有光:《消费文化、认知偏差与消费行为偏差》,《经济研究》2012年第2期。

[4] 柴时军、叶德珠:《信任偏差、市场化与居民借贷渠道选择》,《财贸研究》2019年第12期。

[5] 李涛、方明、伏霖、金星晔:《客观相对收入与主观经济地位:基于集体主义视角的经验证据》,《经济研究》2019年第12期。

[6] Oyserman D., Coon H. M. and Kemmelmeier M., "Rethinking Individualism and Collectivism: Evaluation of Theoretical Assumptions and Meta-Analyses", *Psychological Bulletin*, Vol. 128, No. 1, January 2002; Gorodnichenko Y. and Roland G., "Which Dimensions of Culture Matter for Long-Run Growth?", *American Economic Review*, Vol. 101, No. 3, May 2011.

用于微观层面,[1] 并被广泛应用于经济学、心理学和政治学等跨文化研究中,如研究其对社会关系、官员腐败、社会地位、消费以及就业等的影响。[2]

就理论推测而言,集体主义大体可以通过社会网络、风险偏好和生活态度三种机制对家庭债务杠杆产生作用。首先,集体主义能够通过拓宽人们的社会网络资源,并在组织或圈层内提供更为便捷的融资渠道,增强家庭获得借款的可能性,继而放大家庭债务风险。Greif（1994）通过对比个人主义盛行的热那亚商人和奉行集体主义的犹太商人的组织形态,发现文化观念的不同是导致人们社会网络强弱程度存在差异的重要原因,前者个体之间的联系是松散的,而后者联系较为紧密,对以亲缘、血缘和地缘关系为纽带的族群（集体）也更为依赖。[3] 集体组织具有重要的社会网络功能,集体主义熏陶下的个体成员之间可能由于宗族活动而形成相对稳定的关系,彼此间的信任度也明显更强。而社会网络被普遍认为是导致家庭借贷发生的重要因素,尤其对于非正规渠道的借贷活动而言,社会网络可以为借贷双方提供信息传递、信任以及信用担保,从而提高家庭获取借款的可得性。在金融交易中,社会网络具有类似抵押物的功能,[4] 民间借贷的契约执行往往也依赖于乡亲邻里内部的约束与惩罚机制。因此,处于同一集体内部的成员往往是基于氏族宗亲关系建立联系,拥有更为丰富且紧密的社交资源,能够凭借名望、口碑、家族声誉、社会评价及其衍生的融资渠道轻松获得借贷资金,在面临流动性约束时较少受到金融排斥,从而可能激励家庭借款行为并导致更高的

---

[1] Triandis H. C., "Converging Measurement of Horizontal and Vertical Individualism and Collectivism", *Journal of Personality and Social Psychology*, Vol. 74, No. 1, January 1998.

[2] Tanaka T., Camerer C. F. and Nguyen Q., "Risk and Time Preferences: Linking Experimental and Household Survey Date from Vietnam", *The American Economic Review*, Vol. 100, No. 1, March 2010；田子方：《集体主义与居民家庭消费——来自中国的经验发现》,《金融研究》2020年第5期。

[3] Greif A., "Cultural Beliefs and the Organization of Society", *Journal of Political Economy*, Vol. 102, No. 5, October 1994.

[4] Chai S., Chen Y., Huang B. and Ye D., "Social Networks and Informal Financial Inclusion in China", *Asia Pacific Journal of Management*, Vol. 36, No. 2, July 2019.

第七章 中国城市家庭债务风险的影响因素分析

杠杆率。

其次,集体主义通过氏族内部的风险分担机制,能够提高个体的风险容忍度并降低其不确定性规避倾向,进而推高家庭债务风险。集体主义推高家庭杠杆率的另一重要渠道是它可以显著影响人们的风险态度。针对集体主义文化与风险态度,国外学者利用不同国别的数据积累了一系列的经验事实。有研究表明,建立在亲友关系基础上的内群体具有风险分摊的功能,其典型规模和密度是决定集体内部成员风险感知和建构行为模式的重要机制。Bontempo 等(1997)通过中国台湾、中国香港、荷兰、美国的证券分析师和学生对证券投资的风险认知差异的比较,发现文化背景是影响人们风险认知差异的一个重要因素。[1] Weber 和 Hsee (1999)认为集体组织扮演了"软垫"的角色,在崇尚集体主义的社会中,人们在进行金融决策时会考虑一旦遭受财富损失,集体中其他成员可能会向他提供帮助,缓冲非预期损失。[2] Tanaka 等(2010)在越南的实地实验中也发现,生活在北方集体农场的人们由于社会"安全网"体系的存在,补损的预期降低了其风险厌恶,而个人主义盛行下的南方人则表现出更强的不确定性规避。[3] 根据预防性储蓄理论,[4] 家庭储蓄本质上是一种"缓冲—存货"储蓄,即通过持有当期部分财富存量来缓冲将来的不时之需,以期实现整个生命周期内消费的效用最大化。家庭所处的集体组织本身就是一种隐形的财富存量,以宗族关系为载体的内群体之间的风险分担类似于社会保险,在一定程度上降低了居民的预防性储蓄,激励家庭当期消费动机,表现为透支消费和增加借款,进而放大家

---

[1] Bontempo R. N., Bottom W. P. and Weber E. U., "Cross Cultural Differences in Risk Perception: A Model Based Approach", *Risk Analysis*, Vol. 17, No. 4, August 1997.

[2] Weber E. U. and Hsee C. K., "Models and Mosaics: Investigating Cross-Cultural Differences in Risk Perception and Risk Preference", *Psychonomic Bulletin and Review*, Vol. 6, No. 4, December 1999.

[3] Tanaka T., Camerer C. F. and Nguyen Q., "Risk and Time Preferences: Linking Experimental and Household Survey Date from Vietnam", *The American Economic Review*, Vol. 100, No. 1, March 2010.

[4] Carroll C. D., "Buffer-Stock Saving and The Life Cycle/Permanent Income Hypothesis", *Quarterly Journal of Economics*, Vol. 112, No. 1, February 1997.

庭债务风险。

最后，集体主义导致了人们更加自律和节俭的生活态度，有助于降低家庭的债务风险。Acemoglu（2009）通过建立理论模型推演了文化观念影响人们借款行为的内在途径，而其中一个重要的途径就是文化差异影响人们的生活态度：自律和节俭，继而影响人们倾向量入为出、增加储蓄还是透支消费、增加借款。[①] Renneboog 和 Spaenjers（2012）关于节俭和自律的研究为生活态度影响家庭借贷提供了更为直接的经验证据，他们发现节俭和自律性越强的人生活越有计划性，也更有耐性，偏好传统的生活方式，在大多情况下提倡勤勉、储蓄和积累财富等"好"的生活态度，而不提倡贫困、懒惰和举债。[②] 从 Acemoglu（2009）的观点出发，集体主义传统文化的长期熏陶可能使得居民家庭更加自律、更为节俭，生活循规蹈矩，不轻易借款消费；而在崇尚个人主义的社会中，人们往往将改善当前生活和提高生活质量作为首要目标，倾向于过度自信而缺乏自我约束能力，表现为及时行乐和透支消费，从而增加借款概率，即前者推崇"抑我"而后者推崇"扬我"。因此，集体主义可能通过影响人们更为自律、节俭的生活态度，抑制家庭借款动机，从而降低家庭债务风险。

基于以上分析，可以看出，集体主义对家庭债务杠杆的影响存在不确定性。一方面，集体主义信念（观念、氛围）更强，可能意味着拥有更为紧密的社会网络资源和更高的风险容忍度，使人们更加倾向借款，同时组织或圈层内更为便捷的融资渠道也可能进一步放大家庭债务杠杆。而另一方面，集体主义信念更强，可能意味着更加自律和节俭的生活态度，表现为更加内敛谦虚和自我约束，不会过度消费，进而抑制家庭的借款行为。对此，后文将重点关注和解决三个方面的问题：（1）集体主

[①] Acemoglu D., *Introduction to Modern Economic Growth*, Princeton: Princeton University Press, 2009, pp. 155–156.

[②] Renneboog I. and Spaenjers C., "Religion, Economic Attitudes, and Household Finance", *Oxford Economic Papers*, Vol. 64, No. 1, January 2012.

义是否会对家庭债务风险产生显著影响？（2）集体主义推动家庭债务风险背后的内在传导机制是什么？（3）面对数字普惠金融迅猛发展的外生冲击，集体主义传统文化在人们经济事务中所扮演的角色如何演进？

三 移动支付对家庭债务风险的影响机制

在过去短短的十几年里，借助互联网通信的技术创新与移动终端设备的推广和普及，我国电子支付特别是移动支付经历了快速发展，"去现金化"和"无现金社会"成为当前金融支付领域的热点问题。依托于大数据和互联网等技术发展起来的移动支付在通过便利支付和改善信贷约束等机制释放居民消费需求的同时，其带来的另一直接后果可能是家庭偿债压力的加剧及其财务脆弱性的恶化。在家庭负债领域，现有文献探讨了家庭负债状况与结构、[①] 居民负债的行为演变及其群体性特征，[②] 围绕负债决策及其影响因素展开实证方面的定量研究，[③] 但对家庭债务风险的研究则有所不足，尽管后者已经成为当前政府部门和业界同仁普遍关注的社会焦点问题。少量文献关注了家庭债务杠杆问题并从理论层面探讨移动支付对家庭债务杠杆的影响，例如王晓彦和胡德宝（2017）、易行健和周利（2018）等，[④] 但这方面的证据和努力还远远不够。

从国内外学者有限的理论和经验分析推断，移动支付主要可以通过两种机制对家庭债务风险产生影响。一种是移动支付能够通过便利支付激励居民的消费需求从而增加家庭消费性支出，进而放大家庭债务杠杆和加剧家庭潜在债务风险。首先，与传统支付方式相比，移动支付无须

[①] 陈斌开、李涛：《中国城镇居民家庭资产—负债现状与成因研究》，《经济研究》2011年第S1期；何丽芬、吴卫星、徐芊：《中国家庭负债状况、结构及其影响因素分析》，《华中师范大学学报》（人文社会科学版）2012年第1期。

[②] 吴卫星、徐芊、白晓辉：《中国居民家庭负债决策的群体差异比较研究》，《财经研究》2013年第3期。

[③] 柴时军、周利：《家庭负债、负债程度及其影响因素——基于中国城乡差异的实证分析》，《统计与决策》2020年第22期。

[④] 王晓彦、胡德宝：《移动支付对消费行为的影响研究：基于不同支付方式的比较》，《消费经济》2011年第10期；易行健、周利：《数字普惠金融发展是否显著影响了居民消费？——来自中国家庭的微观证据》，《金融研究》2018年第11期。

随身携带现金或者银行卡，借助移动网络和移动设备就能够轻松完成交易，可以避免传统支付行为对物理网点的依赖，[1] 其使用的快捷性和便携性在很大程度上提高了用户的支付效率，而便利支付有助于激励居民消费。[2] 其次，移动支付可以绑定多张银行卡并提供多种支付渠道，能够克服由于没有携带现金对使用者临时性或偶然性消费需求的制约，有助于激励消费者的非计划购买行为。[3] 最后，从货币形态来看，移动支付所使用的电子货币降低了支付的透明度，在一定程度上有助于弱化现金流失对用户产生的心理落差和敏感度，[4] 这种认知偏差引起的"心理账户"效应可能导致居民消费欲望自我控制的失衡，从而诱发消费者缺乏节制的购买动机，最终导致资金流动性收紧和家庭债务风险加剧。

另外一种机制是移动支付有助于拓宽使用者的外部融资渠道，能够通过缓解家庭流动性约束直接影响家庭债务杠杆，增加家庭过度负债的可能性。除了最为大众熟知并广为认可的支付功能，移动支付还具有针对不同用户提供额度不等融资服务的信贷功能。[5] 例如，支付宝用户能够使用"花呗"进行一定金额的消费透支，第三方支付平台还可以凭借用户使用移动支付过程中不断积累的信用积分，提供微粒贷（腾讯金融（微信））和蚂蚁借呗（支付宝）等小额借贷服务。这类信贷业务申请时无须抵押、审核程序简便且放款速度快（王馨，2015；尹志超等，2019），[6] 可以有效减轻用户面临的流动性约束，大大降低金融服务门

---

[1] Chen L., "From Fintech to Finlife: The Case of Fintech Development in China", *China Economic Journal*, Vol. 9, No. 3, September 2016；尹志超、公雪、潘北啸：《移动支付对家庭货币需求的影响——来自中国家庭金融调查的微观证据》，《金融研究》2019 年第 10 期。

[2] 焦瑾璞：《移动支付推动普惠金融发展的应用分析与政策建议》，《中国流通经济》2014 年第 7 期。

[3] 王晓彦、胡德宝：《移动支付对消费行为的影响研究：基于不同支付方式的比较》，《消费经济》2011 年第 10 期。

[4] Soman D., "The Effect of Payment Transparency on Consumption: Quasi-Experiments from the Field", *Marketing Letters*, Vol. 14, No. 5, October 2003.

[5] 谢平、刘海二：《ICT、移动支付与电子货币》，《金融研究》2013 年第 10 期；何婧、李庆海：《数字金融使用与农户创业行为》，《中国农村经济》2019 年第 1 期。

[6] 王馨：《互联网金融助解长尾小微企业融资难问题研究》，《金融研究》2015 年第 9 期。

槛，使得通常被排除在传统金融体系之外的弱势群体有机会获得更多的信贷支持。黄益平和黄卓（2018）认为以支付宝和腾讯金融（微信）为主要媒介的移动支付能够凭借网购平台和社交媒体等"场景"进行大数据分析和信用评级，为拓展和深化金融信贷服务的触达能力和覆盖范围提供了可行性。[1] 尹志超等（2019）运用中国家庭追踪调查数据（CFPS），证实移动支付为缓解家庭信贷约束提供了新技术和新渠道，显著降低了家庭面临的正规金融约束，并且这种机制对中部和西部地区家庭以及农村家庭的影响更为显著。[2] 基于蚂蚁金服提供的支付宝用户数据，易行健和周利（2018）对居民消费的研究也表明，数字金融的发展有助于改善居民家庭的流动性约束，进而释放家庭被压抑的消费需求。[3] 但不容忽视的是，正如 Mian 等（2017）所指出的，通过加杠杆不断累积的家庭债务，一旦遭遇利率、失业、房价等不利外部冲击，很可能导致家庭负债过度和财务脆弱性加剧。[4]

基于以上分析，就理论预测而言，当前我国电子支付的发展，特别是移动支付业务的快速推进，在释放居民消费需求和促进居民消费的同时，可能还将推动家庭偿债压力的加剧和财务脆弱性的恶化，进而引发家庭潜在债务风险。这种推动作用主要通过两种机制——增加家庭消费性支出和放松家庭流动性约束来实现。后文将借助翔实的微观调查数据从实证上检验上述机制。

四 人口年龄结构对家庭债务风险的影响机制

进入 21 世纪以来，中国的人口年龄结构发生了深刻变化，"少子

---

[1] 黄益平、黄卓：《中国的数字金融发展：现在与未来》，《经济学（季刊）》2018 年第 4 期。

[2] 尹志超、公雪、郭沛瑶：《移动支付对创业的影响——来自中国家庭金融调查的微观证据》，《中国工业经济》2019 年第 3 期。

[3] 易行健、周利：《数字普惠金融发展是否显著影响了居民消费？——来自中国家庭的微观证据》，《金融研究》2018 年第 11 期。

[4] Mian A., Sufi A. and Verner E., "Household Debt and Business Cycles Worldwide", *Quarterly Journal of Economics*, Vol. 132, No. 4, November 2017.

化"和"老龄化"成为人口发展变化的两大主要趋势。根据第七次全国人口普查数据，截至 2020 年末，我国 60 岁及以上人口数为 2.64 亿，占比 18.70%，而 65 岁及以上人口为 1.91 亿，占比 13.50%，远超联合国世界人口组织对老龄化社会设定的 10% 和 7% 阈值，我国已全面进入老龄化社会阶段。并且，伴随生育高峰期出生的人群也逐步步入老年阶段，人口老龄化持续加速将成为当前人口年龄结构变化的主要特征。人口老龄化受到社会各界的广泛关注，国内外学者研究了老龄化对经济增长和居民消费[1]、产业结构与金融结构[2]、居民储蓄和幸福感[3]等方面的影响。

目前尚未有文献提供人口老龄化影响家庭债务风险的直接证据，但从国内外学者相关的理论和经验分析可以推断，人口老龄化可以通过两种机制对家庭债务风险产生影响。首先，老龄化能够弱化居民风险偏好，抑制家庭负债，进而降低家庭债务风险。Davis 和 Kim（2017）发现，个体在生命周期不同阶段的负债能力及需求存在差异，年轻家庭更易对房产进行抵押融资，其负债行为更易受借款成本左右。[4] 年龄影响家庭负债的生命周期效应在欧美国家普遍存在，但各国最可能发生负债及持有最高负债额的年龄段存在差异。柴时军和王聪（2015）考察了人口老龄化对家庭投资决策的影响，发现老人数量增加会强化家庭谨慎性动机，老龄居民的投资渠道更趋于单一化，在资产选择方面更倾向于较为安全的资产，投资渠道主要为银行存款。[5] 借助中国家庭金融调查（CHFS）数据，王聪和杜奕璇（2019）进一步证实，户主年龄超过 60 岁的老龄家庭风险厌恶程度高、预防性储蓄动机更强，相较于中青年家庭其股票

---

[1] 易行健、菅倩倩：《中国人口老龄化与居民平均消费倾向的实证检验》，《消费经济》2019 年第 2 期。

[2] 余静文、姚翔晨：《人口年龄结构与金融结构——宏观事实与微观机制》，《金融研究》2019 年第 4 期。

[3] 曹志强、崔文俊：《住房价格、人口年龄结构对储蓄率的影响研究——基于省级面板数据的研究》，《价格理论与实践》2020 年第 6 期。

[4] Davis A. and Kim J., "Explaining Changes in the US Credit Card Market: Lenders Are Using More Information", *Economic Modelling*, Vol. 61, No. 1, February 2017.

[5] 柴时军、王聪：《老龄化与居民金融资产选择——微观分析视角》，《贵州财经大学学报》2015 年第 5 期。

基金投资比例更低、房产及储蓄占有比例更高，且家庭持有负债的可能性更低。[1] 老年人对风险的厌恶更强，风险态度上更趋于保守，而偏好风险的个体会更倾向于过度负债。[2] 余静文和姚翔晨（2019）利用宏观数据研究发现，家庭老龄人口比的提高会显著降低家庭风险偏好的程度，进而影响家庭持有风险资产比重及家庭负债额度。[3]

其次，老龄人口比会通过提升家庭预防性储蓄动机促进家庭财富的积累，进而抑制家庭债务风险。有关人口老龄化对家庭财富影响的文献最早可追溯至生命周期假说，该理论将居民储蓄与特定的生命阶段联系起来，认为个体劳动收入在整个生命周期酷似"驼形"，工作早期阶段和退休阶段处于驼谷，而中年时期则处于驼峰，消费平滑则意味着需要将各期的收入截长补短，认为人口结构与储蓄之间存在一条"黄金增长路径"[4]。对于老年人来说，已经在前期的工作中积累了一部分财富，其拥有的财富值一般要高于年轻人，所以，家庭老龄人口比的增加会导致家庭财富积累增加。并且，人口老龄化现象导致了我国高储蓄率低消费率的现象，老龄人口比与居民消费支出显著负相关。随着生育率和人口出生率的不断下降，孩子对于家庭越来越重要，家庭在孩子身上的消费支出增加，尤其是在少儿健康和教育方面，而老龄人口却没有这类支出，从这个角度来看，老龄人口比也会在一定程度上降低家庭消费、促进财富积累。家庭人口年龄结构与居民收入之间也具有密切的关联，郝云飞等（2017）研究发现，子女数量会对家庭财富积累产生负向效应，而老人数量恰好相反，表现为对家庭财富积累显著的正向促进作用，并且这

---

[1] 王聪、杜奕璇：《生命周期、年龄结构与我国家庭消费负债行为》，《当代财经》2019年第3期。

[2] 吴卫星、徐芊、白晓辉：《中国居民家庭负债决策的群体差异比较研究》，《财经研究》2013年第3期。

[3] 余静文、姚翔晨：《人口年龄结构与金融结构——宏观事实与微观机制》，《金融研究》2019年第4期。

[4] Modigliani F. and Ando A., "Tests of the Life Cycle Hypothesis of Savings: Comments and Suggestions", *Bulletin of the Oxford University Institute of Economics & Statistics*, Vol. 19, No. 2, May 1957.

种促进作用会伴随着家庭富裕程度的提高显著增强,尤其是对城镇家庭。[1] 此外,受儒家传统思想的影响,我国父代和子代之间代际亲缘关系较西方国家更为紧密,并且父代表现出对子代强烈的利他性倾向,父代竭尽全力为子代留下遗赠财产被视为对子代最后的贡献,这种遗赠动机在我国父代储蓄决策过程中得到充分的体现。[2]

五 其他传统因素与家庭债务风险

前期学者还从其他多个角度对家庭债务风险影响因素展开了讨论,主要集中于经济环境因素、人口学特征和家庭财务状况三个方面。

第一,经济环境因素。李翀(2016)分别从供给和需求角度讨论了我国住户部门的债务风险问题,发现货币供应量的持续增长和居民住房抵押贷款的快速提升是推高我国家庭杠杆率的关键因素。[3] 郭新华和李晓敏(2019)实证考察了房价对家庭债务的作用渠道,发现房价对家庭负债规模存在显著正向影响,房价会激励居民的购房需求,而购房需求增加推高了居民杠杆率。[4] 朱高林(2012)认为商品房价格上升引致的住房投机行为、宽松的货币政策和银行大力推广的信用卡业务是造成家庭资产负债率大幅提升的主要原因。[5] 张江涛(2018)强调中国的城镇化进程、住房市场化改革和国内经济结构向消费型驱动转型等都显著提升了家庭的负债率。[6] 此外,失业率也会对家庭债务风险相关指标产生影响,且失业群体风险应对能力更弱。[7] 隋钰冰等(2020)发现家庭财

---

[1] 郝云飞、宋明月、臧旭恒:《人口年龄结构对家庭财富积累的影响——基于缓冲存货理论的实证分析》,《社会科学研究》2017年第4期。

[2] 曹志强、崔文俊:《住房价格、人口年龄结构对储蓄率的影响研究——基于省级面板数据的研究》,《价格理论与实践》2020年第6期。

[3] 李翀:《论我国的宏观债务风险及其防范方法》,《北京师范大学学报》(社会科学版)2016年第5期。

[4] 郭新华、李晓敏:《中国家庭债务与房价之间的自增强效应——基于全面FGLS回归和分位数回归的实证分析》,《湘潭大学学报》(哲学社会科学版)2019年第3期。

[5] 朱高林:《中国居民家庭债务率攀升及原因分析》,《经济体制改革》2012年第4期。

[6] 张江涛:《中国居民部门加杠杆的逻辑和潜在风险》,《国际金融》2018年第7期。

[7] 谢绵陛:《家庭债务收入比的影响因素研究》,《中国经济问题》2018年第1期。

务状况容易受到失业率攀升的负面冲击，导致家庭财务状况恶化和金融不稳定，从而推高家庭债务风险。① 保险作为风险管理工具，不仅能够为家庭未来的不确定性提供一定的保障，而且有利于家庭进行长期的财务管理规划。Yaari（1965）认为，保险可以降低家庭因伤亡等因素给家庭带来财务困境的可能性，从而使得家庭能够在生命周期内实现效用最大化。② 失业保险一般被认为是应对失业冲击的缓冲剂。张冀等（2020）研究发现，失业保险与家庭债务风险的流量指标有显著的负向关联，而与存量指标关系并不明显，他认为失业保险使家庭收入更有保障，拥有失业保险显著提升了家庭应对风险的缓冲能力。③ 商业保险能够及时地弥补家庭发生疾病、死亡等意外风险时的现金缺口，因此商业保险可以规避由于不确定性带来的财务压力，进而降低家庭金融脆弱性的发生概率。

第二，人口学特征。年龄是影响家庭债务风险的重要因素，但不同学者持有的态度不同。一部分学者认为年龄的增加会降低家庭债务风险，如 Ampudia 等（2016）认为，年轻家庭发生预期金融脆弱性的概率更大；④ 陈斌开和李涛（2011）研究发现，户主年龄较小的家庭受到金融市场不利冲击的可能性更大；⑤ 谢绵陛（2018）也证实，家庭债务收入比与年龄显著负相关。⑥ 另一部分学者认为家庭债务风险会随着户主年龄的增加先增加后降低。Lin 和 Martin（2007）研究了户主年龄对家庭经济脆弱性的影响，结果显示户主年龄处于中年阶段的家庭金融脆

---

① 隋钰冰、尹志超、何青：《外部冲击与中国城镇家庭债务风险》，《福建论坛》（人文社会科学版）2020 年第 1 期。

② Yaari M. E., "Convexity in the Theory of Choice under Risk", *The Quarterly Journal of Economics*, Vol. 79, No. 2, May 1965.

③ 张冀、孙亚杰、张建龙：《我国家庭负债存在过度风险吗？——基于负债结构下的消费视角》，《河北经贸大学学报》2020 年第 5 期。

④ Ampudia M., Vlokhoven H. V. and Zochowski D., "Financial Fragility of Euro Area Household", *Journal of Financial Stability*, Vol. 27, No. 6, December 2016.

⑤ 陈斌开、李涛：《中国城镇居民家庭资产—负债现状与成因研究》，《经济研究》2011 年第 S1 期。

⑥ 谢绵陛：《家庭债务收入比的影响因素研究》，《中国经济问题》2018 年第 1 期。

弱性最大。① 这是由于中年人通常是家庭经济来源的顶梁柱，处在这个年龄段的人既要面对诸如房贷和车贷方面的信贷压力，又要承担赡养老人和抚养子女的义务，因此与其他年龄组相比，户主为中年人的家庭发生借款的概率更大、借款额度更高。家庭人口规模同样影响家庭债务风险。家庭成员数量较大的家庭消费需求、教育费用和医疗费用明显更高，家庭的财务风险更大，② 其中有子女的家庭财务风险比没有子女的家庭财务风险更高。③

婚姻的缔结会使家庭的各项消费与支出都明显增加，从而对家庭是否负债以及债务规模产生显著影响。何丽芬等（2012）发现，与未婚家庭相比，户主已婚、离婚和丧偶家庭债务风险明显更高，且夫妻处于分居状态也会显著增加家庭的债务风险。④ 随着受教育程度的提高，家庭总体债务风险趋于下降。⑤ 这是因为受教育水平尤其是高等教育，提高了人们的认知能力和参与金融投资的自信心，其对降低家庭财务脆弱性和家庭债务收入比的作用非常显著；⑥ 而文化程度较低的家庭，通常不具有较好的财务缓冲能力且更容易受到失业冲击的影响，家庭财务脆弱性更易暴露。但也有学者持反对意见，如谢绵陛（2018）利用CHFS（2015）调查数据研究了人力资本对家庭债务收入比的影响，证实户主

---

① Lin Y. J. and Martin F. G., "Household Life Cycle Protection: Life Insurance Holdings, Financial Vulnerability, and Portfolio Implications", *Journal of Risk and Insurance*, Vol. 74, No. 1, March 2007.

② Lusardi A. and Tufano P., "Debt Literacy, Financial Experiences, and Over-Indebtedness", *Journal of Pension Economics & Finance*, Vol. 14, No. 4, October 2015.

③ Anderloni L., Bacchiocchi E. and Vandone D., "Household Financial Vulnerability: An Empirical Analysis", *Research in Economics*, Vol. 66, No. 3, September 2012.

④ 何丽芬、吴卫星、徐芊：《中国家庭负债状况、结构及其影响因素分析》，《华中师范大学学报》（人文社会科学版）2012年第1期。

⑤ Yusof S., "Ethnic Disparity in Financial Fragility in Malaysia", *International Journal of Social Economics*, Vol. 46, No. 1, January 2019.

⑥ Daud S. N., Marzuki A., Ahmad N. and Kefeli Z., "Financial Vulnerability and Its Determinants: Survey Evidence from Malaysian Households", *Emerging Markets Finance and Trade*, Vol. 55, No. 9, October 2018.

的文化程度与家庭债务收入比显著正相关,但是影响作用较小。① 与健康家庭相比,户主不健康的家庭更有可能因巨额医疗费用而负债,因此不健康家庭债务风险更大。② 还有学者讨论了金融素养与家庭债务风险的关系。吴卫星等(2018)发现,家庭负债与否以及是否过度负债会受到户主金融素养的显著影响,金融素养高的家庭能够从更多渠道获得借款,而缺乏金融素养则可能导致家庭在参与金融市场时更容易做出错误的投资决策,并且金融素养低的居民更容易出现过度负债情形,使家庭承受更多的债务负担,导致借款的违约风险攀升。③

第三,家庭财务状况。住房同时具有投资属性和消费属性,并且住房的流动性低、单笔支出金额大,构成我国债务规模扩张的主要原因。④ Campbell 和 Cocco(2003)借助英国及其他北欧国家的家庭金融数据也证实,家庭潜在的债务风险会随着家庭持有房产数量的递增而上升。⑤ 净资产反映了家庭的财富水平,净资产越高,家庭的抗风险能力也就越大。杨文(2012)认为家庭财富的积累能够有效降低家庭的金融脆弱性。⑥ 谢绵陛(2018)利用 CHFS 调查数据,发现家庭净资产数额越大,债务收入比就越低。对家庭债务风险产生影响的另一个重要因素是收入。⑦ Yusof(2019)研究发现,相比其他收入群体,低收入家庭更可能无力支付家庭生活开支,更难以应对突发的紧急情况,也更容易发生家庭过度负债。⑧ Brown 和 Taylor(2008)认为,在面对经济环境的不利冲

---

① 谢绵陛:《家庭债务收入比的影响因素研究》,《中国经济问题》2018 年第 1 期。
② 陈斌开、李涛:《中国城镇居民家庭资产—负债现状与成因研究》,《经济研究》2011 年第 S1 期。
③ 吴卫星、吴锟、王琎:《金融素养与家庭负债——基于中国居民家庭微观调查数据的分析》,《经济研究》2018 年第 1 期。
④ 徐淑一、王宁宁:《竞争风险下我国住房抵押贷款风险的实证研究》,《统计研究》2011 年第 2 期。
⑤ Campbell J. and Cocco J., "Household Risk Management and Optimal Mortgage Choice", *Quarterly Journal of Economics*, Vol. 118, No. 4, November 2003.
⑥ 杨文:《社会资本能够降低中国农村家庭脆弱性吗》,《贵州财经学院学报》2012 年第 2 期。
⑦ 谢绵陛:《家庭债务收入比的影响因素研究》,《中国经济问题》2018 年第 1 期。
⑧ Yusof S., "Ethnic Disparity in Financial Fragilityin Malaysia", *International Journal of Social Economics*, Vol. 46, No. 1, January 2019.

击时，负债程度较高的家庭需要承担更大的财务压力，低收入群体家庭债务规模虽然更小，但家庭经济脆弱性最高。[1] 阮健弘等（2020）也认为，由于消费支出具有刚性的特点，因此低收入群体往往抵御风险的能力更弱，家庭债务风险更高。[2] 但是也有学者持不同意见，何丽芬等（2012）研究发现，高收入会使家庭对家庭承受风险能力产生乐观的估计，因此高收入家庭倾向通过加杠杆进行更大规模投资，这无疑放大了家庭债务风险。[3]

综上所述，尽管文献对家庭债务风险影响因素的分析在经济环境、人口学特征和家庭财务状况方面都有所涉及，但是缺乏对它们置于统一框架下更为全面的系统考察，而且数据限制也使得上述影响路径的评判大多停留于理论层面的定性阐释，对变量之间逻辑关系进行严肃分析的实证文献并不多见。西方学者对于家庭债务风险的研究相对较多，其中从家庭收入视角研究家庭债务风险的文献居多。我国居民家庭的负债行为特征与国外有着显著区别，如家庭负债以住房负债为主且偏好房产投资，亲戚朋友之间的非正规借贷较为普遍，以及对待风险投资的态度和消费习惯等方面都有所不同。后文将借助翔实的微观家庭调查数据，在统一的框架下实证考察影响当前我国居民家庭债务风险的各种因素，同时对这种影响在不同群体间的差异进行了分样本的异质性分析。相应的结论不仅有助于更深入认识和理解现阶段我国家庭债务风险的行为动因，而且对新时期合理引导和规范居民借贷活动、对相关部门制定与执行更具可适性和差异化的债务风险防范政策等方面都具有重要借鉴价值。

---

[1] Brown S. and Taylor K., "Household Debt and Financial Assets: Evidence from Germany, Great Britain and the USA", *Journal of the Royal Statistics in Society*, Vol. 171, No. 3, June 2008.

[2] 阮健弘、刘西、叶欢：《我国居民杠杆率现状及影响因素研究》，《金融研究》2020年第8期。

[3] 何丽芬、吴卫星、徐芊：《中国家庭负债状况、结构及其影响因素分析》，《华中师范大学学报》（人文社会科学版）2012年第1期。

第三节 模型、数据与变量

一 数据来源

本章使用的数据来源于中国家庭金融调查（CHFS2013—2017）城市家庭样本数据。CHFS 调查 2013 年、2015 年和 2017 年数据分别来自西南财经大学自 2011 年以来启动的第二、第三、第四轮全国性大型社会跟踪性调查项目，问卷涵盖社区、家庭和个体三种主题类型，涉及家庭资产与负债、教育与就业、消费与收入、商业保险与社会保障、家庭及其成员的人口学特征等信息。在资产部分，调查问卷详细询问了家庭及其成员在购房、购车、从事自主工商业和金融产品投资中的借款信息，在负债部分，询问了家庭在教育、医疗和婚丧嫁娶等方面的其他负债信息，为本章研究家庭债务风险及其影响因素提供了理想的数据支持。样本规模在 2013 年、2015 年和 2017 年分别为 28118 个、37289 个和 40011 个，覆盖全国 29 个省（直辖市、自治区）的 350 多个县（区、县级市）。本章根据家户编码选取在三轮调查中都被访问到的城市家庭样本，在数据清理中，剔除家庭收入、家庭资产最高 1% 和最低 1% 样本以及家庭债务"不知道"、"不适用"等无效样本，最终得到 9245 个城市家庭样本的面板数据集（三期合计 27735 个样本）。

二 计量模型与分析变量

本章对家庭债务风险影响因素的讨论除了人口学特征、家庭财富特征等传统因素外，还重点关注了普惠金融发展、集体主义文化和移动支付行为三个新的变量。为深入考察各因素对家庭债务风险的影响及其作用机制，使用三期匹配数据的面板固定效应模型，基准回归方程设定如下：

$$debt\_risk_{ikt} = \beta_0 + \beta_1 Fin\_dex_{ikt} + \gamma' Z_{ikt} + \eta' \lambda_{kt} + \delta_t + u_{ikt} \quad (7-1)$$

$$debt\_risk_{ikt} = \beta_0 + \beta_2 collectivism_{ikt} + \gamma' Z_{ikt} + \eta' \lambda_{kt} + \delta_t + u_{ikt} \quad (7-2)$$

$$debt\_risk_{ikt} = \beta_0 + \beta_3 mobile\_pay_{ikt} + \gamma' Z_{ikt} + \eta' \lambda_{kt} + \delta_t + u_{ikt} \quad (7-3)$$

其中，$debt\_risk_{ikt}$ 表示 k 省 t 年第 i 个家庭的债务风险综合指标值（测量过程及结果详见第五章）。为了避免多重共线性，重点讨论的三个解释变量分别纳入不同的回归模型，如式（7-1）至式（7-3）所示。解释变量 Fin_dex_{ikt} 为微观家庭层面的普惠金融指数，涵盖金融服务的使用性、满意度和便利性三个维度，$collectivism_{ikt}$ 表示集体主义，而 $mobile\_pay_{ikt}$ 表示家庭在购物时是否使用移动支付，是则为 1，反之为 0。Z_{ikt} 表示反映户主特征和家庭特征的控制变量集合，包括性别、年龄、婚姻状况、政治身份、受教育程度、健康状况、风险偏好、金融知识以及当地亲戚数量等，λ_{kt} 代表地区经济特征向量，u_{ikt} 为模型扰动项。此外，模型中还加入了时间趋势项 δ_t，用以控制年份固定效应。

普惠金融发展是本章重点关注的第一个核心解释变量。借鉴尹志超和张栋浩（2020）的做法，[①] 本节利用主成分分析法（CPA），从金融服务的使用性、满意度和便利性三个维度构建个体层面的普惠金融指标，涵盖了 7 个具体指标。

其中，满意度对应家庭在办理保险、贷款和非现金支付等业务时对金融服务的评价得分[②]；便利性对应家庭所在社区离最近的银行网点或金融服务点的距离，作为衡量普惠金融水平的逆指标，本节在指数构建中对该指标进行正向化处理，以虚拟变量赋值（"<5公里"取值为 1，"≥5公里"取值为 0）；使用性包括家庭对信用卡[③]、银行贷款[④]、银行存款[⑤]、商业保险[⑥]的参与状况，鉴于近年来数字普惠金融的迅猛发展，本节还考虑了家庭对数字金融服务的使用情况[⑦]；根据上述细分维度下

[①] 尹志超、张栋浩：《普惠金融、家庭贫困及脆弱性》，《经济学（季刊）》2020 年第 1 期。
[②] 1—5 的有序变量，1 为非常不满意，5 为非常满意。为了避免 CPA 分析中不同成分纲量的影响，这里使用哑变量赋值，评价得分为 4 和 5 则取值为 1，其他为 0。
[③] 家庭是否持有信用卡，是则取值为 1，否则为 0。
[④] 家庭目前是否有待偿（或者曾经有但现已还清）的银行贷款，是则取值为 1，否则为 0。
[⑤] 家庭是否拥有银行存款账户，是则取值为 1，否则为 0。
[⑥] 家庭是否购买（或曾经购买）了商业保险（医疗、养老、理财等），是则取值为 1，否则为 0。
[⑦] 若家庭存在互联网理财、互联网借贷行为，或利用智能手机、电脑、iPad 等终端设备进行移动支付，则视为使用数字金融服务，取值为 1，否则为 0。

第七章 中国城市家庭债务风险的影响因素分析

各指标的方差贡献率加权求和，提取主成分；进一步对提取的主成分进行标准化转换，使得最终合成的家庭普惠金融指数取值介于［0，100］之间。

集体主义/个人主义的识别与测度问题一直是导致其在跨文化研究中饱受争议的重要原因。一部分学者定义"集体"为具有同质性社会身份的社会性群体，[①] 而另一部分学者定义"集体"为依赖于先天联结（如氏族宗亲）或者后天归属（如乡邻、朋友、同事）而形成的关系性群体。[②] 不同的定义得出的关于"集体主义—个人主义"的衡量标准互不相同，设计问卷的侧重点也有所差异，测量结果很难进行对比验证。

现代主流文献普遍认可的度量方式是依照"自我概念"（体现个体的独立性、对内群体的依附程度、自我提升和自我约束）、"行为动机"（体现集体利益取舍、集体融入与情感依存）、"关系差异"（体现社交网络和广义信任）和"整体性认知"（体现归因取向、大局意识和综合平衡）四个维度将"集体主义/个人主义"区分开来。[③] 而 Brewer 和 Chen（2007）则尝试从文化最根本的属性——"价值观"、"信念"和"自我"最大限度地概括人们集体主义/个人主义的行为特征及其取向。[④] 其中，"价值观"指的是大局观或族群意识，即人们在行为决策中更加注重集体利益还是个人利益，集体主义强调集体荣誉和集体成就，而个人

[①] Brewer M. B. and Chen Y. R. , "Where (Who) are Collectives in Colletivism? Toward Conceptual Clarification of Individualism and Collectivism", *Psychological Review*, Vol. 114, No. 1, January 2007.

[②] Triandis H. C. , "Converging Measurement of Horizontal and Vertical Individualism and Collectivism", *Journal of Personality and Social Psychology*, Vol. 74, No. 1, January 1998.

[③] Oyserman D. , Coon H. M. and Kemmelmeier M. , "Rethinking Individualism and Collectivism: Evaluation of Theoretical Assumptions and Meta-Analyses", *Psychological Bulletin*, Vol. 128, No. 1, January 2002; Gorodnichenko Y. and Roland G. , "Which Dimensions of Culture Matter for Long-Run Growth?", *American Economic Review*, Vol. 101, No. 3, May 2011.

[④] Brewer M. B. and Chen Y. R. , "Where (Who) are Collectives in Colletivism? Toward Conceptual Clarification of Individualism and Collectivism", *Psychological Review*, Vol. 114, No. 1, January 2007.

主义则强调个人权利和个人目标的实现;"信念"指的是人们具有依赖性还是具有自主性的信念导向,集体主义强调外归因,主张组织或群体——内群体对个体决策及其行动结果所产生的重要影响(坚信关系比能力更重要),而个人主义则注重内归因,强调个人努力和聪明才干对其成功或成就中所起的决定性作用;"自我"则指的是身份认同,集体主义注重群体身份,体现为依存性自我(Interdependent-self),而个人主义注重自我认同,体现为独立性自我(Independent-self)。

借鉴 Brewer 和 Chen(2007)对"集体主义—个人主义"的识别与测度标准,[①] 同时结合 CHFS 问卷中相关指标的调查结果,本节选取"传宗接代的重要程度"[②]、"关系比能力更重要"[③] 和"不被人讨厌的重要程度"[④],分别对应价值观、信念和自我三个维度来构造集体主义综合指标。价值观强调的是人们在行为抉择中是否有大局观,是否倾向于以集体利益为重而舍弃个人权利和目标。而李涛等(2019)指出,中国人的集体主义价值观更多地体现在宗族观念或族群意识上。[⑤] 在中国文化传统中,"孝"、"悌"作为儒家文化特有的价值准则,缘起于家族内部的亲缘关系,而对于"传宗接代"这一血脉传承问题的认知不仅体现了人们对长辈的孝敬和尊重,同时在一定程度上也是衡量中西文化反差的重要特征指标。在"信念"这一维度上,"关系比能力更重要"反映的是对个人行为结果的归因导向,集体主义注重外归因,体现为依赖性信念,而个人主义更喜欢内归因,凸显出自主性信念。而在"自我"维度上,"不被人讨厌"映射出的是个体对别人看法的在乎程度,是依存性自我的外在表现。集体主义强调群体身份,而个人主义则注重自身的独立性

[①] Brewer M. B. and Chen Y. R., "Where (Who) are Collectives in Colletivism? Toward Conceptual Clarification of Individualism and Collectivism", *Psychological Review*, Vol. 114, No. 1, January 2007.
[②] 1—5 的有序变量,1 为不重要,5 为重要。
[③] 1—5 的有序变量,1 为十分不同意,5 为十分同意。
[④] 1—5 的有序变量,1 为不重要,5 为重要。
[⑤] 李涛、方明、伏霖、金星晔:《客观相对收入与主观经济地位:基于集体主义视角的经验证据》,《经济研究》2019 年第 12 期。

第七章　中国城市家庭债务风险的影响因素分析

人格，更在乎自我评价而不被他人看法左右。[1] 上述测度人们集体主义观念强度的指标也反向测度了人们的个人主义强度。在此基础上，本节尝试将主成分分析法（CPA）应用于CHFS调查数据，将上述三个维度指标（子因子）进行加权求和，提取公共因子，构造一个综合和多维的集体主义指标。为使数据分布更为收敛，本节进一步对提取的公共因子进行指数化，变量取值介于0—1之间。

移动支付是指消费者利用无线通信技术和移动终端设备（如便携式平板电脑、智能手机等）向商家支付等价值货币来获得商品或服务的金融交易行为。[2] 在CHFS问卷中，支付方式的测量通过以下问题来完成："您和您家人在购物时（包括网购）通常使用的支付方式有（可多选）：①现金；②信用卡/借记卡等银行刷卡支付；③支付宝/网银等电脑终端支付；④智能手机/iPad等移动终端支付（手机银行、Apple pay、微信、支付宝App等）；⑤其他。"沿用尹志超等（2019）的做法，[3] 本节将选项中包含④的家庭视为使用移动支付，以虚拟变量赋值，包含则赋值为1，反之为0。CHFS（2017）数据显示，我国使用移动支付家庭的比例为27.62%。其中，城市为35.63%，农村为10.48%，城市家庭使用移动支付的比例比农村高出25.15个百分点。东部地区有33.28%的家庭使用移动支付，而中部和西部地区的这一比例仅分别为22.94%和23.44%。可以看出，我国政府主导并积极推进的数字金融目前尚处于培育和推广阶段，而且中西部地区和农村使用移动支付家庭的比例要远低于东部地区和城市，移动支付的普及在城乡和地区之间差异依然显著。

---

[1] Gorodnichenko Y. and Roland G., "Which Dimensions of Culture Matter for Long-Run Growth？", *American Economic Review*, Vol. 101, No. 3, May 2011.
[2] 谢平、刘海二：《ICT、移动支付与电子货币》，《金融研究》2013年第10期。
[3] 尹志超、公雪、潘北啸：《移动支付对家庭货币需求的影响——来自中国家庭金融调查的微观证据》，《金融研究》2019年第10期。

根据文献中给出的可能影响家庭债务风险的理论预期,[1] 本节在估计方程中还控制了其他户主特征变量(户主性别、户主年龄、年龄平方、受教育年限[2]、政治身份[3]、健康状况[4]、风险偏好[5]、宗教信仰[6]、乐观心态[7]、个人情绪[8]、社会信任[9]和经济形势预期[10])、家庭特征变量(汽车拥有情况、持有仅一套房产、持有多套房产、职业[11]、婴幼儿数量、在校学生数量和老年人口数)和地区特征变量(省信贷总额/GDP、Ln(人均GDP)、省一级的城镇化率、互联网普及率、中部和西部地区哑变量)。表7-1给出了主要变量的描述统计结果。表7-1结果显示,户主男性占比52%,平均年龄接近47岁,超过90%的城市家庭拥有住房,超过17%的家庭拥有多套住房,超过28%的家庭拥有汽车,超过11%的家庭从事自主创业,超过5%的受访居民有宗教信仰,超过12%的受访居民为中共党员,受教育年限平均8.10年,自评健康状况接近"好",介于"一般"和"好"之间;调查过程中,受访者表现出的乐观

---

[1] Lusardi A. and Tufano P.,"Debt Literacy, Financial Experiences, and Over-Indebtedness", *Journal of Pension Economics & Finance*, Vol. 14, No. 4, October 2015; Daud S. N., Marzuki A., Ahmad N. and Kefeli Z.,"Financial Vulnerability and Its Determinants: Survey Evidence from Malaysian Households", *Emerging Markets Finance and Trade*, Vol. 55, No. 9, October 2018; 刘波、王修华、胡宗义:《金融素养是否降低了家庭金融脆弱性?》,《南方经济》2020年第10期。

[2] 问卷中受教育程度分为九类:没上过学、半文盲、小学、初中、高中/职高/技校/中专、大专/高职、本科、硕士和博士,折算成年限分别是0、3、6、9、12、15、16、19和22年。

[3] 中共党员赋值为1,其他党派或群众赋值为0。

[4] 1—5的有序变量,分别对应非常不好、不好、一般、好和非常好。

[5] 1—5的有序变量,分别对应不愿意承担任何风险、倾向略低风险且略低回报投资、倾向平均风险且平均回报投资、倾向略高风险且略高回报投资、倾向高风险且高回报投资。

[6] CHFS详细询问了户主是否信仰天主教、伊斯兰教、基督教、道教、佛教等宗教,当他表示信仰其中任何一种宗教时,赋值为1,反之为0。

[7] 测量指标"对自己未来信心程度",1—5的有序变量,1为很没信心,5为很有信心。

[8] 测量指标"我感到情绪低落",1—4的有序变量,分别对应几乎没有(不到1天)、有些时候(1—2天)、经常有(3—4天)和大多数时候有(5—7天)。

[9] 测量指标"我喜欢信任还是怀疑别人",0—1虚拟变量,1为大多数人可以信任,0为要越小心越好。

[10] 测量指标"提高生活水平机会很大",1—5的有序变量,1为十分不同意,5为十分同意。

[11] 考虑到因变量为家庭金融脆弱性,而创业与家庭债务风险密切相关,我们将户主职业为从事自主创业赋值为1,其他则赋值为0。

心态和经济形势预期几乎都不差；样本家庭中婴幼儿数量平均 0.23 人，在校学生数量平均 1.02 人，老年人口数平均 0.74 人。

表 7-1　　　　　主要变量描述性统计（2013—2017 年）

变量名	N	均值	标准差	变量名	N	均值	标准差
家庭债务风险	27735	45.27	112.03	风险偏好	27735	2.59	1.80
普惠金融指数	27735	25.48	16.75	是否拥有汽车	27735	0.28	0.85
集体主义	27735	7.21	8.50	婴幼儿数量	27735	0.23	0.38
移动支付	27735	0.36	0.52	在校学生数量	27735	1.02	1.16
户主性别	27735	0.52	0.44	老年人口数	27735	0.74	0.94
户主年龄	27735	46.75	12.54	互联网普及率	27735	0.48	0.13
仅一套房产	27735	0.73	0.44	乐观心态	27735	4.51	1.08
多套房产	27735	0.17	0.38	个人情绪	27735	1.94	0.85
社会信任	27735	0.43	0.10	地区（中部=1）	27735	0.33	0.56
职业（创业=1）	27735	0.11	0.30	地区（西部=1）	27735	0.25	0.44
政治身份	27735	0.12	0.32	人均 GDP（万元）	27735	5.62	3.01
受教育年限（年）	27735	8.10	3.54	信贷总额/GDP	27735	1.18	0.43
健康状况	27735	3.62	1.21	城镇化率	27735	0.51	0.18
宗教信仰	27735	0.05	0.19	经济形势预期	27735	4.05	1.01

第四节　普惠金融发展与家庭债务风险

一　金融普惠对家庭债务风险的影响：基准分析

表 7-2 第（1）列报告了金融普惠对家庭债务风险影响的固定效应回归结果。可以看出，在控制了家庭与户主特征、地区经济特征及时间固定效应后，金融普惠指数 β 值为 -0.3351，且在 1% 水平上显著为负，即金融普惠水平提升 1 个单位，家庭债务风险水平将显著下降 0.3351 个单位，说明从整体而言，我国政府主导并积极推进的普惠金融在人们日常实践中发挥了显著的积极作用，有助于抑制置身其中的居民的家庭债

务风险。普惠金融的发展既可以体现为金融机构营业网点分布密度及渗透性的提高，或是居民对金融服务使用频次的增加，也可以体现为居民办理保险、贷款和非现金支付等业务时对金融服务满意度的提升。因此，本节进一步考虑了普惠金融的多维性及其影响的异质性。

在表7-2第（2）—（4）列中，依次使用三个细分维度指标——使用度、满意度和便利度替换金融普惠总指数。回归结果表明，普惠金融便利性的提高并没有显著抑制家庭债务风险，而使用频次和服务满意度对家庭债务风险的影响均至少在5%水平上显著为负，边际贡献分别为0.2264和0.5524。这可能是因为，虽然目前我国普惠金融的践行更多的是通过地理维度的终端网点覆盖、人口的普及程度及金融可得性等便利性或渗透性指标来直接体现的，[①] 但是便利性本身并不意味着居民实际使用其提供的普惠性金融服务，即"最近银行网点或金融服务点距离"与所在地居民的家庭债务风险并无直接关联；而使用度强调居民对信贷、保险、理财等金融服务的使用频次及深度，满意度更是体现了金融机构所推出的金融业务的服务水平及其展现的普惠价值，通过提供适当且有效的避险工具，提升家庭风险应对能力，有助于抑制家庭债务风险的发生概率。

表7-2　　　　金融普惠影响家庭债务风险：面板固定效应

	被解释变量：家庭债务风险			
	（1）	（2）	（3）	（4）
金融普惠指数	-0.3351*** (0.1041)			
子指标Ⅰ：使用度		-0.2264** (0.1087)		
子指标Ⅱ：满意度			-0.5524*** (0.1675)	

[①] 尹志超、彭嫦燕、里昂安吉拉：《中国家庭普惠金融的发展及影响》，《管理世界》2019年第2期。

续表

	被解释变量：家庭债务风险			
	（1）	（2）	（3）	（4）
子指标Ⅲ：便利度				0.1148 (0.1558)
户主年龄	0.2726*** (0.0458)	0.2539*** (0.0709)	0.2443*** (0.0721)	0.2630* (0.1494)
年龄平方/100	-0.3923*** (0.0511)	-0.3984*** (0.1381)	-0.3273*** (0.0570)	-0.3359*** (0.1263)
健康状况	-2.4528*** (0.7310)	-2.1154*** (0.7307)	-2.4613*** (0.7899)	-2.1345*** (0.7327)
户主性别（男=1）	1.8985*** (0.5878)	1.8572*** (0.5680)	1.7497*** (0.5603)	1.8073*** (0.5797)
职业（自主创业=1）	5.4746** (2.4032)	5.1311** (2.0894)	5.5381** (2.2574)	5.1602** (2.0915)
受教育年限（年）	-1.0634* (0.5845)	-1.0195 (0.6815)	-1.0885** (0.4920)	-1.0257 (0.6684)
政治身份（党员=1）	-0.8738 (0.6137)	-0.8562 (0.6148)	-0.8301 (0.5567)	-0.8902 (0.6629)
风险偏好	0.6715*** (0.2188)	0.6497** (0.2621)	0.6800*** (0.2505)	0.6803** (0.2852)
婴幼儿数量	1.9195*** (0.3352)	1.9386*** (0.3188)	1.8894*** (0.3557)	1.8595*** (0.3799)
在校学生数量	4.7972*** (1.1633)	4.7075*** (1.2980)	4.8733*** (1.3100)	4.7919*** (1.3560)
老年人口数	0.5722 (1.1943)	0.4045 (1.1947)	0.4631 (1.1650)	0.5926 (1.1564)
宗教信仰（有=1）	-1.9080* (1.1322)	-1.9078* (1.0905)	-1.9188* (1.1015)	-1.9267* (1.0826)
乐观心态	0.3213 (0.3204)	0.3482 (0.3390)	0.3701 (0.3805)	0.3277 (0.3866)
个人情绪	-1.0179 (1.1206)	-1.0299 (1.1205)	-1.0525 (1.1215)	-1.0868 (1.1217)
汽车拥有情况（有=1）	0.7982*** (0.2413)	0.7079*** (0.2376)	0.7385*** (0.2639)	0.7262*** (0.2598)

续表

	被解释变量：家庭债务风险			
	（1）	（2）	（3）	（4）
仅1套房产（是=1）	-2.0723 (1.5148)	-2.0626 (1.5155)	2.5302 (1.5640)	2.6267* (1.5695)
多套房产（是=1）	-10.5178*** (2.0181)	-10.3186*** (2.1690)	10.6179*** (2.1735)	10.6512*** (2.0779)
社会信任	1.2035 1.0044	1.2148 (1.0053)	1.2141 (1.0183)	1.2861 (1.0227)
经济形势预期	2.7152** (1.1880)	2.6497** (1.0819)	2.7060** (1.1055)	2.6843** (1.1027)
Ln（人均GDP）	2.0763 (1.5059)	2.0512 (1.5085)	2.3308 (1.6243)	2.1744 (1.5362)
信贷总额/GDP	5.7293*** (1.0736)	6.0400*** (1.1036)	6.1525*** (1.1165)	6.0518*** (1.0808)
城镇化率	1.3798*** (0.3398)	1.0672*** (0.3146)	1.2842*** (0.3709)	1.1365*** (0.3355)
互联网普及率	-0.2399 (0.3030)	-0.2503 (0.3031)	-0.2622 (0.3034)	-0.2830 (0.3036)
地区（中部=1）	1.0590*** (0.3565)	1.0983*** (0.3042)	1.2559*** (0.3238)	1.0797*** (0.3152)
地区（西部=1）	3.3034*** (1.0018)	3.4019*** (1.1362)	3.1259*** (1.0825)	3.5174*** (1.1597)
时间固定效应	控制	控制	控制	控制
调整 R^2	0.3683	0.3669	0.3716	0.3147
观测值	27735	27735	27735	27735

注：为避免组内自相关和异方差，括号内为按社区/村庄聚类的稳健标准误。***$p<0.01$，**$p<0.05$，*$p<0.10$。

二 稳健性与内生性检验

本节尝试从两个方面验证金融普惠影响家庭债务风险结论的稳健性。首先，使用 Sarma（2016）提出的平均欧几里得距离法，[1] 代替主成分分

---

[1] Sarma M., "Measuring Financial Inclusion Using Multidimensional Data", *World Economics*, Vol. 17, No. 1, January 2016.

析法对普惠金融分项指标进行赋权加总，重新构建家庭普惠金融指数。这一方法通过在多维空间中测量实际点到最差点的距离及到最优点的反向距离，将多维度指标转化为一个矢量，据此合成的普惠金融指数具有单调、有界和单位无关的良好属性，且适用于截面数据。较之于主成分分析法利用协方差对不同维度指标进行权重赋值①，这种测度方法计算便捷，经济含义也更加直观。表7-3中第（1）列汇报了利用平均欧几里得距离法合成的金融普惠指数对家庭金融脆弱性影响的回归结果。可以看出，家庭普惠金融提高1个单位，家庭债务风险将降低0.2083个单位，且在1%的水平上显著。

表7-3　　　　　　　稳健性检验：替换指标与模型

	重新合成自变量 因变量：家庭债务风险	使用差分模型 因变量：Δ家庭债务风险
金融普惠指数Ⅱ	-0.2083*** (0.0543)	
Δ金融普惠指数		-0.5343*** (0.1947)
家户特征变量	控制	控制
地区特征变量	控制	控制
调整 R^2	0.2874	0.3178
观测值	27735	18490

注：括号内数值为稳健标准误，控制变量组合同表7-2。*** $p<0.01$，** $p<0.05$，* $p<0.10$。

其次，改变计量模型的设定。基于CHFS问卷的追踪数据集（2013年、2015年和2017年三轮调查中都被采集到的家户信息），本节使用一阶差分方程估计金融普惠的变化值（而不是水平值）对家庭债务风险差

---

① 严格来讲，协方差（或方差贡献率）体现的是各维度指标变动的趋同性（或协同性），由此提取的主成分仅仅保留了原始数据信息量而缺乏实际含义，可能并不能真实反映家庭的普惠金融总体状况。

值（即Δ债务风险）的影响。通过"差分"残差项中不随时间变化的不可控制因素，差分模型可以更大限度地过滤非观测效应对解释变量回归系数的干扰，有助于减轻对测量误差和遗漏变量等问题的担忧。表7－3中第（2）列检验了差分方程下金融普惠指数变化值对家庭债务风险变化值的影响。估计结果表明，普惠金融对家庭债务风险具有显著的抑制效应，结论依旧稳健。

在前文的分析中，尽管丰富的控制变量组合及差分模型的设定在一定程度上避免了由于遗漏变量造成的内生性问题，但是本节被解释变量是家庭债务风险，其对家庭贷款、保险或非现金支付等普惠金融参与的反向作用仍然可能导致估计结果存在偏误。一个典型的例子是，那些有潜在入不敷出风险的家庭，可能通过向银行或非银行金融机构借贷、透支来平滑消费，实现暂时性的收支平衡；或者正因为面临资不抵债，家庭可能更加积极地参与金融活动，且对其提供的普惠性金融服务有着更高的满意度。换言之，不是普惠金融抑制了债务风险，反而可能是债务风险引致了家庭更高水平的普惠金融状态（主要体现在使用度和满意度上），这种反向影响的作用可能导致普惠金融对家庭债务风险的影响效应下偏。

寻找合适的工具变量是解决内生性问题的关键。经过反复测试、比较，借鉴尹志超和张栋浩（2020）的思路，[①] 本节采用"样本所在区/县普惠金融均值是否高于全国均值×样本所在省推行普惠金融的时间期限"作为工具变量，记作"省级政策Ⅳ"。同一区/县普惠金融总体状况既能为家庭提供营商环境和金融条件，也可通过社会互动、联保贷款或共同抵押等方式影响家庭普惠金融参与；而各省推行普惠金融的时间起点[②]不同，可能导致不同省份金融普惠发展存在差异，时间跨度越长，政策制定和

---

① 尹志超、张栋浩：《普惠金融、家庭贫困及脆弱性》，《经济学（季刊）》2020年第1期。
② 这里主要参考了两份资料库数据：《中国金融年鉴》和《中国银行业监督管理委员会年报》。具体地，以2013年为时间起点，如果某省数据或案例中提及"普惠金融"，则视为当年推行了普惠金融发展，例如，2013年推行，CHFS（2017）数据中的时间期限为4（2017－2013＝4），CHFS（2015）数据中为2，CHFS（2013）数据中为0，一直没有推行或截至当年才推行赋值为0，即"时间期限"的取值为介于0—4的整数。

执行越完备,越有可能满足家庭自身的普惠金融需求,且省级或区/县级行为并不直接影响该家庭的债务风险,对微观个体而言相对外生,满足外生性和相关性的基本要求。

表7-4汇报了工具变量估计结果。第(1)列的一阶段回归F值和工具变量t值拒绝了弱工具,且省级政策IV与家庭普惠金融指数显著正相关,说明政府的政策导向与居民对普惠金融的实践参与高度契合。第(2)列的DWH检验拒绝金融普惠指数的外生性假设"$H_0: \rho = 0$",KP-rk-LM统计量证实不存在识别不足,表明省级政策IV是合适且有效的。第二阶段回归的结果显示,考虑了内生性问题之后,普惠金融指数 β 值达到-1.7433,即金融普惠水平提升1个单位,家庭债务风险将显著下降1.7433个单位,边际系数较基准回归大幅增加[①],且在5%的水平上显著异于0,这意味着普惠金融显著抑制家庭债务风险的结论是可靠的。[②]

表7-4 工具变量估计结果

	第一阶段回归 因变量:普惠金融指数		第二阶段回归 因变量:金融脆弱性
省级政策IV	0.3218*** (0.0927)	普惠金融指数	-1.7433** (0.7426)
家户特征变量	控制	家户特征变量	控制
地区经济变量	控制	地区经济变量	控制
调整 R^2	0.6024	DWH检验(P值)	0.0384**
一阶段F值	739.28***	KP-rk-LM	55.07***
观测值	27735	观测值	27735

注:括号内数值为稳健标准误,控制变量组合同表7-2。*** $p<0.01$,** $p<0.05$,* $p<0.10$。

---

① IV估计系数增大数倍可能是由于两阶段回归中局部平均处理效应(Local Average Treatment Effect,简称LATE)的影响。

② 本节在测试中还考虑了文献中设计的工具变量:社区/村庄人口密度、样本所在区/县家庭普惠金融的均值、样本所在社区/村庄其他家庭普惠金融的均值及社区/村庄到最近银行网点的距离,结果显示县级IV和社区IV得到了一致的结果,而距离IV存在识别不足,人口密度IV没有达到弱工具阈值。

三 金融普惠与家庭债务风险：作用机制分析

（一）影响途径之一：促进减贫增收

前已述及，就理论预测而言，普惠金融抑制家庭债务风险的路径主要有两种：一种是普惠金融能够借助金融服务的健全和完善，提高居民家庭的信贷可得性及激励非农就业与创业，有助于促进居民个体尤其是弱势群体的减贫增收进而间接影响家庭债务风险；另一种路径是普惠金融通过提供适当且有效的避险工具，提升家庭风险应对能力，从而对缓解家庭债务风险发挥积极作用。现有文献从宏观的角度提供了普惠金融通过促进非农就业与创业等工商业活动影响家庭减贫增收的经验证据，[1] 但宏观数据不能准确刻画普惠金融服务在微观个体之间的分配及使用状况而难以直接反映其微观福利效应。普惠金融的减贫增收渠道涉及以下两个问题：微观层面的普惠金融指数能否提高家庭收入，且家庭收入增加是否有助于降低家庭债务风险。沿此逻辑，本节分别使用社区/村庄人均收入和家庭人均收入作为中介变量，考察普惠金融（X）是否通过减贫增收（M）间接对家庭债务风险（Y）产生影响。

利用中介效应递归模型，表7-5汇报了减贫增收机制检验的估计结果。第（1）—（4）列选用社区人均收入作为中介变量进行估计显示，普惠金融有助于显著提升家庭所在社区的经济发展状况，并且社区人均收入的增加显著抑制了家庭债务风险，社区人均收入提高1%，家庭债务风险将分别降低0.1540个单位（固定效应估计）和0.2536个单位（固定效应+IV估计）。特别地，无论是OLS模型还是2SLS模型，回归方程中控制社区人均收入之后，普惠金融指数 β 值都有所下降。以第（4）列为例，社区增收效应使得普惠金融对家庭债务风险的影响降低了15%左右，表明普惠金融有利于社区层面的减贫增收，其对家庭债务风险的抑制效应部分地反映在了社区经济发展之中。同样地，表7-6第

---

[1] 郑秀峰、朱一鸣：《普惠金融、经济机会与减贫增收》，《世界经济文汇》2019年第1期。

表7-5　普惠金融对家庭债务风险的作用机制：促进减贫增收（a）

变量	Ln（社区人均收入）		家庭债务风险	
	（1）OLS	（2）2SLS	（3）OLS	（4）2SLS
普惠金融指数	0.0101** （0.0041）	0.0266*** （0.0094）	-0.3079*** （0.1132）	-1.4852** （0.7517）
Ln（社区人均收入）			-0.1540* （0.0906）	-0.2536*** （0.0634）
控制变量	控制	控制	控制	控制
时间固定效应	控制	控制	控制	控制
观测值	27735	27735	27735	27735

注：括号内数值为稳健标准误，控制变量组合同表7-2。*** $p<0.01$，** $p<0.05$，* $p<0.10$。

表7-6　普惠金融对家庭债务风险的作用机制：促进减贫增收（b）

变量	Ln（家庭人均收入）		家庭债务风险	
	（1）OLS	（2）2SLS	（3）OLS	（4）2SLS
普惠金融指数	0.0315** （0.0152）	0.1467** （0.0641）	-0.2853*** （0.0996）	-1.6346** （0.7245）
Ln（家庭人均收入）			-1.5938*** （0.2989）	-1.8701*** （0.4438）
控制变量	控制	控制	控制	控制
时间固定效应	控制	控制	控制	控制
观测值	27735	27735	27735	27735

注：括号内数值为稳健标准误，控制变量组合同表7-2。*** $p<0.01$，** $p<0.05$，* $p<0.10$。

（1）—（4）列使用家庭人均收入替代社区人均收入，得到了基本一致的结论：家庭人均收入增加能够显著降低家庭债务风险，且回归系数较社区人均收入更大；而普惠金融显著提高了家庭人均收入，证实增收作用的中介效应成立。总体而言，本节表明普惠金融可以通过促进减贫增收对家庭债务风险产生积极影响，这既反映在普惠金融对村庄/社区经济的增收效应上，也反映在普惠金融能够显著改善微观个体的收入状况上，体现出真正意义上的"普惠"价值。

（二）影响途径之二：提升风险应对能力

家庭债务风险一方面是由于家庭过度负债，导致资不抵债或不能偿还到期债务；另一方面也受制于家庭收入和支出的不确定性，一旦面临较大收入波动或者非预期大宗支出冲击，未来陷入财务困境的风险或危及财务安全边界的可能性会较大。普惠金融能够向家庭提供适当且有效的避险工具，比如应急贷款支持或商业保险覆盖，提升家庭风险应对能力，进而抑制家庭债务风险的发生概率。为验证普惠金融作用家庭债务风险中风险应对能力机制的存在性，借鉴尹志超和张栋浩（2020）的做法，① 本节从"养老方式"②、"养老形式"③ 和"融资渠道偏好"④ 三个方面来刻画家庭应对风险冲击的能力，以虚拟变量赋值。具体而言，如果家庭计划的主要养老方式中包含"社会养老保险"、"商业养老保险"及"自身储蓄和投资"，那么家庭具有较强的风险应对能力，赋值为1；反之，如果仅仅通过"子女赡养"、"离退休工资"和"配偶亲属支持"，则认为风险应对能力较弱，赋值为0。同理，如果家庭倾向的养老形式只是"居家养老"，反映家庭风险意识薄弱，风险应对能力较弱；而如果倾向选择"社区养老"或"机构养老"来管理养老问题，则认为家庭风险应对能力较强。在融资渠道偏好方面，如果家庭只是愿意通过亲戚、朋友或者生意伙伴等民间渠道融资，那么风险应对能力较弱；而如果更倾向于通过银行等正规金融机构融资，则视为家庭风险应对能力较强。

---

① 尹志超、张栋浩：《普惠金融、家庭贫困及脆弱性》，《经济学（季刊）》2020年第1期。
② CHFS问卷中"您计划最主要的养老方式是什么？（可多选）（1）自己储蓄、投资；（2）子女赡养；（3）社会养老保险；（4）离退休工资；（5）配偶或亲属支持；（6）其他养老计划"。
③ 受访者更倾向于"以下哪种养老形式？（1）居家养老；（2）机构养老；（3）社区养老"。
④ CHFS问卷中"在以下渠道都能借到钱的前提下，您更偏好哪种渠道？（1）银行；（2）亲戚；（3）朋友；（4）生意伙伴；（5）其他"。

第七章 中国城市家庭债务风险的影响因素分析

采用省级政策Ⅳ，表7-7汇报了2SLS估计结果。前三列结果表明，普惠金融虽然对养老形式（是否倾向社区/机构养老）没有显著影响，但是对养老方式和融资渠道偏好影响正向显著，即普惠金融有助于提高家庭通过保险、储蓄和投资的方式来应对养老风险及通过正规金融机构融资解决流动性约束风险，显著提升了家庭风险应对能力。进一步地，第（4）—（6）列在基准模型的基础上分别加入了是否倾向储蓄/投资/保险养老、社区/机构养老和正规渠道融资。结果显示，储蓄/投资/保险养老计划和正规融资偏好都在5%的显著性水平上有助于降低家庭债务风险，而社区/机构养老倾向的影响依旧不显著；并且，与表7-4中第二阶段的回归结果相比，第（4）和第（6）列中的普惠金融对家庭债务风险的影响效应都有不同程度的弱化。依据中介效应识别原理，结合第（1）和第（3）列结果，基本可以证实普惠金融对家庭债务风险的抑制效应是部分通过提升家庭风险应对能力实现的，这不仅体现在普惠金融能够促进家庭通过保险、储蓄和投资等更为高效的避险方式应对未来风险冲击，还体现在普惠金融有助于激励家庭借助正规融资渠道来解决家庭财务困境。

表7-7　　　普惠金融对家庭债务风险的作用机制：
提升风险应对能力（2SLS估计）

变量	储蓄/投资/保险养老	机构/社区养老	正规融资偏好	家庭债务风险		
	(1)	(2)	(3)	(4)	(5)	(6)
普惠金融指数	0.0658*** (0.0237)	0.0058 (0.0053)	0.0027** (0.0011)	-1.4897** (0.7517)	-1.7569** (0.7743)	-1.6301** (0.7018)
储蓄/投资/保险养老方式				-0.4166** (0.1765)		
机构/社区养老形式					3.4413 (6.9414)	
正规融资偏好						-1.4671** (0.7335)

续表

变量	储蓄/投资/保险养老	机构/社区养老	正规融资偏好	家庭债务风险		
	(1)	(2)	(3)	(4)	(5)	(6)
控制变量	控制	控制	控制	控制	控制	控制
时间固定效应	控制	控制	控制	控制	控制	控制
观测值	27735	27735	27735	27735	27735	27735

注：括号内数值为稳健标准误，控制变量组合同表 7-2。*** $p<0.01$，** $p<0.05$，* $p<0.10$。

四 进一步讨论

（一）金融普惠是"雪中送炭"还是"锦上添花"

与传统金融的"嫌贫爱富"和"精英俘获"不同，普惠金融的初衷和目标定位是扩展金融服务的外延，凭借金融产品的创新和信息化技术的推广与普及，以可负担的成本为社会各阶层和群体特别是弱势群体提供有效的、便捷的金融服务。[①] 换言之，普惠金融的主要动机在于降低准入门槛，消除金融服务的贵族属性，让那些受到传统金融排斥的弱势群体有机会享受到所需的金融产品和服务，从而体现出普惠金融的应有之义。那么，在抑制家庭债务风险方面，普惠金融是扮演了"雪中送炭"的角色，还是仅仅针对非弱势群体发挥"锦上添花"的作用？为此，本节根据家庭所在地区和收入阶层进行分组，考察普惠金融对不同家庭的债务风险的影响差异，估计结果如表 7-8 所示。

从表 7-8 中 Panel A 可以看出，普惠金融对中部地区和西部地区家庭债务风险影响显著为负，而对于东部地区家庭，无论是基准效应估计还是采用省级政策 IV 的工具变量估计，普惠金融的抑制效应均不显著。这也说明，普惠金融更有利于改善中部和西部地区家庭的债务风险。同样的结论也体现在收入阶层分组的异质性讨论中，如表 7-8 中 Panel B

[①] Claessens S., "Access to Financial Services: A Review of the Issues and Public Policy Objectives", *The World Bank Research Observer*, Vol. 21, No. 2, August 2006.

所示。从收入阶层看，普惠金融对家庭债务风险的作用主要体现在低收入阶层中，而对于中等收入阶层和高收入阶层，普惠金融的影响不显著或不稳健。整体而言，普惠金融对禀赋较小的长尾群体——低收入阶层、中西部地区家庭的债务风险发挥了更大的作用，扮演了"雪中送炭"的角色。

表7-8　　　　　普惠金融是"雪中送炭"还是"锦上添花"

Panel A：按地区					
	东部		中部		西部	
	(1) OLS	(2) 2SLS	(3) OLS	(4) 2SLS	(5) OLS	(6) 2SLS
普惠金融指数	0.0996 (0.3305)	0.8060 (2.7258)	-0.8558*** (0.2807)	-2.2414** (0.9962)	-0.4075*** (0.0992)	-1.1501* (0.6068)
控制变量	控制	控制	控制	控制	控制	控制
N	11382	11382	6963	6963	9390	9390

Panel B：按收入阶层					
	高收入阶层		中等收入阶层		低收入阶层	
	(1) OLS	(2) 2SLS	(3) OLS	(4) 2SLS	(5) OLS	(6) 2SLS
普惠金融指数	-0.1494** (0.0634)	-1.2588 (0.9735)	-0.6249 (0.7335)	-1.9697 (2.3092)	-1.2950*** (0.4166)	-2.7711*** (0.6294)
控制变量	控制	控制	控制	控制	控制	控制
N	5553	5553	16656	16656	5526	5526

注：括号内数值为稳健标准误，控制变量组合同表7-2。*** $p<0.01$，** $p<0.05$，* $p<0.10$。

怎样看待普惠金融对弱势群体影响更大？一方面，从供给的角度看，立足于以贫困人群、城镇低收入人群、农民和残疾人等特殊群体作为重点服务对象的普惠性金融，其提供的金融基础设施和小额借贷项目促进了这类特殊群体对金融服务的使用频次及使用深度；而另一方面，从需求侧来看，与非弱势人群不同，弱势群体人力与物质资本积累更少、资源禀赋更弱、应对风险冲击的能力更差，可能更加依赖普惠性金融服务平滑消费或进行再生产，以摆脱当前面临的财务困境。也就是说，这是一个自然筛选的问题，低收入阶层和中西部地区家庭可能会更加积极地参与普惠性金融项目，从而推动普惠金融发挥更为显著的积极作用。

（二）金融素养的调节效应

大量的文献表明，人力资本及认知能力的缺乏是阻碍居民有效参与金融市场的重要因素之一。[①] 普惠金融并非独立的经济单元，其有序开展在某种程度上依赖于所处的外部环境和条件，而在数字经济和信息时代，居民的金融素养作为潜在要素在普惠金融发展中的作用愈显重要，得到国内外学者的广泛关注。[②] 本节讨论普惠金融在降低家庭债务风险的过程中，居民的金融素养是否存在调节效应，即金融素养的提升能否更大限度地促进普惠金融对家庭债务风险的抑制效应。借鉴文献中测度金融素养的常用做法，[③] 本节从课程学习、信息关注和财务技能三个方面[④]，采用因子分析法，通过构建金融素养综合指标及其与家庭普惠金融的交互项，考察金融素养在普惠金融影响家庭债务风险中的调节效应。

表7-9汇报了估计结果。第（1）列仅考虑普惠金融、金融素养及其交互项，第（2）列加入了户主性别、年龄及其平方项、政治身份、婴幼儿数量、在校学生数量、老年人口数量及地区特征等扰动项，第（3）列继续添加婚姻状况、职业、受教育年限、健康状况、风险偏好和Ln（流动性资产）等可能的内生性变量。前三列结果显示，金融素养回归系数显著为负，并且交互项至少在5%水平上同样负向显著，表明居

[①] Popov A., "Credit Constraints and Investment in Human Capital: Training Evidence from Transition Economies", *Journal of Financial Intermediation*, Vol. 23, No. 1, January 2014；廖婧琳、周利：《数字普惠金融、受教育水平与家庭风险金融资产投资》，《现代经济探讨》2020年第1期。

[②] 吴卫星、吴锟、王琎：《金融素养与家庭负债——基于中国居民家庭微观调查数据的分析》，《经济研究》2018年第1期。

[③] 刘波、王修华、胡宗义：《金融素养是否降低了家庭金融脆弱性？》，《南方经济》2020年第10期。

[④] 在CHFS问卷设计中，课程学习指"是否上过经济/金融类课程"，信息关注指"对经济/金融信息的关注程度"，而财务技能则体现为受访者能否对通胀、利率和投资风险问题准确识别并进行正确计算。

民金融素养的提升不仅本身能够降低家庭债务风险,而且还显著增强了普惠金融对家庭债务风险的边际贡献。唯一例外的是,模型中控制交互项之后,普惠金融指数 β 值变得不再稳健,但是我们不能由此简单推断普惠金融的影响效应不再存在。一种可能的情形是普惠金融与交互项高度相关,其对家庭债务风险的影响可能与交互项缠绕在一起,扰动了普惠金融自身的作用效果;另一种情形是普惠金融对家庭债务风险的抑制效应可能间接地反映在了其与金融素养的交互变量之中。采用省级政策IV,表7-9第(4)—(6)列得到了基本一致的结论,且交互项的回归系数大于固定效应模型中的估计值。这也证实,金融素养的调节效应是成立的,即金融素养越高,普惠金融对家庭债务风险的影响效应越大。换言之,在应对家庭债务风险的过程中,微观个体只有具备了相当水平的金融素养,普惠金融才能更好地发挥作用。

表7-9 普惠金融影响家庭债务风险:金融素养的调节效应

	被解释变量:家庭金融脆弱性					
	固定效应			固定效应+IV		
	(1)	(2)	(3)	(4)	(5)	(6)
普惠金融指数	-0.1481 (0.1276)	-0.0782 (0.0741)	-0.2634** (0.1152)	-0.9547* (0.5020)	-0.4362 (0.3704)	-1.1810** (0.4938)
普惠金融指数× 金融素养	-0.1104*** (0.0434)	-0.1340*** (0.0434)	-0.0710** (0.0315)	-0.3351** (0.1577)	-0.4494*** (0.1577)	-0.2759* (0.1419)
金融素养	-0.7947*** (0.2578)	-0.4556** (0.2119)	-0.7135*** (0.2543)	-0.5827*** (0.1625)	-0.3426*** (0.1095)	-0.8689*** (0.1837)
家户特征变量	不控制	控制	控制	不控制	控制	控制
地区经济变量	不控制	不控制	控制	不控制	不控制	控制
时间固定效应	控制	控制	控制	控制	控制	控制
观测值	27735	27735	27735	27735	27735	27735

注:括号内数值为稳健标准误,控制变量组合同表7-2。*** $p<0.01$,** $p<0.05$,* $p<0.10$。

第五节　集体主义与家庭债务风险

一　集体主义对家庭债务风险的影响：基准估计

家庭借款不仅仅是个人行为决策的结果，还可能是整个家庭集体决策的产物，借款抉择及其程度除受户主的个体特质影响外，还会受到其配偶特征差异的影响。本节将样本数据划分为宽样本（全部家户）和窄样本（有配偶家户），表7-10汇报了宽窄两种口径下集体主义对家庭债务风险影响的回归结果。从表7-10第（1）和第（3）列可以看出，集体主义观念对家庭债务风险的影响在1%的水平上显著为正，表明居民的集体主义程度显著提升了家庭债务风险。然而，使用全体家户样本回归的 β 值要小于只使用有配偶家户样本回归的系数，说明婚姻的缔结进一步放大了集体主义对家庭债务风险的影响。

表7-10　　集体主义对家庭债务风险的影响：基准估计

	宽样本（全体家户）		窄样本（有配偶家户）	
	（1）	（2）	（3）	（4）
集体主义	0.7820*** (0.2322)	0.4401*** (0.0989)	0.9645*** (0.2572)	0.4990*** (0.1145)
家户特征变量	控制	不控制	控制	不控制
地区经济变量	控制	控制	控制	控制
Pseudo R^2	0.4018	0.2061	0.3723	0.1945
观测值	27735	27735	24129	24129

注：括号内数值为稳健标准误，控制变量组合同表7-2。*** $p<0.01$，** $p<0.05$，* $p<0.10$。

一种可能的解释是婚姻的形成会产生诸如购房、生养抚育等一系列大额支出，导致更加沉重的家庭负担，借款需求增加；[①] 另一种可能的

---

① Delrio A. and Young G., "The Impact of Unsecured Debt on Financial Pressure among British Households", *Applied Financial Economics*, Vol. 18, No. 7, July 2008.

情形是婚姻为家庭提供了更为宽泛且紧密的社会网络资源，在放大的集体圈层内能够提供更为便捷的融资渠道以及更充分的财产或收入担保凭证，进而增强家庭借款的可得性。进一步控制地区经济变量，表7-10中第（2）和第（4）列报告了宽窄两种口径下集体主义影响家庭债务风险的估计结果。结果表明，居民集体主义观念对家庭债务风险的推动作用在1%的统计水平上依然是成立的。上述两组估计结果仍支持前文的基本结论。

二 集体主义与家庭债务杠杆：作用机制分析

根据文献中给出的理论预期，集体主义大体可以通过拓宽社会网络、提升风险偏好和影响生活态度三种途径对家庭债务风险产生作用。沿循文献中通行的做法，本节使用家庭人情礼支出作为家庭社会网络的代理变量，验证集体主义对家庭债务风险影响的社会网络机制。表7-11第（1）列结果表明，在控制一系列家户和地区特征变量的前提下，居民的集体主义观念显著提高了家庭人情礼支出。也就是说，集体主义确实显著影响了人们的社会网络资源。同时，表7-11第（2）列结果显示，人情礼支出对家庭债务风险的影响在1%的水平上显著为正，表明社会网络强度的增加显著推高了家庭债务风险。整体上看，集体主义通过拓展家庭社会网络资源来影响家庭债务风险在统计上是高度显著的。

但是，也必须注意到一个有趣的现象，即人情礼支出可能造成家庭沉重的经济负担，尤其对于很多农村家庭而言，礼金支出已然成为家庭一笔不堪重负的人情债，而且婚丧嫁娶、上梁添丁等名目繁多的人情往来在很大程度上难以预测，作为一种非预期支出，本身可能也会提高家庭的借款倾向。因此人情礼支出统计上的显著并不足以证实家庭借款行为中社会网络机制发挥了作用——提供更为便捷的融资渠道来放大家庭债务风险。本节根据家庭持有的流动性资产，将样本家庭划分为流动性较低（25%分位点及以下）、中等（25%至75%分位点）和较高（75%

分位点以上）家庭①，分组考察集体主义对家庭债务风险的影响。背后的逻辑是，家庭持有的流动性资产越少，越有可能依赖外部借款来应对家庭流动性约束，集体主义对其债务风险的放大效应将会越大。表7-11第（3）—（5）列报告了按资产流动性分组的异质性检验结果。结果显示，集体主义对资产流动性较低家庭的债务风险影响最大，资产流动性中等家庭次之，而对于资产流动性较高家庭，集体主义并没有显著影响其债务风险。结合表7-11前两列的结论，基本可以印证前文中所提到的——集体主义通过强化家庭社会网络进而对家庭债务风险产生间接影响。

表7-11 集体主义对家庭债务杠杆的影响机制：家庭社会网络

	Ln（家庭人情礼支出）	债务风险	信贷支持		
			资产流动性较低	资产流动性中等	资产流动性较高
集体主义	0.0287** （0.0132）		0.5319*** （0.1708）	0.2047*** （0.0643）	0.1407 （0.0985）
Ln（家庭人情礼支出）		0.4849*** （0.1752）			
家户特征变量	控制	控制	控制	控制	控制
地区经济变量	控制	控制	控制	控制	控制
观测值	27735	27735	6912	13890	6933
调整 R^2	0.0951	0.3972	0.3665	0.4030	0.2935

注：括号内数值为稳健标准误，控制变量组合同表7-2。*** $p<0.01$，** $p<0.05$，* $p<0.10$。

另一种机制是集体主义通过宗族内部的风险分担机制，提高人们的风险容忍度并降低其不确定性规避倾向，从而提升家庭的债务风险。接

---

① 流动性资产包括家庭持有的现金、银行活期存款、短期理财产品、货币基金、股票、外汇等金融性资产。

下来本节使用更为严谨的中介效应识别方法——最早由 Baron 和 Kenny（1986）提出的如下递归模型，[①] 检验集体主义是否通过中介变量风险态度间接对家庭债务风险产生作用。[②]

$$debt\_risk = \varphi_1 + \beta_1 collectivism + \gamma' Z + u_1 \quad (7-4)$$

$$risk\_attitude = \varphi_2 + \beta_2 collectivism + \gamma' Z + u_2 \quad (7-5)$$

$$debt\_risk = \varphi_3 + \beta_3 collectivism + \beta_4 risk\_attitude + \gamma' Z + u_3 \quad (7-6)$$

式中，$risk\_attitude$ 代表中介变量风险态度，其他变量的设置与模型（7-2）保持一致。在 CHFS 问卷中，受访者风险态度直接以"您按照自己的偏好会倾向于以下哪种方式：①直接获得 100 元；②扔硬币，正面得 200 元，反面得 0 元"进行测量。本节将选②的受访者视为风险偏好，赋值为 1，反之则为风险中性或风险厌恶，赋值为 0。风险态度中介效应的递归模型检验结果如表 7-12 第（1）、第（4）和第（5）列所示，分别对应模型（7-5）、模型（7-4）和模型（7-6）。可以看出，β_2 在 1% 的水平上显著为正，说明集体主义观念显著提高了人们的风险偏好倾向。在模型（7-4）中加入风险态度变量后，β_4 仍然正向显著，说明风险偏好能够促进家庭的借款行为并提高家庭债务风险。并且，与模型（7-4）中集体主义程度变量的系数 β_1 相比，系数 β_3 尽管依旧显著，但是数值明显要更小，说明风险态度存在部分中介效应，即集体主义对家庭债务风险的推动作用是部分通过影响其风险态度得以实现的。

除此之外，集体主义还可能通过影响人们更为节俭和自律的生活态度进而对家庭债务风险产生作用。在节俭程度方面，借鉴田子方（2020）的做法，[③] 使用家庭过去 12 个月总收入与家庭消费性支出的比值衡量，比值越高，意味着家庭会根据自身财务状况量入为出，在生活

[①] Baron R. and Kenny D. A., "The Moderator-Mediator Variable Distinction in Social Psychological Research", *Journal of Personality and Social Psychology*, Vol. 51, No. 6, July 1986.

[②] 如果系数 β_3 下降但依然显著，说明是部分中介效应；如果系数 β_3 下降且不再显著，说明是完全中介效应；除此之外的其他情形则说明中介效应不存在。

[③] 田子方：《集体主义与居民家庭消费——来自中国的经验发现》，《金融研究》2020 年第 5 期。

中表现得更为节俭;而在自律性方面,使用"和家人吃饭次数(晚/周)"衡量,赋值区间为0—7,次数越多,对应受访者越强的自律倾向。沿循相同的思路,采用 Baron 和 Kenny(1986)构建的中介效应识别方法,分步骤检验集体主义是否通过节俭和自律对家庭债务风险产生影响。表7-12 第(2)和第(3)列结果显示,当因变量为刻画家庭量入为出的收入支出比时,集体主义的估计系数正向显著,说明居民的集体主义观念导致了更为节俭的生活态度;而当因变量为反映自律性的生活态度变量时,集体主义的估计值为负,这与之前研究假设中所讨论的结论相反。

表7-12　集体主义对家庭债务风险的影响机制:风险偏好与生活态度

	风险态度	节俭	自律	家庭债务风险			
	(1)	(2)	(3)	(4)	(5)	(6)	(7)
集体主义	0.015** (0.008)	0.028* (0.015)	-0.118 (0.097)	0.784*** (0.232)	0.718*** (0.210)	0.692*** (0.208)	0.780*** (0.239)
风险态度				1.292*** (0.379)			
节俭(量入为出)					-1.873*** (0.530)		
自律(和家人吃饭次数)							-0.265* (0.144)
家户特征	控制	控制	控制	控制	控制	控制	控制
地区经济	控制	控制	控制	控制	控制	控制	控制
观测值	27735	27735	27735	27735	27735	27735	27735
调整 R^2	0.2935	0.2483	0.1522	0.1984	0.4019	0.4227	0.4061

注:括号内数值为稳健标准误,控制变量组合同表7-2。*** $p<0.01$,** $p<0.05$,* $p<0.10$。

"和家人吃饭次数(晚/周)"在问卷中的本意是表征受访者的家庭观念和内敛与自律倾向,负相关意味着集体主义观念越强则陪家人吃饭次数越少而外出就餐次数越多。可能的解释是，饭局具有很强的社交属性，而集体主义氛围下的人们由于亲缘、地缘或姻缘关系，往往拥有更为丰富的社交网络，两者具有很强的同向关系。本节对自律性这一机制的验证不够理想的另一个可能的原因是 CHFS 问卷中刻画自律变量的指标还不完整，并不代表自律与集体主义之间不存在密切关联。基于生活态度影响渠道的计量检验显示仅有节俭这一机制的存在前提是合理的。本节重点对比计量方程中纳入节俭变量后模型系数的变化，如表 7 - 12 第（4）和第（6）列所示。首先，收入支出比变量本身显著为负，说明崇尚节俭的生活态度显著抑制了家庭债务风险；其次，就集体主义估计系数的数值大小而言，加入节俭变量时的 $β_3$ 相比于不加入时的 $β_2$ 减少了约 12%。换言之，家庭的节俭程度削弱了集体主义对家庭债务风险的推动作用，表明集体主义→节俭的生活态度→家庭债务风险的路径是成立的。

三 稳健性与内生性讨论

进一步地，本节力图在集体主义影响家庭杠杆率的结论稳健性方面找到更多的证据。基于同样的"价值观"、"信念"和"自我"三个维度，在调查问卷中重新选取类似可以反映受访者集体主义观念强度的变量，参照上节主成分分析法（CPA），构建新的集体主义综合指标，分别记为集体主义Ⅱ和集体主义Ⅲ。集体主义Ⅱ对应的三个问题分别是"传宗接代的重要程度"、"努力工作能有回报"[1] 和"您人缘关系有多好？"[2]；而集体主义Ⅲ对应的三个问题分别是"传宗接代的重要程度"、"聪明才干能有回报"[3] 和"不孤单的重要程度"[4]。其中，"努力工作能有回报"和"聪明才干能有回报"作为表征个人主义观念的变量，也反

---

[1] 1—5 的有序变量，1 为十分不同意，5 为十分同意。
[2] 主观性的自评变量，打分区间 1—10，1 为极差，10 为极好。
[3] 1—5 的有序变量，1 为十分不同意，5 为十分同意。
[4] 1—5 的有序变量，1 为不重要，5 为重要。

向测度了人们的集体主义观念。对上述逆指标进行正向化处理，即 1 代表十分同意，5 代表十分不同意。在新的指标构建下，集体主义影响家庭债务风险的回归结果如表 7-13 中 Panel A 和 Panel B 所示。可以看出，无论使用指标Ⅱ还是使用指标Ⅲ，集体主义变量的估计系数都在 1% 的水平上显著为正，即居民的集体主义观念越强，家庭债务风险越高；集体主义对有配偶家庭债务风险的促进作用要明显高于无配偶（未婚、离婚和丧偶）家庭，回归结果与前文的分析基本一致。

表 7-13　　　　稳健性检验：集体主义指标的不同度量

	宽样本（全体家户）		窄样本（有配偶家户）	
	(1)	(2)	(1)	(2)
Panel A：按指标Ⅱ				
集体主义Ⅱ	0.9693*** (0.2631)	0.4986*** (0.1119)	1.0827*** (0.2915)	0.5237*** (0.1295)
家户特征变量	控制	不控制	控制	不控制
地区经济变量	控制	控制	控制	控制
N	27735	27735	10360	10360
Panel B：按指标Ⅲ				
集体主义Ⅲ	0.7614*** (0.2068)	0.3916*** (0.0879)	0.8295*** (0.2289)	0.4114*** (0.1016)
Panel B：按指标Ⅲ				
家户特征变量	控制	不控制	控制	不控制
地区经济变量	控制	控制	控制	控制
N	27735	27735	24129	24129

注：括号内数值为稳健标准误，控制变量组合同表 7-2。*** $p<0.01$，** $p<0.05$，* $p<0.10$。

在前文的模型中，实证结果证实集体主义观念能够影响家庭债务风险，而对于债务风险是否会反过来影响集体主义则尚存争议。一方面，作为衡量国家或地区文化差异的重要维度，人们的集体主义/个人主义价值观、信念和偏好在一个相当长的时间跨度内是稳定的、静态的和可代际传

第七章　中国城市家庭债务风险的影响因素分析

递的,[①] 能够在一定程度上保持相对的稳定性和延续性。而另一方面,集体主义信念是嵌入行为中的对其所处环境持有的一种积极性预期,在其形成过程中可能容易受到外在某种特定情境下行为反馈的影响。一个典型的例子是,那些有借款需求的个体,可能会有意识、有目的地对其集体组织或圈层进行发掘、拓展以强化其社交网络;或者正因为成功获得了亲友借款,从而觉得乡亲族党是值得信赖的,继而增强其集体主义信念。

为了避免这种反向影响可能造成的内生性偏误,借鉴 Talhelm 等(2014)用南稻北麦种植格局差异解释个人主义和集体主义的思路,[②] 本节使用中国各省粮食种植面积中水稻播种所占比重[③]作为集体主义的工具变量,对家庭债务风险与集体主义的因果关系进行再检验。我们主要基于如下考虑:(1)"稻麦之别"是中国南北集体主义和个人主义文化分途的重要象征。与北方小麦收割期的异地雇佣种植方式不同,南方水稻区农忙抢收和灌溉修缮在人工上的协调互济大多是在村庄和氏族成员内部进行,基于地缘与亲缘的互惠互助强化了所在地集体主义文化氛围。(2)南方湿润多雨,北方干旱严寒,"南稻北麦"的分布格局主要受气温、降水、日照和土壤等自然禀赋的制约而形成,且古已有之,在微观个体的借款行为中具有很好的外生性。

表7-14第(1)、第(3)列估计结果显示,样本所在地水稻种植比例与居民集体主义之间高度相关,说明崇尚内部协作的水稻种植分工模式诱致出情感上互相依存的集体主义信念。2SLS 模型估计的第一阶段回归中,宽窄两种口径下 Cragg-Donald 检验 F 值均超过弱工具变量阈值10;第二阶段 Wald 内生性检验的 p 值也都至少在10%的水平上拒绝集

[①] 田子方:《集体主义与居民家庭消费——来自中国的经验发现》,《金融研究》2020年第5期。

[②] Talhelm T., Zhang X., Qishi S., Shimin C., Duan D., Lan X. and Kitayama S., "Large-Scale Psychological Differences Within China Explained by Rice Versus Wheat Agriculture", *Science*, Vol. 344, No. 6184, May 2014.

[③] 数据来源:国家统计局提供的2018年数据测算。

体主义指标外生的原假设。这意味着工具变量水稻种植比例是合适且有效的。最后，表 7-14 第（2）、第（4）列汇报了 2SLS 模型第二阶段回归结果。结果表明，IV 估计支持前文的研究结论：集体主义显著推高了家庭债务风险，即居民集体主义观念越强，家庭债务风险越高。无论是全体家户样本还是有配偶家户样本，集体主义估计系数都在 1% 的水平上显著为正，与此同时，宽窄样本下 IV 估计的 β 值分别较基准回归（表 7-10 第（1）、第（3）列）增加近 62% 和 156%，说明原模型存在难以控制的遗漏变量低估了集体主义对家庭债务风险的影响效应。

表 7-14　　集体主义影响家庭债务风险：工具变量回归

	宽样本（全体家户）		窄样本（有配偶家户）	
	（1）第一阶段	（2）第二阶段	（1）第一阶段	（2）第二阶段
水稻种植比例	0.0986 ** (0.0415)		0.1198 *** (0.0447)	
集体主义		1.2706 *** (0.4840)		2.4721 *** (0.9126)
家户特征变量	控制	控制	控制	控制
地区经济变量	控制	控制	控制	控制
Cragg-Donald 检验		41.95		36.50
Wald 内生性检验		0.0571		0.0764
调整 R^2	0.4614		0.5013	
观测值	27735	27735	24129	24129

注：括号内数值为稳健标准误，控制变量组合同表 7-2。*** $p<0.01$，** $p<0.05$，* $p<0.10$。

四　进一步讨论：数字金融发展的外生冲击

集体主义来自遗传的伦理惯习，[1] 是社会文化密码的一部分。它通

---

[1] Weber E. U. and Hsee C. K., "Models and Mosaics: Investigating Cross-Cultural Differences in Risk Perception and Risk Preference", *Psychonomic Bulletin and Review*, Vol. 6, No. 4, December 1999.

过代际遗传、教导和模仿等渠道，持久地形塑了过去的文化传统。集体主义在本质上是一种非正式的制度安排，在促进资金融通、降低交易成本、克服流动性约束等方面发挥着不可或缺的重要作用，能够补充和替代正式制度的部分职能。但是，随着我国近年来普惠金融尤其是数字金融的迅猛发展，市场化金融架构逐渐建立并完善，呈现多元化纵深推进的发展态势。面对数字金融发展和数字技术进步的外生冲击，集体主义这种非正式制度的作用是否将趋于弱化？为验证市场化进程中集体主义传统文化在人们经济事务（借款行为）中所扮演角色的长期变化趋势，将数字普惠金融发展指数及其与集体主义变量的交互项纳入债务收入比和资产负债率的决定方程，检验结果如表7-15所示。

表7-15　集体主义对家庭债务风险的影响：数字金融发展的调节效应

	被解释变量：家庭债务风险			
	（1）OLS模型	（2）2SLS模型	（3）OLS模型	（4）2SLS模型
集体主义	0.4854** （0.2399）	1.1190*** （0.3397）	0.0386 （0.0662）	0.1126* （0.0644）
集体主义×数字金融发展	-0.2186*** （0.0773）	-0.3581*** （0.0927）	-0.0666 （0.0534）	-0.0386 （0.0254）
数字金融发展	0.0725*** （0.0243）	0.0585* （0.0328）	0.0206*** （0.0070）	0.0177** （0.0085）
家户特征变量	控制	控制	控制	控制
地区经济变量	不控制	不控制	控制	控制
Cragg-Donald检验F值		35.68		31.12
Wald内生性检验（p值）		0.0694		0.1848
调整R^2	0.4119		0.2922	
观测值	27735	27735	27735	27735

注：括号内数值为稳健标准误，控制变量组合同表7-2。*** $p<0.01$，** $p<0.05$，* $p<0.10$。

表7-15第（1）、第（3）列为基准效应估计，第（2）、第（4）列为基准效应+IV估计。从回归结果中可以看出，控制数字金融发展水平及其与集体主义程度的交互项之后，集体主义观念对家庭债务风险的影响系数和显著性程度都发生了明显变化。一种可能的解释是，引入交互项可能导致模型解释变量之间高度相关，多重共线性的存在可能严重高估或低估集体主义变量系数所代表的经济含义。无论是基准模型估计还是工具变量模型估计，数字金融发展对家庭债务风险均有显著的正向影响，表明依托互联网通信和大数据技术发展起来的数字普惠金融是影响家庭债务风险的重要因素。随着花呗、借呗和微粒贷等新型数字金融业态的推广和普及，数字金融发展在缓解居民流动性约束、释放更多制度红利的同时，也显著推高了家庭债务风险。

本节重点关注家庭债务风险中数字普惠金融与集体主义程度交互项的影响。从交互项的系数来看，在仅控制户主特征变量的情况下，数字普惠金融发展显著降低了集体主义对家庭债务风险的促进效应，而在控制了地区经济变量后，数字金融的调节效应虽不显著，但是其作用方向仍然保持一致。上述结果基本可以证实，数字金融发展水平越高，集体主义对家庭债务风险的影响越小。换言之，以宗族关系为载体的集体主义在人们借款行为中的作用随数字金融的发展而逐渐减弱。数字金融的外生冲击如何影响集体主义对家庭债务风险的作用？一方面，数字科技的革新推进了金融领域的市场化进程，乡土社会逐渐向市民社会过渡，而市场化金融组织的建立和完善，在社会转型中将逐渐取代集体主义这种非正式制度的社会功能。在乡土社会，氏族宗亲的成员往往居住得很近，且少有迁徙，宗族内部社会交往非常密切，成员之间往往能够协调互济、互惠互助；而在市民社会，人们的社交网络不再局限于乡亲族党，社会关系的主体变为朋友，大多建立在一致利益的基础之上，不像氏族关系那般稳固，这种集体圈层价值的弱化无疑将降低以此为载体的家庭借款的可能性。另一方面，数字普惠金融发展为缓解家庭流动性约束提供了新的渠道和技术，相对于传统的民间借贷，支付宝和腾讯金融提供的蚂蚁花呗、蚂蚁小贷和微粒贷等无须抵押、审核简便,人们很容易从正规金融市场获得信贷支持,集体主义对家庭借款需求的补充作用将趋于弱化。

第六节 移动支付与家庭债务风险

一 移动支付对家庭债务风险的影响:基准效应估计

表7-16第(1)和第(3)列分别报告了以家庭债务风险为因变量的移动支付影响的回归结果。可以看出,两组回归模型中,移动支付 β 值分别为0.6248和0.7306,且均在1%的统计水平上正向显著,表明移动支付的使用确实显著放大了家庭债务风险程度。从实证方法的角度来看,上述移动支付的估计结果可能存在内生性偏误。一方面,在日常生活和工作中有小额信贷需求或者消费透支习惯的家庭,可能会有目的性地使用移动支付作为信贷渠道,反向因果的机制是存在的;另一方面,家庭负债行为和移动支付使用可能还会共同受到当地金融环境、行为惯习或者社会互动等不可观测因素的影响,遗漏变量问题也能够导致估计结果有偏。

参考尹志超等(2019)的做法,[①] 本节选取家庭"是否拥有智能手机"作为移动支付的工具变量。其一,作为最为普及的移动终端设备,智能手机是人们进行便捷的移动支付的必要条件,拥有智能手机和移动支付行为两者之间密切相关;其二,智能手机是家庭基本的通信工具,尽管也存在极少数按揭购买手机的行为事实,但是对于绝大部分家庭而言,家庭是否拥有智能手机通常不会直接影响其负债行为,因此在债务风险决定方程中具有很好的外生性。表7-16第(2)和第(4)列报告了工具变量2SLS模型两阶段回归的估计结果。可以看到,两组模型中Wald检验都在5%的水平上拒绝"$H_0: \rho = 0$",说明原方程具有内生性;第一阶段估计中,工具变量 t 值和 F 值分别为52.48和1727.63,意味着

---

① 尹志超、公雪、郭沛瑶:《移动支付对创业的影响——来自中国家庭金融调查的微观证据》,《中国工业经济》2019年第3期。

是否拥有智能手机与家庭移动支付行为高度相关，可以排除弱工具变量问题。在仅控制家户特征变量的情形下，移动支付的估计系数为 5.1542；进一步控制地区经济变量后，移动支付的估计系数为 5.7993，且都在 1% 的水平上显著异于 0，说明移动支付显著放大家庭债务风险的结论是稳健和可靠的。

表 7-16　移动支付对家庭债务风险的影响：基准效应估计

	被解释变量：家庭债务风险			
	（1）OLS 模型	（2）2SLS 模型	（3）OLS 模型	（4）2SLS 模型
移动支付	0.6248*** (0.1631)	5.1542*** (1.0805)	0.7306*** (0.1179)	5.7993*** (0.8212)
家户特征变量	控制	控制	控制	控制
地区经济变量	不控制	不控制	控制	控制
时间固定效应	控制	控制	控制	控制
调整 R^2	0.1290		0.1481	
Wald 内生性检验		0.0295		0.0621
工具变量 t 值		52.48		52.48
第一阶段 F 值		1727.63		1727.63
观测值	27735	27735	27735	27735

注：括号内数值为稳健标准误，控制变量组合同表 7-2。*** $p<0.01$，** $p<0.05$，* $p<0.10$。

二　移动支付与家庭债务风险：作用机制分析

上述分析表明，移动支付的使用显著影响了家庭债务风险。那么，这种推动背后的作用机制是什么？前已述及，就理论预测而言，移动支付可能通过释放居民的消费需求进而促进家庭消费性支出来放大家庭债务风险。接下来本节遵循"中介效应"识别机制，构建递归模型检验移动支付（X）是否通过中介变量——家庭消费性支出（M）[①] 间接对家庭

[①] CHFS 问卷中家庭消费性支出包括生活用品支出、衣着支出、食品支出、日常居住性支出、医疗保健支出、交通通信支出、教育娱乐支出和其他服务性支出八大类别。

债务风险（Y）产生影响。表7-17报告了上述递归模型的估计结果。可以看出，家庭从不使用移动支付变为使用移动支付，家庭消费性支出能够分别提高1.13%（基准效应估计）和2.74%（基准效应+IV估计）。而在家庭债务风险决定方程中纳入中介变量家庭消费性支出后，四组回归方程中消费性支出系数均在1%的统计水平上正向显著，且与表7-16的估计结果相比，移动支付的回归系数尽管显著性水平更高，但边际影响都有不同程度的下降，表明移动支付对家庭债务风险的影响是部分通过促进家庭消费实现的。

表7-17 移动支付对家庭债务风险的影响机制：家庭消费性支出

	ln（家庭消费性支出）		家庭债务风险		家庭债务风险	
	（1）OLS	（2）2SLS	（3）OLS	（4）2SLS	（5）OLS	（6）2SLS
移动支付	0.0113***(0.0034)	0.0274***(0.0096)	0.5471***(0.1326)	4.8250***(0.9037)	0.6620***(0.0943)	5.4779***(0.6930)
ln（家庭消费性支出）			1.2756***(0.0899)	0.9403***(0.1265)	0.9774***(0.0657)	0.6038***(0.0941)
家户特征变量	控制	控制	控制	控制	控制	控制
地区经济变量	控制	控制	不控制	不控制	控制	控制
调整R^2	0.3884		0.1488		0.1817	
Wald内生性检验		0.0139		0.0188		0.0441
工具变量t值				38.22		38.22
第一阶段F值		846.52		1120.18		1120.18
观测值	27735	27735	27735	27735	27735	27735

注：括号内数值为稳健标准误，控制变量组合同表7-2。*** $p<0.01$，** $p<0.05$，* $p<0.10$。

另一种机制是移动支付的使用拓宽了用户的外部融资渠道，能够通过激励家庭信贷需求进而放松家庭流动性约束来影响家庭债务风险。参照尹志超和张号栋（2018）的做法，[①] 本节对家庭信贷需求的定义采用反事实推断的方式进行。CHFS 问卷询问了"您家目前为什么没有申请贷款"，对应的测量选项有（可多选）：①申请过被拒；②担心贷款不会被批准；③不知道如何申请或申请过程麻烦；④没有抵押或担保人；⑤贷款利息太高；⑥不需要。将选项中不包含⑥的家庭视为有信贷需求，有则赋值为 1，反之为 0。遵循同样的思路，本节采用上述递归模型检验移动支付是否通过促进家庭信贷需求对家庭债务风险产生影响。从表 7 - 18 第（1）和第（2）列回归结果来看，无论是基准回归估计还是采用工具变量估计，使用移动支付家庭比不使用移动支付家庭都有更高的信贷需求概率，且在 1% 的水平下显著，说明移动支付的使用能够显著促进家庭信贷需求。而家庭信贷需求的提高可以通过行为引导和需求驱动机制实现其外部融资，从而有助于缓解家庭流动性约束。从表 7 - 18 第（3）—（6）列结果也可以看出，家庭信贷需求确实显著提高了家庭债务风险，同时降低了家庭债务风险中移动支付的边际影响。上述结果很好地印证了移动支付推动家庭债务风险中信贷支持机制的存在性。

表 7 - 18　移动支付对家庭债务风险的影响机制：家庭信贷需求

	家庭信贷需求		家庭债务风险		家庭债务风险	
	(1) OLS	(2) 2SLS	(3) OLS	(4) 2SLS	(5) OLS	(6) 2SLS
移动支付	0.0079* (0.0046)	0.0425*** (0.0150)	0.4709*** (0.1631)	3.7490*** (0.9266)	0.5518*** (0.1171)	4.0816*** (0.6989)
家庭信贷需求			0.0396*** (0.0091)	0.0381*** (0.0086)	0.0271*** (0.0064)	0.0257*** (0.0067)
家户特征变量	控制	控制	控制	控制	控制	控制
地区经济变量	控制	控制	不控制	不控制	控制	控制
调整 R^2	0.1250		0.1906		0.2172	

[①] 尹志超、张号栋：《金融可及性、互联网金融和家庭信贷约束——基于 CHFS 数据的实证研究》，《金融研究》2018 年第 11 期。

续表

	家庭信贷需求		家庭债务风险		家庭债务风险	
	（1）OLS	（2）2SLS	（3）OLS	（4）2SLS	（5）OLS	（6）2SLS
Wald 内生性检验		0.0238		0.0595		0.0875
工具变量 t 值		21.56		54.90		54.90
第一阶段 F 值		741.34		741.34		741.34
观测值	27735	27735	27735	27735	27735	27735

注：括号内数值为稳健标准误，控制变量组合同表 7-2。*** p<0.01，** p<0.05，* p<0.10。

三　稳健性检验

（一）稳健性检验Ⅰ：使用家庭拥有智能手机数量作为工具变量

为了最大限度地克服内生性问题，本节进一步使用"家庭拥有智能手机数量"替代"家庭是否拥有智能手机"作为移动支付的工具变量。表 7-19 第（1）和（4）列给出了工具变量 2SLS 模型的估计结果。在仅控制家户特征变量情况下，Wald 内生性检验 p 值为 0.0463，而在进一步控制地区经济变量后，Wald 内生性检验的 p 值为 0.0162，两组模型第一阶段估计中工具变量 t 统计量和 F 统计量都在 1% 的水平上显著异于 0，说明工具变量是有效的。与表 7-16 第（2）和第（4）列的估计结果一致，移动支付的使用显著提高家庭债务风险这一结论仍然成立。

表 7-19　稳健性检验：使用不同工具变量和删除上下 5% 样本

	被解释变量：家庭债务风险					
	（1）OLS	（2）2SLS	（3）OLS	（4）2SLS	（5）OLS	（6）2SLS
移动支付	7.5011***(1.0196)	0.4862***(0.1219)	4.7595***(0.8260)	3.8404***(0.6952)	0.5352***(0.0914)	3.0236***(0.6081)
家户特征变量	控制	控制	控制	控制	控制	控制
地区经济变量	不控制	不控制	不控制	控制	控制	控制

续表

	被解释变量：家庭债务风险					
	(1) OLS	(2) 2SLS	(3) OLS	(4) 2SLS	(5) OLS	(6) 2SLS
调整 R²		0.1203			0.1276	
Wald 内生性检验	0.0463		0.0268	0.0193		0.0162
工具变量 t 值	32.67		28.69	32.67		28.52
第一阶段 F 值	998.83		820.27	998.83		785.68
观测值	27735	24960	24960	27735	24960	24960

注：括号内数值为稳健标准误，控制变量组合同表 7-2。*** $p<0.01$，** $p<0.05$，* $p<0.10$。

（二）稳健性检验 II：删除上下 5% 样本

在家庭问卷调查数据中，样本数据分布的不规范和非均衡性广泛存在。[①] 就我们所使用的 CHFS 数据而言，家庭收入和资产数据由多种科目汇总而来（包括家庭成员汇总和资产与收入的类别汇总）。家庭通常出于金融隐私的考虑不愿意提供或者没有准确回答资产和收入方面的细节问题，导致有些科目零值偏多，随意性较大，可能对由此测算出的家庭债务风险产生过高的测量误差。有鉴于此，本节删除家庭总资产最高 5% 和最低 5% 的样本，同时删除家庭总收入最高 5% 和最低 5% 的样本，重新验证移动支付对家庭债务风险的影响。估计结果如表 7-19 所示，其中，第（2）、第（5）列为基准效应估计，第（3）、第（6）列为基准效应 + IV 估计。四组模型都表明，移动支付会对家庭债务风险有着显著正向影响，进一步佐证了移动支付放大家庭债务风险的结论。

四 分样本的异质性分析

在本部分，按照家庭不同地区、收入阶层和受教育程度，本节对家庭债务风险的移动支付影响进行异质性分析，估计结果如表 7-20 所示。

[①] Jappelli T., Pagano M. and Maggio M. D., "Households' Indebtedness and Financial Fragility", *Journal of Financial Management, Markets and Institutions*, Vol.1, No.1, January 2013.

表7-20　移动支付与家庭债务风险：分样本的异质性影响

Panel A：按地区

	东部		中部		西部	
	（1）OLS	（2）2SLS	（3）OLS	（4）2SLS	（5）OLS	（6）2SLS
移动支付	0.8717 (0.5974)	2.6167 (2.1123)	0.4603 (0.4161)	5.1786** (2.4872)	0.8367*** (0.1737)	11.9360*** (4.2992)
控制变量	控制	控制	控制	控制	控制	控制
N	11382	11382	6963	6963	9390	9390

Panel B：按受教育水平

	小学及以下		初中/高中/中专/职高		大专/高职及以上	
	（1）OLS	（2）2SLS	（3）OLS	（4）2SLS	（5）OLS	（6）2SLS
移动支付	-0.0838 (0.5136)	3.3269 (3.3376)	0.9937*** (0.1735)	6.8153*** (1.3792)	0.3734* (0.1935)	3.3513*** (1.1308)
控制变量	控制	控制	控制	控制	控制	控制
N	4161	4161	15249	15249	8325	8325

Panel C：按收入阶层

	高收入阶层		中等收入阶层		低收入阶层	
	（1）OLS	（2）2SLS	（3）OLS	（4）2SLS	（5）OLS	（6）2SLS
移动支付	0.1158 (0.6751)	2.5207* (1.4478)	0.6111*** (0.2103)	5.1313*** (1.3305)	0.8168*** (0.1387)	12.6934** (5.1389)
控制变量	控制	控制	控制	控制	控制	控制
N	5553	5553	16656	16656	5526	5526

注：括号内数值为稳健标准误，控制变量组合同表7-2。*** $p<0.01$，** $p<0.05$，* $p<0.10$。

表7-20中Panel A部分依据家庭所在地区进行分组，分析移动支付对东部、中部和西部地区家庭债务风险的影响差异。结果表明，移动支付的使用对中部和西部地区家庭的债务风险都至少在5%的水平上有显著的正向影响，而对于东部地区的家庭样本，移动支付的作用并不显著；而且从回归系数来看，在2SLS模型估计中，移动支付的β值在西部、中

部和东部地区呈依次递减的趋势。按不同收入阶层分组的回归得出了相似的结论。分收入阶层看，表7-20中Panel C中，按照家庭人均收入水平，将样本家庭划分为低收入阶层（25%分位点及以下）、中等收入阶层（25%至75%分位点）和高收入阶层（75%分位点以上）。可以看出，移动支付对低收入阶层的家庭债务风险影响最大，且在1%的水平上显著，中等收入阶层次之，高收入阶层最小。上述结果说明当前我国移动支付业务的发展对家庭债务风险的推动作用存在明显的群体性特征，其推广和普及对我国低收入阶层和西部地区家庭的影响更为深远。

对此可能的解释是，如果移动支付是通过改善家庭流动性约束进而释放被压抑的消费需求来放大家庭债务风险，那么对于本身资源禀赋不足、受到金融约束更为严重的低收入阶层和中西部地区家庭，移动支付提供的消费透支（如"花呗"）和小额借贷（如"蚂蚁借呗"、"微粒贷"等）服务属于"雪中送炭"，而对于高收入阶层和东部地区家庭，移动支付的作用更多的是丰富了家庭外部融资渠道，属于"锦上添花"。换言之，移动支付对禀赋较小的弱势群体的家庭债务风险将有着更为显著的推动效应。

此外，移动支付在不同受教育程度家庭中发挥的作用也会有所不同。本节根据户主的学历差异进行分组，将家庭样本划分为低学历家庭（小学及以下）、中等学历家庭（初中/高中/中专/职高）和高学历家庭（大专/高职及以上）三个子样本。表7-20中Panel B报告了移动支付对不同学历组样本的家庭债务风险影响的回归结果。可以看出，当户主学历为初中及以上时，移动支付的使用能显著放大家庭债务风险，但是对于低学历家庭（户主学历为小学及以下）而言，移动支付的作用并不显著。这可能是因为，受教育程度高的个体有更强的认知能力和更丰富的知识储备，从而使得其应对新事物、新技术的接受能力和学习技能更高。[1] 而移动支付作为信息时代的产物，在其运行过程中个体人力资本的作用尤为关键，受

---

[1] 易行健、周利：《数字普惠金融发展是否显著影响了居民消费？——来自中国家庭的微观证据》，《金融研究》2018年第11期。

教育程度高的个体对其提供的金融产品及服务的认知和接受程度更高，导致移动支付对于家庭债务风险更能在高学历群体中发挥作用。

第七节 人口年龄结构与家庭债务风险

一 人口年龄结构对家庭债务风险的影响

本节实证考察人口年龄结构对家庭债务风险的影响及其作用机制。基准计量模型如式（7-7）所示，其中，$oldr_i$为家庭老龄人口比重，借鉴柴时军和王聪（2015）的做法，[①] 本节将年龄在60岁及以上的个体划分为老龄人口，老龄人口比为家庭老龄人口占家庭总人口的比重，X_i为控制变量组合，ε_i为模型残差。

$$Debt\_risk_i = \beta_0 + \beta_1 oldr_i + \beta_2 X_i + \varepsilon_i \tag{7-7}$$

从实证角度看，模型中老龄人口比可能存在内生性问题。家庭负债行为和老龄人口占比可能会共同受到金融环境、国家政策和行为惯习等难以测量的因素的影响，存在遗漏变量的问题可能导致回归结果有偏误。参考孙蕾和谢越（2014）的做法，[②] 本节选取所在省份"每千人卫生人员数"作为老龄人口比的工具变量。一方面，社会医疗卫生条件的提高能够改善人们的生活质量，影响所在地区人口老龄化的程度及变化速度，进而影响家庭老龄人口比；另一方面，各省份的医疗条件并不会直接影响到家庭的负债行为以及家庭的债务风险，因此每千人卫生人员数 IV 满足相关性和外生性。

表7-21第（1）—（3）列分别汇报了老龄人口比对家庭债务风险的基准回归结果。从表中可以看出，老龄人口比边际系数分别为0.2776、0.2293和0.2692，且在1%的水平上显著为负，说明老龄人口比显著抑制了家庭债务风险。第（4）列给出了工具变量2SLS模型两阶

[①] 柴时军、王聪：《老龄化与居民金融资产选择——微观分析视角》，《贵州财经大学学报》2015年第5期。

[②] 孙蕾、谢越：《中国人口老龄化的地区聚类及影响因素分析》，《西北人口》2014年第1期。

段回归的结果。可以看出，模型的 Wald 检验在 5% 的水平上拒绝原假设，说明原回归模型存在内生性；第一阶段 F 值为 348.19，远大于 10 的经验值，意味着每千人卫生人员数与老龄人口占比高度相关，拒绝弱工具变量的假设。IV 估计结果显示，老龄人口占比的回归系数为 2.2684，且在 1% 的水平上显著为负，证实老龄人口占比降低家庭债务风险的结论是稳健的。

表 7-21　　　　　　　　老龄人口比对家庭债务风险的影响

	（1）一线城市（OLS）	（2）非一线城市（OLS）	（3）全样本（OLS）	（4）全样本（2SLS）
老龄人口比	-0.2776*** (0.0693)	-0.2293*** (0.0822)	-0.2692*** (0.0545)	-2.2684*** (0.6903)
控制变量	控制	控制	控制	控制
R^2	0.4736	0.4486	0.4720	
Wald 内生性检验（p 值）				0.0145
工具变量 t 值				4.32
第一阶段 F 值				348.19
N	7761	19974	27735	27735

注：括号内数值为稳健标准误；*** $p<0.01$，** $p<0.05$，* $p<0.10$。

为检验前文实证结果的稳健性，本节进行了多种尝试。首先，选取家庭的老龄人口负担比替换家庭老龄人口比，并对模型（7-7）重新测算，结果如表 7-22 所示，从回归结果来看，无论是分组样本，还是全样本，都与表 7-21 的回归结果具有高度一致性。其次，针对老龄人口比指标，本节尝试采用更为严格的年龄标准，以家庭总人数中 65 周岁及以上的人口占家庭总人口的比重对老龄人口比赋值，基于同样的控制变量组合，对模型（7-7）进行回归，结果如表 7-23 所示。从回归结果来看，尽管第（1）列的系数不具有显著性，但是符号为负，其他列与

第七章 中国城市家庭债务风险的影响因素分析

前文结论基本一致，证实老龄人口比显著降低了家庭债务风险的结论是稳健和可靠的。

表 7 - 22　　稳健性检验：老龄人口负担比替换老龄人口比

	（1）一线城市（OLS）	（2）非一线城市（OLS）	（3）全样本（OLS）	（4）全样本（2SLS）
老龄人口负担比	-0.8004*** (0.1801)	-0.7487*** (0.2161)	-0.7862*** (0.1407)	-3.8875*** (0.7725)
控制变量	控制	控制	控制	控制
R^2	0.4612	0.4370	0.4596	
Wald 内生性检验（p 值）				0.0026
工具变量 t 值				3.72
第一阶段 F 值				373.07
N	7761	19974	27735	27735

注：括号内数值为稳健标准误；*** $p<0.01$，** $p<0.05$，* $p<0.10$。

表 7 - 23　　稳健性检验：使用"65 岁及以上"老龄人口占比

	（1）一线城市（OLS）	（2）非一线城市（OLS）	（3）全样本（OLS）	（4）全样本（2SLS）
65 岁及以上老龄人口占比	-0.0648 (0.0627)	-0.1665* (0.0872)	-0.1010* (0.0516)	-3.4110** (1.5613)
控制变量	控制	控制	控制	控制
R^2	0.4607	0.4366	0.4593	
Wald 内生性检验（p 值）				0.0012
工具变量 t 值				2.40
第一阶段 F 值				357.39
N	7761	19974	27735	27735

注：括号内数值为稳健标准误；*** $p<0.01$，** $p<0.05$，* $p<0.10$。

二 人口年龄结构与家庭债务风险：机制分析

前文分析表明，老龄人口占比显著降低了家庭债务风险，但是其背后的作用机制如何？就理论推测而言，老龄人口占比可能通过降低家庭的风险偏好缩小家庭负债规模，进而抑制家庭债务风险。本节遵循"中介效应"识别机制，构建递归模型来检验老龄人口比是否是通过中介变量——家庭负债间接对家庭债务风险产生影响的。

$$Y = \varphi_1 + \beta_1 X + \gamma Z + \varepsilon_1 \quad (7-8)$$

$$M = \varphi_2 + \beta_2 X + \gamma Z + \varepsilon_2 \quad (7-9)$$

$$Y = \varphi_3 + \beta_3 X + \beta_4 M + \gamma Z + \varepsilon_3 \quad (7-10)$$

中介效应识别的完整步骤为：（1）检验老龄人口比是否对家庭债务风险有显著影响；（2）检验老龄人口比是否对中介变量家庭负债规模有显著影响，即观察上述模型中 β_2 是否显著；（3）如果 β_1 和 β_2 都负向显著，则在模型（7-8）中引入中介变量 M，并对其进行回归分析，检验系数 β_3 和 β_4 的显著性。基于此，是否存在中介效应的判定标准是：若老龄人口比与家庭总负债的回归系数 β_3 显著为负、系数 β_4 显著为正，并且与模型（7-8）中系数 β_1 相比，β_3 的显著性或者估计值的绝对数有所下降，则说明老龄人口比通过抑制负债进而影响家庭债务风险的路径（$X \to M \to Y$）是存在的。表7-24汇报了递归模型的回归结果，第（1）列对应模型（7-9），第（2）、第（3）列分别对应模型（7-8）和模型（7-10）。从回归结果可以看出，随着家庭老龄人口比的增加，家庭债务风险水平有所降低。在家庭债务风险的决定方程中加入中介变量家庭负债后，观察第（3）和第（4）列的回归结果可以发现，系数 β_4 在1%的水平上负向显著，并且与表7-21的回归结果相比，老龄人口比的显著水平虽然没有降低，但边际系数有所下降，说明老龄人口比对家庭债务风险的影响是部分通过降低家庭负债来实现的。

第七章　中国城市家庭债务风险的影响因素分析

表7-24　人口老龄化对家庭债务风险作用机制：负债规模

	(1) 家庭负债 (OLS)	(2) 债务风险 (OLS)	(3) 债务风险 (OLS)	(4) 债务风险 (2SLS)
老龄人口比	-0.1915* (0.1192)	-0.2692*** (0.0545)	-0.2671*** (0.0544)	-2.2640*** (0.6874)
负债规模			0.0047*** (0.0010)	0.0136*** (0.0046)
控制变量	控制	控制	控制	控制
R^2	0.1524	0.3595	0.3768	
Wald内生性检验（p值）				0.0116
工具变量t值				2.48
第一阶段F值				316.90
N	27735	27735	27735	27735

注：括号内数值为稳健标准误；*** $p<0.01$，** $p<0.05$，* $p<0.10$。

遵循相似的思路，进一步地，采用前文递归模型检验家庭老龄人口比是否促进家庭的财富积累，从而影响了家庭债务风险。本节使用家庭净资产代表家庭财富，从表7-25可以看出，老龄人口占比提升了家庭净资产，且在1%的统计水平上显著，表明老龄人口比的增加能够显著促进家庭财富的累积。观察表7-25第(3)和第(4)列，净资产显著降低了家庭债务风险，同时降低了老龄人口比对家庭债务风险影响的边际影响。以上结果证实，老龄人口占比通过促进家庭财富积累进而降低家庭债务风险的机制是成立的。

表7-25　人口老龄化对家庭债务风险作用机制：财富积累

	(1) 净资产 (OLS)	(2) 债务风险 (OLS)	(3) 债务风险 (OLS)	(4) 债务风险 (2SLS)
老龄人口比	2.7962*** (1.0413)	-0.2692*** (0.0545)	-0.2286*** (0.0514)	-2.1575*** (0.8084)

续表

	（1）	（2）	（3）	（4）
	净资产 （OLS）	债务风险 （OLS）	债务风险 （OLS）	债务风险 （2SLS）
净资产			-0.0064*** （0.0018）	-0.0088*** （0.0032）
控制变量	控制	控制	控制	控制
R^2	0.3687	0.6210	0.6354	
Wald 内生性检验（p 值）				0.0051
工具变量 t 值				3.78
第一阶段 F 值				244.38
N	27735	27735	27735	27735

注：括号内数值为稳健标准误；*** $p<0.01$，** $p<0.05$，* $p<0.10$。

三 分样本的异质性分析

按照收入阶层、户主年龄和户主受教育程度进行分组，进一步讨论老龄人口比对不同群体债务风险的影响差异。首先，将家庭划分为低收入家庭（25%分位点及以下）、中等收入家庭（25%至75%分位点）和高收入家庭（75%分位点以上）。表7-26中Panel A汇报了老龄人口比对家庭债务风险影响的收入阶层分组回归结果。估计结果表明，老龄人口比对高收入家庭债务风险水平抑制作用更强，且在1%的水平上显著，中等收入家庭次之，低收入家庭最小，说明老龄人口比对家庭债务风险的影响具有明显的群体性特征，其对我国高收入家庭影响更为突出。

按照户主年龄将样本分为青年家庭、中年家庭和老年家庭三个组合，分年龄阶段对模型（3）进行回归，结果见表7-26中Panel B。可以发现，对于青年群体来说，老龄人口比对其没有显著影响，青年群体本身需要依赖于家庭的供养，几乎不参与家庭的经济决策，老龄人口比对其家庭债务风险的影响不大。而中年群体往往正承担着赡养老人与抚养儿童的双重责任，家庭老人数量的增加，不仅会影响到其经济决策，降低教育方面的支出，而且家中老人可以帮助照顾孩子，使劳动力成员能够更好地投入工作，增加家庭收入促进财富积累，进而对家庭债务风险产生显著影响。

表7-26　　人口老龄化与家庭债务风险：异质性影响

<table>
<tr><td colspan="7">Panel A：按收入阶层</td></tr>
<tr><td></td><td colspan="2">低收入阶层</td><td colspan="2">中等收入阶层</td><td colspan="2">高收入阶层</td></tr>
<tr><td></td><td>OLS</td><td>2SLS</td><td>OLS</td><td>2SLS</td><td>OLS</td><td>2SLS</td></tr>
<tr><td>老龄人口比</td><td>-0.2395**
(0.0957)</td><td>-1.6490
(1.0945)</td><td>-0.2265***
(0.0758)</td><td>-2.2281**
(0.9479)</td><td>-0.3927***
(0.1071)</td><td>-1.2746***
(0.4263)</td></tr>
<tr><td>控制变量</td><td>控制</td><td>控制</td><td>控制</td><td>控制</td><td>控制</td><td>控制</td></tr>
<tr><td>N</td><td>5526</td><td>5526</td><td>16656</td><td>16656</td><td>5553</td><td>5553</td></tr>
<tr><td colspan="7">Panel B：按户主年龄</td></tr>
<tr><td></td><td colspan="2">青年</td><td colspan="2">中年</td><td colspan="2">老年</td></tr>
<tr><td></td><td>OLS</td><td>2SLS</td><td>OLS</td><td>2SLS</td><td>OLS</td><td>2SLS</td></tr>
<tr><td>老龄人口比</td><td>-0.3665
(0.4890)</td><td>-2.3916
(2.4658)</td><td>-0.4578***
(0.0851)</td><td>-2.0980***
(0.4735)</td><td>-0.1520
(0.1069)</td><td>-0.5702
(1.1050)</td></tr>
<tr><td>控制变量</td><td>控制</td><td>控制</td><td>控制</td><td>控制</td><td>控制</td><td>控制</td></tr>
<tr><td>N</td><td>6267</td><td>6267</td><td>16242</td><td>16242</td><td>5226</td><td>5226</td></tr>
<tr><td colspan="7">Panel C：按户主学历</td></tr>
<tr><td></td><td colspan="2">低学历家庭</td><td colspan="2">中等学历家庭</td><td colspan="2">高学历家庭</td></tr>
<tr><td></td><td>OLS</td><td>2SLS</td><td>OLS</td><td>2SLS</td><td>OLS</td><td>2SLS</td></tr>
<tr><td>老龄人口比</td><td>-0.1821**
(0.0875)</td><td>-1.5198**
(0.6976)</td><td>-0.3289***
(0.0777)</td><td>-2.2708**
(0.9198)</td><td>-0.2625*
(0.1513)</td><td>-2.4541
(1.7125)</td></tr>
<tr><td>控制变量</td><td>控制</td><td>控制</td><td>控制</td><td>控制</td><td>控制</td><td>控制</td></tr>
<tr><td>N</td><td>4161</td><td>4161</td><td>15249</td><td>15249</td><td>8325</td><td>8325</td></tr>
</table>

注：括号内数值为稳健标准误；*** $p<0.01$，** $p<0.05$，* $p<0.10$。

老龄人口比在不同受教育程度家庭发挥的作用也有差异。本节将家庭样本按照户主的学历划分为三组，分别是高学历家庭（户主学历为大专或高职及以上)、中等学历家庭(户主学历为初中、高中或中专) 和低学历家庭(户主学历为小学及以下)。表 7-26 中 Panel C 汇报了老龄人口比对不同学历组样本家庭债务风险影响的回归结果。可以看出,当户主学历为中等学历时,老龄人口比对家庭债务风险的抑制作用最强,低学历家庭次之,高学历家庭最弱。可能的解释是,户主学历与其家庭收入有着显著的正相关关系,户主学历的提高会增强家庭对金融知识的掌握并提高家庭的风险意识,能够帮助家庭更加科学合理地进行资产配置,获得更高的收益,降低了老龄人口比对家庭债务风险的影响。因此,老龄人口比对高学历家庭债务风险的影响效应趋弱。

以上分析不仅为家庭债务风险问题提供了一种新的经济学解释,也在一定程度上丰富了人口老龄化经济效应的微观机制探讨。结合我国基本国情,提出如下政策建议:(1) 政府部门应加大养老部门的公共支出,减轻家庭养老负担。中年人养老负担较重,又有来自生活和工作等方面的压力,政府应加大对养老部门的财政投入,在制定养老政策时关注老龄人口变化趋势及城乡差异。老年人风险偏好更趋于保守,加大社会保障支出既可以释放因生育率下降形成的替代性养老储蓄,也能降低老年人因未来支出的不确定性而导致的家庭过度预防性储蓄,从而促进居民消费,实现经济内生性增长。(2) 针对城乡差异,有区别地开发养老模式。对于城市家庭,可以建立自助式养老院,引导老年群体集中居住,使老年人能够在生活和精神上相互照顾、相互抚慰,减轻子女压力;对于农村家庭,可以发挥村民之间的血缘及地理位置的优势,积极引导农村亲邻和家族之间建立互助式结伴养老模式。努力满足老年人的养老需求,削弱老龄化的"储蓄效应",引导城乡居民家庭进行合理消费、合理负债。(3) 普及家庭金融知识、提高居民风险意识。目前,我国部分家庭尤其是老年家庭的金融知识仍然匮乏,可以通过开办老年大学和公益讲座等来提升老年人的金融知识和风险意识,引导家庭在风险可控的前提下合理负债,更好地参与金融市场,推动经济发展。

第七章　中国城市家庭债务风险的影响因素分析

第八节　其他传统因素对家庭债务风险的影响

除了普惠金融发展、集体主义文化和移动支付行为外,其他家户特征和经济环境变量也会显著影响家庭债务风险。表7-2汇报了健康状况、年龄、受教育程度、政治身份、职业类型、房产拥有情况、经济发展进程、信贷政策等其他传统因素对家庭债务风险影响的固定效应估计结果。结果显示,男性户主、更多的婴幼儿数量和在校学生数量、风险偏好、更高的信贷总额/GDP比值、更高的城镇化率、更乐观的经济形势预期、拥有汽车、拥有多套房产和从事自主创业都会显著提升家庭债务风险,而良好的健康状况和有宗教信仰则显著降低了家庭债务风险。年龄对家庭债务风险的影响呈倒U形,转折点介于32至39岁之间。从地区差异来看,较之东部地区,中部和西部地区家庭债务风险明显更高。除此之外,户主的教育年限显著降低了家庭债务风险,但结果并不稳健。

上述回归结果与主流文献的结论基本保持一致。[1] 经济形势预期越乐观的居民对未来不确定的前景越有信心,从而更愿意承担在选择金融机构信贷产品和服务时的成本和风险而进行借贷;购买汽车和房产多为大宗支出,而从事自主创业家庭资金需求很大程度上难以预期,家庭由于内在动机(借款意愿)以及外在条件(抵押工具)等多重因素影响通常拥有更高的借款倾向;[2] 更多的家庭婴幼儿数量和在校学生数量可能导致更沉重的家庭负担,进而提升家庭借款概率和负债程度;男性比女

---

[1] Michelangeli V. and Pietrunti M., "A Microsimulation Model to Evaluate Italian Households' Financial Vulnerability", *International Journal of Microsimulation*, Vol. 7, No. 3, September 2014; Jappelli T., Pagano M. and Maggio M. D., "Households' Indebtedness and Financial Fragility", *Journal of Financial Management, Markets and Institutions*, Vol. 1, No. 1, January 2013; Lusardi A. and Tufano P., "Debt Literacy, Financial Experiences, and Over-Indebtedness", *Journal of Pension Economics & Finance*, Vol. 14, No. 4, October 2015.

[2] 周广肃、王雅琦:《住房价格、房屋购买与中国家庭杠杆率》,《金融研究》2019年第6期。

性具有更强的不确定性风险偏好，[1] 因此男性户主家庭可能更倾向于通过借贷来实现跨期消费或优化家庭生产性经营；居民健康状况恶化可能造成家庭非预期医疗支出过大而加重其负债水平；[2] 尽管不同宗教的教义对信徒经济行为有着不同的态度，但总体来看，几乎每种宗教都提倡勤勉、储蓄、向善行善、积累财富和节俭，而不提倡懒惰、负债和透支消费，[3] 因此宗教信仰可能使得居民家庭负债规模更小，债务风险更低；更高的信贷总额/GDP比值往往意味着金融机构贷款政策的放松，而越宽松的信贷政策，居民越有可能从金融机构获得借贷资金，也越有信心通过举债来开展房产投资或其他风险性投资活动。[4]

进一步地，为了验证上述结论的稳健性，尝试采用家庭金融脆弱性指标重新度量家庭债务风险。对于家庭金融脆弱性的识别与测度，代表性的指标大体可归结为两类：一类与负债相关，表现为资不抵债，或不能偿还到期债务，如资产负债率、债务收入比、房产市值中房贷占比、应偿债务占流动性资产比值、利息占可支配收入比值等；[5] 另一类与消费或者支出相关，表现为入不敷出，难以维持收支平衡，如收入支出比、家庭财务边际、是否难以应对突发事件、是否无法维持基本生活开支、是否无力支付正常社交活动费用等。[6] 比较来看，此类指

---

[1] Fabbri D. and Padula M., "Does Poor Legal Enforcement Make Households Credit-Constrained?", *Journal of Banking and Finance*, Vol. 28, No. 10, October 2004.

[2] Rosen H. and Wu S., "Portfolio Choice and Health Status", *Journal of Financial Economics*, Vol. 72, No. 3, June 2004.

[3] 潘黎、钟春平:《去教堂祷告还是去银行借款？——宗教与金融行为内在关联的微观经验证据》，《经济学（季刊）》2015年第1期。

[4] Kim H., Lee D., Son J. and Min K., "Household Indebtedness in Korea: Its Causes and Sustainability", *Japan & the World Ecomomy*, Vol. 29, No. 1, January 2014.

[5] Jappelli T., Pagano M. and Maggio M. D., "Households' Indebtedness and Financial Fragility", *Journal of Financial Management, Markets and Institutions*, Vol. 1, No. 1, January 2013；柴时军、周利:《家庭负债、负债程度及其影响因素——基于中国城乡差异的实证分析》，《统计与决策》2020年第22期。

[6] Daud S. N., Marzuki A., Ahmad N. and Kefeli Z., "Financial Vulnerability and Its Determinants: Survey Evidence from Malaysian Households", *Emerging Markets Finance and Trade*, Vol. 55, No. 9, October 2018；刘波、王修华、胡宗义:《金融素养是否降低了家庭金融脆弱性？》，《南方经济》2020年第10期。

标对金融脆弱性的识别和衡量更多的是基于受访者主观预判，而前一类指标类似于过度负债或债务负担的概念，客观量化过程中往往需要事先设定脆弱性阈值（通常为30%或50%），而阈值的设定同样具有主观性。

本节同时采纳两类指标——资不抵债（家庭资产＜家庭负债）和入不敷出（家庭收入＜家庭支出）测量家庭金融脆弱性。沿循 Milcher（2010）提出的对预期贫困脆弱性测度的思路，[①] 使用 VEP（Vulnerability as Expected Poverty）方法对家庭金融脆弱性进行量化评估。VEP 原理是测度家庭在未来发生贫困的可能性，即预期贫困概率，在逻辑上与本节讨论的家庭在未来陷入财务困境的风险是一致的。不同的是，文献对贫困脆弱性的测度大多基于单一维度（是否低于贫困线），而本节同时考虑了两个维度（资不抵债和入不敷出），因此需要对具体的量化过程进行改进。从 Anderloni 等（2012）的定义出发，[②] 家庭金融脆弱性测度公式可表述为：

$$V_{i,t} = Pr\ (\ln A_{i,t+1} < \ln L_{i,t+1},\ \ln I_{i,t+1} < \ln E_{i,t+1}) \quad (7-11)$$

其中，$V_{i,t}$ 为家庭 i 在第 t 期的金融脆弱性，而 $I_{i,t+1}$、$E_{i,t+1}$、$A_{i,t+1}$ 和 $L_{i,t+1}$ 分别代表家庭 i 在第 $t+1$ 期总收入、总支出、总资产和总负债的预测值。为简化起见，将上式进行等价变换：

$$V_{i,t} = Pr\ (\ln\ (A_{i,t+1}/L_{i,t+1})\ <0,\ \ln\ (I_{i,t+1}/E_{i,t+1})\ <0) \quad (7-12)$$

沿循单一维度下脆弱性指标的量化过程，在实证分析中，家庭 i 在第 $t+1$ 期的 $\ln\ (A/L)$ 和 $\ln\ (I/E)$ 通过如下计量模型进行预测，如式（7-13）和式（7-14）所示。式中，X 为决定家庭资产负债比和收入支出比的解释变量集合。

$$\ln\ (A/L) = X\beta_1 + u_1 \quad (7-13)$$

[①] Milcher S., "Household Vulnerability Estimates of Roma in Southeast Europe", *Cambridge Journal of Economics*, Vol. 34, No. 4, July 2010.

[②] Anderloni L., Bacchiocchi E. and Vandone D., "Household Financial Vulnerability: An Empirical Analysis", *Research in Economics*, Vol. 66, No. 3, September 2012.

$$\ln(I/E) = X\beta_2 + u_2 \quad (7-14)$$

考虑到婚丧嫁娶、添丁进口、入学置业、寻医求药等因素会影响家庭债务状况及风险，本节计量模型中 X 包括户主年龄、年龄平方、婚姻状况、健康状况、受教育年限、职业（是否创业）、家庭婴幼儿数量、在校学生数量、老年人口数和地区特征变量。假设 $\ln(A/L)$ 和 $\ln(I/E)$ 服从正态分布，进行标准化转化，可以得到单一维度下的金融脆弱性概率值。

$$V_{1,it} = Pr(\ln(A_{i,t+1}/L_{i,t+1}) < 0) = \Phi\left(\frac{0-\ln(A/L)}{\sqrt{\sigma^2_{\ln(A/L)}}}\right) \quad (7-15)$$

$$V_{2,it} = Pr(\ln(I_{i,t+1}/E_{i,t+1}) < 0) = \Phi\left(\frac{0-\ln(I/E)}{\sqrt{\sigma^2_{\ln(I/E)}}}\right) \quad (7-16)$$

上式中，$V_{1,it}$ 和 $V_{2,it}$ 分别测度了家庭在未来陷入"资不抵债"和"入不敷出"的可能性。进一步地，考虑到 $\ln(A/L)$ 和 $\ln(I/E)$ 可能存在相关性（即 $\rho \neq 0$），本节采用似不相关估计（SUR），得到二维正态分布下的金融脆弱性指标。

$$V_{i,t} = Pr(\ln(A/L) < 0, \ln(I/E) < 0)$$

$$= \Phi\left(\frac{0-\ln(A/L)}{\sqrt{\sigma^2_{\ln(A/L)}}}, \frac{0-\ln(I/E)}{\sqrt{\sigma^2_{\ln(I/E)}}}, \rho\right) \quad (7-17)$$

VEP 刻画的是未来预期的金融脆弱性，本质上属于一种事前型的测度方法，具有前瞻性优点，能够反映家庭财务困境的动态变化。[1] 使用 CHFS（2013—2017）面板数据，表 7-27 汇报了中国家庭金融脆弱性的测度结果。从城乡来看，预期的金融脆弱性分布严重不均。农村家庭资不抵债概率（$V_{1,it}$）为 0.2382，而城市家庭仅为 0.0780，不到农村家庭的 1/3；入不敷出概率（$V_{2,it}$）在城乡之间分布差异较小，并且城市略高于农村；农村家庭金融脆弱性（$V_{i,t}$）均值为 0.1397，约为城市家庭的 2.4 倍，两者差距悬殊。金融脆弱性分布不均还表现为区域不均。东部

---

[1] 尹志超、张栋浩：《普惠金融、家庭贫困及脆弱性》，《经济学（季刊）》2020 年第 1 期。

地区家庭 $V_{i,t}$ 均值为 0.0487（农村为 0.0654，城市为 0.0349），远低于中、西部地区家庭的 0.1002 和 0.1531；细分维度下的 $V_{1,it}$ 和 $V_{2,it}$ 检验结果在地区间的分布情况与整体表现大体一致。

表 7-27　　　　　　　　家庭金融脆弱性的测度结果

地区	资不抵债概率（$V_{1,it}$）		入不敷出概率（$V_{2,it}$）		金融脆弱性（$V_{i,t}$）	
	农村	城市	农村	城市	农村	城市
全国	0.2382	0.0780	0.3580	0.3742	0.1397	0.0574
东部	0.1481	0.0379	0.2329	0.3344	0.0654	0.0349
中部	0.2553	0.0655	0.3880	0.3675	0.1634	0.0481
西部	0.3484	0.1433	0.5056	0.4343	0.2225	0.0958

表 7-28 分别汇报了家户特征变量和地区经济变量对家庭资不抵债概率、入不敷出概率及金融脆弱性影响的估计结果。结果表明，户主年龄对家庭金融脆弱性影响显著，且呈先扬后抑的倒 U 形分布，峰值介于 30—36 岁之间，与生命周期理论相吻合。[1] 健康状况对家庭金融脆弱性影响显著为负，户主自评身体状况越好的家庭，未来陷入财务困境的风险越低。原因可能在于，户主健康状况越好，家庭面临医疗保健等大宗支出冲击的风险越小，同时身体越好也意味着越能全力投入到生产经营中，有助于家庭收入和财富积累。户主风险态度和职业也会影响家庭金融脆弱性，表 7-28 显示，风险偏好型家庭和从事自主创业家庭的金融脆弱性显著更高，这可能由于风险偏好型家庭参与借贷和风险金融市场的概率更高，而自主创业家庭更有需要和能力从事借贷，且家庭收入和支出的不确定性程度也更高，加剧了家庭金融脆弱性。宗教信仰能够同时降低家庭资不抵债和入不敷出的发生概率，并显著抑制了家庭在未来陷入金融脆弱性的可能性。其他个体特征（户主性别、政治身份、受教

---

[1] Anderloni L., Bacchiocchi E. and Vandone D., "Household Financial Vulnerability: An Empirical Analysis", *Research in Economics*, Vol. 66, No. 3, September 2012.

育年限、乐观心态和个人情绪）对家庭金融脆弱性影响不显著或不稳健。家庭特征方面，与文献的理论预期一致，[①] 较之于无房产家庭，持有仅1套房产家庭和持有多套房产家庭金融脆弱性的发生概率更高；拥有汽车家庭金融脆弱性显著高于不拥有汽车家庭；家庭婴幼儿数量和在校学生数量越多，家庭金融脆弱性越高，而老年人口数对家庭金融脆弱性影响不显著。地区特征方面，与表7-2不同的是，所在地城镇化率对家庭金融脆弱性的影响不再显著，而ln（人均GDP）则显著降低了家庭资不抵债概率、入不敷出概率及金融脆弱性，中部、西部地区哑变量的影响与表7-2的回归结论基本保持一致。

表7-28　　　　家庭金融脆弱性的影响因素：面板固定效应

	资不抵债	入不敷出	金融脆弱性
	（1）	（2）	（3）
户主年龄	0.1363 *** (0.0302)	0.0396 *** (0.0078)	0.0471 *** (0.0175)
年龄平方/100	-0.2331 *** (0.0732)	-0.0512 *** (0.0179)	-0.0660 ** (0.0270)
健康状况	-0.0483 *** (0.0174)	-0.0020 ** (0.0008)	-0.0142 ** (0.0058)
户主性别（男=1）	0.0402 (0.0287)	0.1998 ** (0.0941)	0.1013 (0.1243)
职业（自主创业=1）	0.2562 *** (0.0556)	-0.0029 (0.0022)	0.0475 * (0.0278)
受教育年限（年）	-0.0168 (0.0151)	-0.0804 ** (0.0341)	-0.0095 ** (0.0043)
政治身份（党员=1）	-0.0420 *** (0.0113)	-0.0278 (0.0174)	-0.0280 ** (0.0129)
风险偏好	0.0435 *** (0.0138)	0.0047 * (0.0026)	0.0547 * (0.0322)

[①] Lusardi A. and Tufano P., "Debt Literacy, Financial Experiences, and Over-Indebtedness", *Journal of Pension Economics & Finance*, Vol. 14, No. 4, October 2015.

第七章　中国城市家庭债务风险的影响因素分析

续表

	资不抵债	入不敷出	金融脆弱性
	（1）	（2）	（3）
婴幼儿数量	0.0787** （0.0342）	0.0374*** （0.0086）	0.0252*** （0.0077）
在校学生数量	0.0311*** （0.0106）	0.1554*** （0.0486）	0.0429** （0.0217）
老年人口数	-0.0486 （0.0375）	0.0340 （0.0254）	0.0412 （0.0547）
宗教信仰（有=1）	-0.0398*** （0.0073）	-0.1503*** （0.0475）	-0.0876** （0.0403）
乐观心态	0.0116 （0.0234）	-0.1284 （0.1600）	-0.0386 （0.0463）
个人情绪	0.0693 （0.0510）	0.0293 （0.0692）	0.0266 （0.0370）
汽车拥有情况（有=1）	0.0330*** （0.0054）	0.1330*** （0.0362）	0.0698*** （0.0234）
仅1套房产（是=1）	0.0201*** （0.0074）	0.0597*** （0.0209）	0.0260*** （0.0084）
多套房产（是=1）	0.0738*** （0.0268）	0.1384** （0.0586）	0.0933*** （0.0278）
社会信任	0.0623 （0.0576）	0.0398 （0.0512）	0.0497 （0.0356）
经济形势预期	0.0924 （0.0600）	0.0273 （0.0368）	0.0170 （0.0125）
ln（人均GDP）	-0.0297*** （0.0053）	-0.0663*** （0.0193）	-0.0190*** （0.0063）
信贷总额/GDP	0.0358*** （0.0086）	0.0222*** （0.0078）	0.0074** （0.0032）
城镇化率	0.0237 （0.0683）	0.0192 （0.0320）	0.0084 （0.0063）
互联网普及率	0.0298 （0.0216）	0.0664 （0.0716）	-0.0758 （0.0724）
地区（中部=1）	0.0117** （0.0052）	0.0705*** （0.0199）	0.0218** （0.0085）

续表

	资不抵债 （1）	入不敷出 （2）	金融脆弱性 （3）
地区（西部=1）	0.0597*** （0.0180）	0.1071*** （0.0225）	0.0691*** （0.0182）
时间固定效应	控制	控制	控制
调整 R^2	0.3068	0.1694	0.3384
观测值	27735	27735	27735

注：括号内数值为稳健标准误。*** $p<0.01$，** $p<0.05$，* $p<0.10$。

第九节 本章小结

借助翔实的微观调查数据——中国家庭金融调查（CHFS2013—2017）面板数据，本章实证检验了普惠金融发展、集体主义文化、移动支付行为、人口年龄结构及其他传统变量对家庭金融脆弱性的影响及其传导机制。运用三期面板数据的固定效应模型及其IV估计等多种计量方法，我们得到了一些很有意思的结论。

（1）普惠金融发展对于家庭整体的债务风险发挥了积极的抑制作用。普惠金融使用频次和服务满意度的提高都有助于降低家庭债务风险，而普惠金融便利性的影响则不显著。机制分析表明，普惠金融可以通过促进减贫增收和提升风险应对能力两种渠道抑制家庭债务风险。普惠金融对低收入阶层、中部和西部地区家庭等长尾群体的家庭债务风险影响更为深远，同时金融素养在普惠金融抑制家庭债务风险过程中存在显著的调节效应。

（2）无论对于全体家户的宽样本还是有配偶家户的窄样本，集体主义观念均显著推高了家庭债务风险。使用集体主义的不同度量指标以及水稻种植比例作为集体主义工具变量的两阶段估计等一系列稳健性和内生性检验，证实集体主义显著影响家庭债务风险的结论稳健。集体主义主要通过提升风险偏好和缓解流动性约束放大家庭债务杠杆，而通过促进更为节俭的生活态度收紧家庭债务风险。从整体效果来看，集体主义对家庭债务风险有着显著的正向影响。面对数字金融发展的外生冲击，集体主义传统文化在人们借款行为中所扮演角色如何演变？分析结果表明，在数字金融发展水平更高的地区，集体主义对家庭债务风险的推动作用更小。换言之，以亲缘关系为载体的集体主义的社会功能随着数字科技的普及和市场化金融体系的完善而趋于弱化。

（3）移动支付显著推动了家庭债务风险的加剧，进一步使用家庭债务风险不同测量指标的稳健性检验和工具变量两阶段估计证实结论是可靠和稳健的。以信贷支持和家庭消费性支出为切入点，在探究移动支付推动家庭债务风险的背后机制中发现，家庭信贷需求和消费性支出在移动支付对家庭债务风险的影响中具有部分中介作用，意味着移动支付的这种推进作用可以通过缓解家庭流动性约束和促进家庭消费两种机制来实现。对不同群体的异质性分析中得出了更加丰富的结论：移动支付对于弱势群体——低收入阶层和西部地区家庭的债务风险影响更为深远；对户主受教育程度分组的回归结果表明，移动支付并没有显著影响低学历家庭（户主学历小学及以下）的债务风险，只有当户主学历为初中及以上时，移动支付才对家庭债务风险发挥显著的推动作用。

（4）人口老龄化显著抑制了家庭债务风险。机制分析表明，家庭财富水平和负债规模在人口老龄化抑制家庭债务风险的过程中存在部分中介效应，意味着人口老龄化的这种抑制作用是可以通过家庭财富积累和减少负债两种机制来实现的。分样本的异质性分析表明，老龄人口比能够抑制处于不同年龄段户主家庭债务风险，但主要对中年户主家庭影响更为深远；分城乡来看，老龄人口比同时抑制了城市家庭和农村家庭的债务风险，但是对城市家庭的边际影响更大；分收入阶层来看，老龄人口比对高收入水平家庭的债务风险抑制性更显著；从户主受教育水平的分组结果来看，老龄人口比对高学历家庭（户主学历大专/高职及以上）债务风险的影响较为微弱，当户主学历为初中及以下时，老龄人口比对家庭债务风险发挥了更加显著的抑制作用。

（5）除了采用常规的家庭债务风险衡量指标，本章还沿循贫困脆弱性测度的思路（VEP方法），从资不抵债和入不敷出两个方面构建了家庭金融脆弱性指标，实证检验了其他家户特征和地区经济变量对家庭债务风险的影响。显著且稳健的发现包括：户主更差的健康状况、从事自主创业、无宗教信仰、风险偏好、家庭更多的婴幼儿数量和在校学生数量、拥有汽车、拥有更多房产及更宽松的信贷政策都会显著提升家庭债务风险；分地区来看，与东部地区相比，中部和西部地区家庭的债务风险程度显著更高。

第八章　中国城市家庭债务风险规避路径

自党的十九大以来，推进以结构调整和化解系统性金融风险为主的结构性去杠杆改革成为我国新时期宏观经济发展战略的重要举措，同时也是近年来金融研究密切关注的热点问题。而受金融信贷政策和房地产市场影响，我国居民尤其是城市居民的杠杆程度持续攀升，家庭过度负债导致的经济问题正在逐步凸显。家庭负债是衡量居民金融行为特征的重要方面，而居民家庭债务杠杆程度是影响我国微观金融安全的核心指标之一。借助翔实的微观家庭调查数据——2013—2017年中国家庭金融调查（CHFS）和2011—2020年国家统计局与中国人民银行数据，本书基于微观分析视角，通过一系列实证研究和理论分析，较为系统地研究了我国城市居民加杠杆的行为动因，探析了其背后的家庭债务风险及其决定机制。根据家庭债务风险决定机制的检验结果，提炼并构建相适的债务风险规避路径。主要包括：全方位、多层次的规范和引导更合理的家庭资产配置和更有效的投资组合；鼓励并引导普惠金融产品及服务的创新；强化房地产调控和抑制住房投机行为；进一步完善收入与财富再分配机制，促进家庭财富增值的同时，提升抵御不确定因素冲击的风险承受力；在监管可控约束前提下，完善居民之间非正式资金融通和信用担保机制，缓解家庭财务脆弱性；完善居民负债的杠杆约束机制，在特定的人际网络和地域范围内，推行地域性差别化的居民信贷控制管理。

第一节　鼓励并引导普惠金融产品及服务的创新

微观家庭的债务风险及其防范作为金融风险问题的重要组成部分，近年来引起了社会各界的广泛关注，但我们对其风险程度及规避途径却知之甚少。借助翔实的微观家庭追踪调查面板数据，前文研究发现，家庭债务风险分化严重，金融脆弱性存在分布失衡且较为集中的问题，而普惠金融显著抑制了家庭债务风险。具体而言，普惠金融使用频次和服务满意度的提高都有助于降低家庭债务风险，而普惠金融便利性的影响则不显著。普惠金融可以通过激励家庭采用保险、储蓄和投资等更为高效的避险方式及正规渠道融资等直接机制、促进社区/家庭减贫增收等间接机制应对未来风险冲击，进而抑制家庭债务风险。并且，普惠金融对低收入阶层、中部和西部地区家庭等长尾群体家庭债务风险影响更为深远；金融素养越高，普惠金融对家庭债务风险的影响效应越大，即金融素养在普惠金融抑制家庭债务风险过程中存在显著的调节效应。上述结论的政策启示非常明显。第一，积极推动普惠金融发展，除了加强地理维度的终端网点覆盖、基础设施完善、人口的普及程度及金融可得性等便利性和渗透性指标的践行，更应考虑居民对信贷、保险、理财等普惠金融的使用频次及服务满意度，因为这直接体现了普惠性金融资源在微观家庭层面的分配和使用状况及其对于抑制家庭金融脆弱性的作用效率。第二，鼓励并引导普惠金融产品及服务的创新，深入挖掘普惠金融在协同担保、商业保险和应急信贷等方面的功能，加强适当且有效的避险工具的开发和使用，确保其在应对家庭未来风险冲击和解决家庭财务困境中发挥积极作用。第三，注重居民金融素养的提升，尤其是强化其风险甄别及避险应对能力的培育，避免出现微观家庭债务风险的大范围暴露，同时加大对"草根"群体金融脆弱性的扶持力度，实现真正意义上的"普惠性"金融价值。

第二节 完善居民间非正式融资融通和信用担保

家庭债务风险的分布特征和实证结果表明，与正规渠道借贷相比，非正规渠道借贷显著推高了家庭债务风险。一方面由于非正规渠道借贷偿还期限一般低于正规借贷，部分非正规渠道利息收取过高且借款额度受限；另一方面，民间借贷市场缺乏正规的信用担保，其资金规模、价格及流向往往游离于金融监管之外而难以掌握，容易诱发潜在金融风险，不利于金融市场的稳定和健康发展。因此，在监控可约束的条件下，相关部门应当完善居民之间非正式融资融通和信用担保。目前我国商业银行中有部分开展了以成员相互担保为基础的资金融通业务。具体来说，它们以地缘、族缘、血缘关系为依托，成员之间相互了解并相互担保。与金融机构的正规借贷相比，它具有一定的信息优势和交易成本优势，能够有效规避信息不对称带来的信贷风险。为了获得再贷款，联保小组成员之间会相互监督、相互支持和帮助，增强了家庭负债与金融合作意识。这种模式可以有效地降低违约风险与监管成本，是一种有效的内部监管机制，值得借鉴和普及。

经济制度和社会环境形塑了我们的文化观念。作为衡量国家或地区文化差异的重要维度，集体主义观念对人们社会关系、风险偏好、生活态度及其衍生的借贷行为有着深远影响，在人们经济事务中发挥着重要作用。总体而言，前文对家庭借款行为与集体主义内在关联展开了深入的经验分析，为理解我国居民家庭债务风险提供了文化视角上的新证据。在文化的政策导向上，应当借助集体主义与家庭杠杆行为的"合意"性一面，在互信机制的基础上寻找并推动金融信贷在安全性和高效性之间实现一种平衡。集体主义使得人们在存在金融需求或者风险发生时往往寻求"家"的护卫，从而大大降低了完全依赖金融机构解决资金困境的可能性，能够有效弥补普惠性金融在制度设计上的不足。从这个意义而言，集体主义文化支撑下的家族结构所起到的作用类似于金融保障的功能。而在居民信贷机制设计方面，借贷风险往往也源于"关系"的滥用，在秉承经济发展与传统文化"合意"的前提下，应充分利用中国人情"关系网"拓展征信覆盖面，在集体主义信念的取向之下，借助文化意识的渗透，实现非正式规范和正式制度的同步跟进，通过风险控制和征信分类的强化和管理，倒逼个体征信档案的建立和完善，实现家庭债务杠杆的有效监管与防控。在监管可控约束前提下，完善居民之间非正式资金融通和信用担保机制，缓解家庭财务脆弱性。

第三节 规范和引导更有效的家庭资产配置

党的十九大报告提出要拓宽居民持续获取财产性收入渠道，而合理的家庭资产配置是居民家庭获取财产性收入继而降低家庭债务风险的主要途径之一。优化家庭资产配置对增加居民财产性收入和福利水平有着重要影响，居民家庭能够通过参与市场投资并有效转化为家庭收入而减缓财富初次分配不公导致的社会贫富差距，进而降低家庭债务风险。然而，我国居民家庭资产配置的基本现实依然是住房资产占比较高，股市参与率长期偏低，投资品种单一。并且，不同家庭资产组合的优化程度是非均匀动态分布的，金融市场有时会被一部分拥有更多社会资源并擅长资本运作的投资者作为工具以掠夺另一部分群体的财富，金融市场发展反而会加剧贫富差距的进程并放大了家庭债务风险。"多渠道增加居民财产性收入"是党的十九大报告提出的一项重要的工作目标。其中，合理配置家庭拥有的不动产（如房产等）和动产（如股票、基金等）并有效转化为家庭收入是工作任务的重要方面。

如何广泛地拓展渠道并有效提高居民财产性收入？如何全方位、多层次地规范和引导更合理有效的家庭资产配置，进而降低家庭债务风险？传统政策或是主张居民私有财产权保护制度的健全，或是强调收入分配机制的转变，或是突出财产资本化的要素市场的完善。笔者并不否认这些政策的重要性，但是，居民有效配置资产并获取更多财产性收入是一个复杂的社会现象。首先，现有研究主要考虑无风险资产（储蓄）、风险性资产（股票、国债、基金等）以及非金融类资产（房产）的配置，而忽略了寿险等其他类别资产的参与。金融机构需要开发适合家庭不同需求层级的金融产品，拓宽家庭投资渠道，矫正扭曲的投融资机制，为家庭分散金融风险、优化投资方式创造条件。其次，还应当关注家庭以股票为代表的风险资产配置情况，股票期货等金融产品属于高风险高收益的投资，家庭在进行金融资产配置行为时不仅会受到收入和财富状况、赡养老人和抚养孩子等因素的影响，也会受理财投资带来预期收益的概率以及家庭可承受风险的程度等因素影响。若投资失败而造成无法挽回的资金损失，将严重影响家庭的日常生活，因此家庭应根据实际情况合理控制风险行为的投资比重，保留充分的可及时变现的资产以抵御突发事件或家庭成员疾病带来的意外支出，还要设置科学的投资止损线，避免盲目乐观期待高收益及不理性的投资行为导致的非理性损失，在家庭投资收益亏损接近止损线时及时退出，避免造成无法接受的更大损失。最后，自媒体和网络平台等媒体可以通过各个渠道宣传相关金融知识，帮助家庭树立良好的消费与投资理念，提高居民金融素养，引导家庭合理配置资源，预防外部不确定性冲击对家庭财务安全的不利影响。

第四节　进一步完善收入与财富再分配机制

收入水平的提升能显著降低家庭债务风险，而且家庭债务风险评价结果显示，高收入阶层家庭负债规模更高。这一方面是由于低收入会制约家庭的负债能力，导致资源配置的失衡；另一方面也说明了收入对家庭债务风险存在显著的抑制效应。已有文献也指出，收入不平等加剧将导致信贷供应增加。具体来说，收入较高的家庭更倾向于储蓄，再投资可贷基金市场，而低收入家庭为了维持基本生存的消费需求，可能从资本市场进行借贷，这样就形成了高收入阶层向低收入阶层不断放贷的现象；并且，由于低收入家庭通过借款来维持生活水平，以弥补家庭可支配收入的不足，但家庭的这种债务负担可能会导致杠杆效应，进一步加剧家庭的财务压力；而随着收入不平等的加剧，由于"攀比效应"和"消费习惯"，低收入和中等收入家庭还可能利用借贷以缩小与高收入阶级之间的消费差距。

与此同时，家庭财富积累也显著抑制了家庭债务风险，主要体现在高财富家庭负债偿还能力更强，能够更有效地拆借和平滑短期债务，而且高资产水平家庭能够更充分地利用杠杆效应，反过来促进家庭财富的快速积累，从而实现两者间的良性循环。相反，缺乏负债能力的低财富家庭往往构成了诱导居民债务潜在风险的重要隐患。因此，政府在坚持经济转型道路的同时，再分配机制改革应更注重公平，进一步完善收入分配制度，提高收入水平，特别是低收入水平家庭，增加低收入群体的社会保障，防止家庭财富的两极分化；相关政策应当向贫困家庭等弱势群体倾斜，为贫困人群、城镇低收入人群和残疾人等特殊群体提供更多借贷渠道和普惠性金融服务；同时还应提高家庭的受教育水平，引导家庭理性消费，从而真正起到缩小收入与财富差距并抑制家庭债务潜在风险的作用，在促进家庭财富增值的同时，提升抵御不确定因素冲击的风险承受力。

第五节　强化房地产调控和抑制住房投机行为

住房按揭贷款是我国城市居民负债的重要组成部分，规模最大且参与率最高。过去数年，受金融信贷政策和房地产市场影响，无论我国东部、中部还是西部地区家庭，城市居民的住房负债均值和负债比例均呈持续攀升态势。房产在我国具有投资和消费的双重属性，而过度的房产投资行为是导致居民过度负债继而加剧家庭债务风险的主要因素。对此事实，传统的解释有三种：一是购房或自建住宅的家庭意味着更高的借贷需求和举债意愿；二是住房作为重要的金融契约工具，持有房产在激励家庭从事与住房相关的抵押再融资的同时，也增加了家庭以更低成本获取信贷资金的可能性；三是持有房产家庭拥有更高的风险容忍度，而风险容忍导致了更高的负债倾向。

前文对不同住房持有数量家庭债务风险的分布特征的统计结果也表明，与不拥有住房和1套住房的家庭相比，多套房家庭债务风险水平更高，而导致多套住房家庭债务风险较高的原因主要是住房投机现象。在这种情况下，一旦房地产市场受到较大的负面冲击，这些拥有多套住房且住房杠杆较高的家庭，其家庭财富水平和资金流动性都会出现极大的缩水，进而放大房贷违约的概率，加剧家庭债务风险。因此，房地产市场调控的关键在于抑制多套住房家庭的投机性购房行为。具体来说，采取的举措应该达到两个效果：一是要改变当前社会对房价"只涨不跌"的刚性预期；二是要保持对多套住房家庭的信贷约束，可以明显减缓家庭部门杠杆率攀升的速度，目前施行的限购令已经发挥了作用。考虑到我国经济的长远利益和短期潜在风险，针对我国城市居民住房负债过重问题，相关部门应当对房地产市场进行适度调控，应当适当减少房地产市场的政策刺激，增加土地供给，通过经济顶层设计改变经济发展模式，提前预防可能的金融风险。在保障家庭刚性住房需求得以满足的同时，须将房地产行业中个人住房贷款作为金融风险防范与治理的重点，遏制投机性资本介入，加强风险预警与防范，保障房地产市场平稳发展。

第六节　推行地域性差别化的居民信贷管控

家庭杠杆率分化严重，债务负担存在分布失衡且较为集中的问题，不同地区和群体间家庭债务风险的分布是非均匀的，总体上呈现西高东低的变动趋势。无论是杠杆率、财务脆弱性还是债务风险综合指标，中部、西部地区家庭债务风险均远高于东部地区家庭。区域之间家庭债务规模、资产流动性、财务保证金和偿债能力严重不均。长期以来，地区之间经济发展不平衡是我国经济转型期面临的主要特征之一，与之相对应的金融资源分配在区域间严重失衡，西部地区金融发展远滞后于东部。

较之置身于市场化程度更高、正规金融体系更加完善的东部地区家庭而言，西部偏远地区家庭面临更为严重的金融约束，其获取信贷资金也更加困难，这种金融格局使得所处其中的居民家庭面临的债务风险差异显著。

地区之间发展不均衡会带来诸多方面的差异。从金融服务的角度来看，东部地区经济最为发达，金融基础设施与服务供给完善，居民能够更好地参与正规信贷市场、享受金融服务，风险识别和风险应对能力更强，家庭债务风险普遍更低。因此，金融机构和政府职能部门应当完善居民负债杠杆约束机制，在特定的人际网络和地域范围内，推行地域性差别化的居民信贷管控。相关政策制定应因地制宜，重点降低中西部等地区家庭债务风险，进一步构建和完善金融风险特别是微观家庭债务风险的监管及防范机制，促进地区协调发展，推进国民经济稳定有序增长。对于欠发达的中西部地区家庭尤其是城市中低收入群体而言，通过加杠杆不断累积的家庭债务，一旦遭遇外部经济环境的不利冲击，很可能会导致家庭资金流动性收紧和财务脆弱性恶化，诱发家庭债务违约风险的发生。因此，必须警惕这类群体债务杠杆的过快增长，加强风险监管，抑制过度负债行为，为交易提供可追溯记录，利用大数据风控技术开展风险评级，构建家庭债务风险评估、预警和防范机制，完善征信建设、信贷引导和风险管控等监管机制。

参考文献

一 中文类

蔡明超、费一文:《商业银行消费信贷中的提前偿还风险影响因素与风险管理——理论与实证》,《金融研究》2007年第7期。

曹志强、崔文俊:《住房价格、人口年龄结构对储蓄率的影响研究——基于省级面板数据的研究》,《价格理论与实践》2020年第6期。

柴时军:《集体主义视角下的家庭债务杠杆研究》,《现代经济探讨》2021年第8期。

柴时军:《社会网络与家庭创业决策——来自中国家庭追踪调查的经验证据》,《云南财经大学学报》2017年第6期。

柴时军:《信任视角下的家庭融资渠道偏好研究》,《经济与管理研究》2019年第11期。

柴时军:《移动支付是否放大了家庭债务风险?——基于家庭财务杠杆视角的微观证据》,《西南民族大学学报》(人文社会科学版)2020年第10期。

柴时军、王聪:《老龄化与居民金融资产选择——微观分析视角》,《贵州财经大学学报》2015年第5期。

柴时军、王聪:《社会网络与农户民间放贷行为——基于中国家庭金融调查的研究》,《南方金融》2015年第6期。

柴时军、叶德珠:《信任偏差、市场化与居民借贷渠道选择》,《财贸研究》2019年第12期。

柴时军、周利:《家庭负债、负债程度及其影响因素——基于中国城乡差异的实证分析》,《统计与决策》2020年第22期。

陈斌开、李涛:《中国城镇居民家庭资产—负债现状与成因研究》,《经济研究》2011年第S1期。

陈斌开、张鹏飞、杨汝岱:《政府教育投入、人力资本投资与中国城乡收入差距》,《管理世界》2010年第1期。

陈立辉、邢世凯、杜秀菊:《我国汽车金融服务存在问题及对策研究》,《河北金融》2011年第5期。

陈洋林、张学勇、李波:《家庭加杠杆的资产配置效应研究》,《中央财经大学学报》2019年第3期。

陈屹立、曾琳琳:《中国农村居民家庭的负债决策及程度:基于中国家庭金融调查的考察》,《贵州财经大学学报》2017年第6期。

程丽君、姚玉杰、田凤:《中国城镇居民家庭资产负债现状分析》,《时代金融》2017年第23期。

杜文姬:《我国教育水平发展现状浅析》,《管理观察》2015年第24期。

傅秋子、黄益平:《数字金融对农村金融需求的异质性影响》,《金融研究》2018年第11期。

甘犁、尹志超、贾男、徐舒、马双:《中国家庭资产状况及住房需求分析》,《金融研究》2013年第4期。

龚刚、徐文舸、杨光:《债务视角下的经济危机》,《经济研究》2016年第6期。

郭新华、李晓敏:《中国家庭债务与房价之间的自增强效应——基于全面FGLS回归和分位数回归的实证分析》,《湘潭大学学报》(哲学社会科学版)2019年第3期。

郭新华、周程程:《消费者信心与房价对家庭借贷行为的影响分析》,《统计与决策》2014年第1期。

韩俊、罗丹、程郁:《信贷约束下农户借贷需求行为的实证研究》,《农业经济问题》2007年第2期。

郝云飞、宋明月、臧旭恒:《人口年龄结构对家庭财富积累的影响——基于缓冲存货理论的实证分析》,《社会科学研究》2017年第4期。

何广文、何婧、郭沛:《再议农户信贷需求及其信贷可得性》,《农业经济问题》2018年第2期。

何婧、李庆海:《数字金融使用与农户创业行为》,《中国农村经济》2019年第1期。

何丽芬、吴卫星、徐芊:《中国家庭负债状况、结构及其影响因素分析》,《华中师范大学学报》(人文社会科学版)2012年第1期。

何晓晴、谢赤、吴晓:《住房按揭贷款违约风险及其防范机制》,《社会科学家》2005年第6期。

贺雪峰:《论村级负债的区域差异——农民行动单位的视角》,《中国农村观察》2005年第6期。

胡绍雨:《我国城乡基本医疗保险一体化研究》,《湖北社会科学》2017年第12期。

胡振、杨华磊、臧日宏:《家庭负债异质性与影响因素解析:中国的微观证据》,《商业经济与管理》2015年第9期。

黄晓东:《警惕家庭部门债务风险对中国经济增长的负面影响》,《郑州航空工业管理学院学报》2018年第1期。

黄益平、黄卓:《中国的数字金融发展:现在与未来》,《经济学(季刊)》2018年第4期。

纪园园、朱平芳、宁磊:《家庭债务、区域差异与经济增长》,《南京社会科学》2020年第10期。

焦晨、李佳婧、赵钦风、胡思梦、王健:《中外医疗负债研究进展及影响综述》,《中国卫生经济》2020年第8期。

焦瑾璞:《移动支付推动普惠金融发展的应用分析与政策建议》,《中国流通经济》2014年第7期。

金彤:《2020年前三季度金融机构贷款投向》,《中国金融》2020年第21期。

靳伟凤、张海星、孙底、萌妍:《地方政府债务风险的评价与预警机制研究——基于辽宁省的样本分析》,《财经纵横》2019 年第 19 期。

况伟大:《中国住房抵押贷款拖欠风险研究》,《经济研究》2014 年第 1 期。

李波、朱太辉:《债务杠杆、金融素养与家庭金融脆弱性——基于中国家庭追踪调查 CFPS2014 的实证分析》,《国际金融研究》2020 年第 7 期。

李翀:《论我国的宏观债务风险及其防范方法》,《北京师范大学学报》(社会科学版) 2016 年第 5 期。

李凤、罗建东、路晓蒙、邓博夫、甘犁:《中国家庭资产状况、变动趋势及其影响因素》,《管理世界》2016 年第 2 期。

李爽、陆铭、佐藤宏:《权势的价值:党员身份与社会网络的回报在不同所有制企业是否不同?》,《世界经济文汇》2008 年第 6 期。

李涛、陈斌开:《家庭固定资产、财富效应与居民消费:来自中国城镇家庭的经验证据》,《经济研究》2014 年第 3 期。

李涛、方明、伏霖、金星晔:《客观相对收入与主观经济地位:基于集体主义视角的经验证据》,《经济研究》2019 年第 12 期。

李涛、王志芳、王海港、谭松涛:《中国城市居民的金融受排斥状况研究》,《经济研究》2010 年第 7 期。

李晓嘉:《年轻"负翁"缘何出现》,《人民论坛》2019 年第 32 期。

李岩、兰庆高、赵翠霞:《农户贷款行为的发展规律及其影响因素——基于山东省 573 户农户 6 年追踪数据》,《南开经济研究》2014 年第 1 期。

李勇辉、李小琴、吴朝霞:《家庭借贷约束对"代际传承陷阱"的固化效应》,《财经科学》2018 年第 7 期。

廖冠民、宋蕾蕾:《非正规金融与资源配置效率》,《经济科学》2020 年第 3 期。

廖婧琳、周利:《数字普惠金融、受教育水平与家庭风险金融资产投资》,《现代经济探讨》2020 年第 1 期。

廖理、李梦然、王正位：《聪明的投资者：非完全市场化利率与风险识别——来自 P2P 网络借贷的证据》，《经济研究》2014 年第 7 期。

廖朴、吕刘、贺晔平：《信贷、保险、"信贷＋保险"的扶贫效果比较研究》，《保险研究》2019 年第 2 期。

林其屏：《台湾家庭负债高的原因与影响》，《亚太经济》2008 年第 4 期。

林相森、舒元：《我国居民医疗支出影响因素的实证分析》，《南方经济》2007 年第 6 期。

刘波、王修华、胡宗义：《金融素养是否降低了家庭金融脆弱性？》，《南方经济》2020 年第 10 期。

刘磊、王宇：《居民杠杆率与金融稳定》，《开放导报》2018 年第 1 期。

刘梅：《互联网金融风险防范的难点及解决思路》，《西南民族大学学报》（人文社会科学版）2019 年第 9 期。

刘萍：《个人住房抵押贷款风险探析》，《金融研究》2002 年第 8 期。

刘向耘、牛慕鸿、杨娉：《中国居民资产负债表分析》，《金融研究》2009 年第 10 期。

刘兴华、易扬：《金融科技发展与区域实体经济增长的非线性关系——基于省级面板门槛模型的实证研究》，《华北金融》2021 年第 4 期。

刘银、徐丽娜、唐玺年、王蕾、阿丽娅·依不拉音：《非农就业、社会网络与农村家庭正规借贷——来自 CFPS 数据的实证》，《金融理论与实践》2021 年第 3 期。

鲁存珍：《住户部门杠杆率快速上升成因及影响研究》，《西南金融》2019 年第 1 期。

逯进、李婷婷、张晓峒：《储蓄、老龄化与经济增长》，《西安交通大学学报》（社会科学版）2021 年第 10 期。

路晓蒙、李阳、甘犁、王香：《中国家庭金融投资组合的风险——过于保守还是过于冒进？》，《管理世界》2017 年第 12 期。

吕康银、宋德丽、朱金霞：《城镇居民财产结构及其区域差距研究》，

《税务与经济》2015年第3期。

马光荣、杨恩艳：《社会网络、非正规金融与创业》，《经济研究》2011年第3期。

马建堂、董小君、时红秀：《中国的杠杆率与系统性金融风险防范》，《财贸经济》2016年第1期。

马宇：《我国个人住房抵押贷款违约风险影响因素的实证研究》，《统计研究》2009年第5期。

孟德锋、严伟祥、刘志友：《金融素养与家庭金融脆弱性》，《上海金融》2019年第8期。

聂裕：《城镇居民医疗保健消费的区域性差异分析》，《时代金融》2018年第15期。

潘黎、钟春平：《去教堂祷告还是去银行借款？——宗教与金融行为内在关联的微观经验证据》，《经济学（季刊）》2015年第1期。

潘敏、刘知琪：《居民家庭"加杠杆"能促进消费吗？》，《金融研究》2018年第4期。

任国英、汪津、李锐：《地位寻求与城镇家庭购买耐用消费品借贷行为的研究》，《中央财经大学学报》2020年第7期。

任木荣、刘波：《房价与城市化的关系——基于省际面板数据的实证分析》，《南方经济》2009年第2期。

阮健弘、刘西、叶欢：《我国居民杠杆率现状及影响因素研究》，《金融研究》2020年第8期。

宋洪礼、李庶泳：《地区经济差异使商业银行改革面临新挑战》，《山东金融》1996年第2期。

苏剑：《人口老龄化如何影响经济增长——基于总供给与总需求的分析视角》，《北京工商大学学报》（社会科学版）2021年第5期。

隋钰冰、尹志超、何青：《外部冲击与中国城镇家庭债务风险》，《福建论坛》（人文社会科学版）2020年第1期。

孙光林、李燕茹：《中国西部边境农业县农业贷款对农村经济作用的实证研究——以察布查尔县为例》，《现代物业》2014 年第 7 期。

孙蕾、谢越：《中国人口老龄化的地区聚类及影响因素分析》，《西北人口》2014 年第 1 期。

孙立平、王丽娟：《城镇居民家庭资产负债结构现状与成因——基于甘肃省的经验观察》，《西部金融》2019 年第 12 期。

孙元欣：《美国家庭资产结构和变化趋势（1980—2003）》，《上海经济研究》2005 年第 11 期。

孙元欣：《美国家庭资产统计方法和分析》，《统计研究》2006 年第 2 期。

田子方：《集体主义与居民家庭消费——来自中国的经验发现》，《金融研究》2020 年第 5 期。

汪三贵：《信贷扶贫能帮助穷人吗？》，《调研世界》2001 年第 5 期。

王聪、杜奕璇：《生命周期、年龄结构与我国家庭消费负债行为》，《当代财经》2019 年第 3 期。

王欢、郑飞：《我国住户部门债务水平与特征分析》，《债券》2019 年第 12 期。

王晓彦、胡德宝：《移动支付对消费行为的影响研究：基于不同支付方式的比较》，《消费经济》2011 年第 10 期。

王馨：《互联网金融助解长尾小微企业融资难问题研究》，《金融研究》2015 年第 9 期。

王直民、孙淑萍：《基于"房地分离"的农村住房抵押制度研究》，《农村经济》2012 年第 10 期。

魏玮、陈杰：《加杠杆是否一定会成为房价上涨的助推器？》，《金融研究》2017 年第 12 期。

吴锟、王琎、赵越超：《居民家庭的过度负债：度量与特征——来自中国家庭微观调查数据的分析》，《北京工商大学学报》（社会科学版）2020 年第 4 期。

吴卫星、吴锟、王琎：《金融素养与家庭负债——基于中国居民家庭微观调查数据的分析》，《经济研究》2018 年第 1 期。

吴卫星、徐芊、白晓辉：《中国居民家庭负债决策的群体差异比较研究》，《财经研究》2013年第3期。

吴卫星、尹豪：《职业声望、信贷约束与金融市场参与》，《财贸经济》2019年第5期。

吴旭、将难、唐造时：《从区域金融发展差异看金融调控政策的区域化取向》，《中国金融》2004年第13期。

伍再华、叶菁菁、郭新华：《财富不平等会抑制金融素养对家庭借贷行为的作用效果吗？——基于CHFS数据的经验分析》，《经济理论与经济管理》2017年第9期。

肖竹韵、冯长春、王乾：《城镇化对城市土地市场影响的时序特征及区域差异》，《统计与决策》2017年第19期。

谢绵陛：《家庭债务收入比的影响因素研究》，《中国经济问题》2018年第1期。

谢平、刘海二：《ICT、移动支付与电子货币》，《金融研究》2013年第10期。

徐淑一、王宁宁：《竞争风险下我国住房抵押贷款风险的实证研究》，《统计研究》2011年第2期。

颜嘉：《中国家庭金融债务风险的衡量与防范》，《全国流通经济》2019年第14期。

杨文：《社会资本能够降低中国农村家庭脆弱性吗》，《贵州财经学院学报》2012年第2期。

杨赞、周丹彤：《居民住房抵押贷款需求的微观研究》，《财经问题研究》2013年第1期。

叶德珠、连玉君、黄有光：《消费文化、认知偏差与消费行为偏差》，《经济研究》2012年第2期。

易行健、营倩倩：《中国人口老龄化与居民平均消费倾向的实证检验》，《消费经济》2019年第2期。

易行健、周利：《数字普惠金融发展是否显著影响了居民消费？——来自中国家庭的微观证据》,《金融研究》2018 年第 11 期。

尹志超、公雪、郭沛瑶:《移动支付对创业的影响——来自中国家庭金融调查的微观证据》,《中国工业经济》2019 年第 3 期。

尹志超、公雪、潘北啸:《移动支付对家庭货币需求的影响——来自中国家庭金融调查的微观证据》,《金融研究》2019 年第 10 期。

尹志超、彭嫦燕、里昂安吉拉:《中国家庭普惠金融的发展及影响》,《管理世界》2019 年第 2 期。

尹志超、张栋浩:《普惠金融、家庭贫困及脆弱性》,《经济学(季刊)》2020 年第 1 期。

尹志超、张号栋:《金融可及性、互联网金融和家庭信贷约束——基于 CHFS 数据的实证研究》,《金融研究》2018 年第 11 期。

于成永:《金融发展与经济增长关系:方向与结构差异——源自全球银行与股市的元分析证据》,《南开经济研究》2016 年第 1 期。

余静文、姚翔晨:《人口年龄结构与金融结构——宏观事实与微观机制》,《金融研究》2019 年第 4 期。

余湄、李志勇:《通货膨胀、资产选择和家庭财务杠杆》,《管理评论》2021 年第 1 期。

袁云峰、曹旭华:《金融发展与经济增长效率的关系实证研究》,《统计研究》2007 年第 5 期。

袁志辉、刘志龙:《基于宏观资产负债表的居民债务问题及其风险研究》,《国际金融研究》2020 年第 2 期。

张兵、张宁、李丹、周明栋:《农村非正规金融市场需求主体分析——兼论新型农村金融机构的市场定位》,《南京农业大学学报》(社会科学版)2013 年第 2 期。

张冀、孙亚杰、张建龙:《我国家庭负债存在过度风险吗?——基于负债结构下的消费视角》,《河北经贸大学学报》2020 年第 5 期。

张江涛:《中国居民部门加杠杆的逻辑和潜在风险》,《国际金融》2018 年第 7 期。

张娟锋、贾生华：《城市间住宅土地价格差异的决定因素——基于长江三角洲城市的实证研究》，《中国软科学》2008年第5期。

张晓晶、常欣、刘磊：《二季度去杠杆分析》，《中国经济报告》2017年第11期。

张勋、万广华、张佳佳、何宗樾：《数字经济、普惠金融与包容性增长》，《经济研究》2019年第8期。

张雅淋、孙聪、姚玲珍：《越负债，越消费？——住房债务与一般债务对家庭消费的影响》，《经济管理》2019年第12期。

赵西华、周曙东：《农民创业现状、影响因素及对策分析》，《江海学刊》2006年第1期。

郑秀峰、朱一鸣：《普惠金融、经济机会与减贫增收》，《世界经济文汇》2019年第1期。

周广肃、王雅琦：《住房价格、房屋购买与中国家庭杠杆率》，《金融研究》2019年第6期。

周利、冯大威：《人格特征与家庭负债》，《金融发展研究》2020年第2期。

周利、冯大威、易行健：《数字普惠金融与城乡收入差距："数字红利"还是"数字鸿沟"》，《经济学家》2020年第5期。

周卫辉、戴建兵：《河北省农村金融与农民收入关系的实证分析》，《河北师范大学学报》（哲学社会科学版）2008年第4期。

朱高林：《中国居民家庭债务率攀升及原因分析》，《经济体制改革》2012年第4期。

朱铭来、于新亮、王美娇、熊先军：《中国家庭灾难性医疗支出与大病保险补偿模式评价研究》，《经济研究》2017年第9期。

祝伟、夏瑜擎：《中国居民家庭消费性负债行为研究》，《财经研究》2018年第10期。

二 外文类

Acemoglu D., *Introduction to Modern Economic Growth*, Princeton：Princeton

University Press, 2009.

Ampudia M., Vlokhoven H. V. and Zochowski D., "Financial Fragility of Euro Area Household", *Journal of Financial Stability*, Vol. 27, No. 6, December 2016.

Anderloni L., Bacchiocchi E. and Vandone D., "Household Financial Vulnerability: An Empirical Analysis", *Research in Economics*, Vol. 66, No. 3, September 2012.

Badarinza C., Campbell J. Y. and Ramadoral H., "The International Comparative Household Finance", *Annual Review of Economics*, Vol. 8, No. 1, September 2016.

Barba A. and Pivetti M., "Rising Household Debt: Its Causes and Macroeconomic Implications—A Long-Period Analysis", *Cambridge Journal of Economics*, Vol. 33, No. 1, January 2009.

Baron R. and Kenny D. A., "The Moderator-Mediator Variable Distinction in Social Psychological Research", *Journal of Personality and Social Psychology*, Vol. 51, No. 6, July 1986.

Berisha E. and Meszaros E., "Income Inequality, Equities, Household Debt, and Interest Rates: Evidence from a Century of Data", *Journal of International Money and Finance*, Vol. 31, No. 2, September 2018.

Bialowolski P., "Forecasting Household Debt with Latent Transition Modelling", *Applied Economics Letters*, Vol. 24, No. 15, May 2017.

Bontempo R. N., Bottom W. P. and Weber E. U., "Cross Cultural Differences in Risk Perception: A Model Based Approach", *Risk Analysis*, Vol. 17, No. 4, August 1997.

Brewer M. B. and Chen Y. R., "Where (Who) are Collectives in Colletivism? Toward Conceptual Clarification of Individualism and Collectivism", *Psychological Review*, Vol. 114, No. 1, January 2007.

Brown S. and Taylor K., "Household Debt and Financial Assets: Evidence from Germany, Great Britain and the USA", *Journal of the Royal Statistics in Society*, Vol. 171, No. 3, June 2008.

Bruhn M. and Love I., "The Real Impact of Improved Access to Finance: Evidence from Mexico", *The Journal of Finance*, Vol. 69, No. 3, June 2014.

Campbell J., "Household Finance", *Journal of Finance*, Vol. 61, No. 4, August 2006.

Campbell J. and Cocco J., "Household Risk Management and Optimal Mortgage Choice", *Quarterly Journal of Economics*, Vol. 118, No. 4, November 2003.

Capozza D. R. and Order R. V., "The Great Surge in Mortgage Defaults 2006 – 2009: The Comparative Roles of Economic Conditions, Underwriting and Moral Hazard", *Journal of Housing Economics*, Vol. 20, No. 2, June 2011.

Carroll C. D., "Buffer-Stock Saving and The Life Cycle/Permanent Income Hypothesis", *Quarterly Journal of Economics*, Vol. 112, No. 1, February 1997.

Chai S., Chen Y., Huang B. and Ye D., "Social Networks and Informal Financial Inclusion in China", *Asia Pacific Journal of Management*, Vol. 36, No. 2, July 2019.

Chen L., "From Fintech to Finlife: The Case of Fintech Development in China", *China Economic Journal*, Vol. 9, No. 3, September 2016.

Chichaibelu B. B. and Waibel H., "Over-Indebtedness and Its Persistence in Rural Households in Thailand Vietnam", *Journal of Asian Economics*, Vol. 56, No. 2, April 2018.

Chmelar A., "Household Debt and the European Crisis", *Social Science Electronic Publishing*, Vol. 17, No. 2, August 2013.

Choudhury M., "Poverty, Vulnerability and Financial Inclusion: The Context of Bangladesh", *Journal of Politics and Administration*, Vol. 2, No. 1, January 2014.

Claessens S., "Access to Financial Services: A Review of the Issues and Public Policy Objectives", *The World Bank Research Observer*, Vol. 21, No. 2, August 2006.

Cox D. and Jappelli T., "The Effect of Borrowing Constraints on Consumer Liabilities", *Journal of Money, Credit and Banking*, Vol. 25, No. 2, May 1993.

Daud S. N., Marzuki A., Ahmad N. and Kefeli Z., "Financial Vulnerability and Its Determinants: Survey Evidence from Malaysian Households", *Emerging Markets Finance and Trade*, Vol. 55, No. 9, October 2018.

Davis A. and Kim J., "Explaining Changes in the US Credit Card Market: Lenders Are Using More Information", *Economic Modelling*, Vol. 61, No. 1, February 2017.

Delrio A. and Young G., "The Impact of Unsecured Debt on Financial Pressure among British Households", *Applied Financial Economics*, Vol. 18, No. 7, July 2008.

Devlin J., "A Detailed Study of Financial Exclusion in the UK", *Journal of Consumer Policy*, Vol. 28, No. 3, March 2005.

Eunmi L., "Household Debt: Latent Risk in Korea", *SERI Quarterly*, Vol. 5, No. 2, April 2012.

Fabbri D. and Padula M., "Does Poor Legal Enforcement Make Households Credit-Constrained?", *Journal of Banking and Finance*, Vol. 28, No. 10, October 2004.

Gorodnichenko Y. and Roland G., "Which Dimensions of Culture Matter for Long-Run Growth?", *American Economic Review*, Vol. 101, No. 3, May 2011.

Greif A., "Cultural Beliefs and the Organization of Society", *Journal of Political Economy*, Vol. 102, No. 5, October 1994.

Guiso L., Sapienza P. and Zingales L., "Trusting the Stock Market", *Journal of Finance*, Vol. 63, No. 6, November 2008.

Hall J. and Jones C., "Social Grading of Occupations", *The British Journal of*

Sociology, Vol. 1, No. 1, March 1950.

Haughwout A., Peach R. and Tracy J., "Juvenile Delinquent Mortgages: Bad Gredit or Bad Economy", *Journal of Urban Economics*, Vol. 64, No. 2, September 2008.

Humphrey D. B., Kim M. and Vale B., "Realizing the Gains from Electronic Payments: Costs, Pricing, and Payment Choice", *Journal of Money Credit and Banking*, Vol. 33, No. 2, May 2001.

Jappelli T., Pagano M. and Maggio M. D., "Households' Indebtedness and Financial Fragility", *Journal of Financial Management, Markets and Institutions*, Vol. 1, No. 1, January 2013.

Jianakoplos N. and Bernasek A., "Are Women More Risk Averse?", *Economic Inquiry*, Vol. 36, No. 4, October 1998.

Kalckreuth U. V., Schmidt T. and Stix H., "Choosing and Using Payment Instruments: Evidence from German Microdata", *Empirical Economics*, Vol. 46, No. 3, May 2014.

Kelly R., McGarthy Y. and McQuinn K., "Impairment and Negative Equity in the Irish Mortgage Market", *Journal of Housing Economics*, Vol. 21, No. 3, September 2012.

Kim H., Lee D., Son J. and Min K., "Household Indebtedness in Korea: Its Causes and Sustainability", *Japan & the World Ecomomy*, Vol. 29, No. 1, January 2014.

Kinnan C. and Townsend R., "Kinship and Financial Networks, Formal Financial Access, and Risk Reduction", *The American Economic Review*, Vol. 102, No. 3, May 2012.

Kregel J. A., "Margins of Safety and Weight of the Argument in Generating Financial Fragility", *Journal of Economic Issues*, Vol. 31, No. 2, June 1997.

Letkiewice J. C. and Fox J., "Conscientiousness, Financial Literacy and Asset Accumulation of Young Adults", *Journal of Consumer Affairs*, Vol. 48,

No. 2, May 2014.

Liang J., Wang H. and Lazear H. P., "Demographics and Entrepreneurship", *Journal of Political Economy*, Vol. 126, No. 1, October 2018.

Lin Y. J. and Martin F. G., "Household Life Cycle Protection: Life Insurance Holdings, Financial Vulnerability, and Portfolio Implications", *Journal of Risk and Insurance*, Vol. 74, No. 1, March 2007.

Liu Z., "The Economic Impact and Determinants of Investment in Hunan and Political Capital in China", *Economic Development and Cultural Change*, Vol. 51, No. 4, July 2003.

Lusardi A. and Tufano P., "Debt Literacy, Financial Experiences, and Over-Indebtedness", *Journal of Pension Economics & Finance*, Vol. 14, No. 4, October 2015.

Main A. and Sufi A., "House Prices, Home Equity-Based Borrowing, and the US Household Leverage Crisis", *American Economic Review*, Vol. 101, No. 5, August 2011.

McCleary R. and Barro R., "Religion and Economy", *Journal of Economic Perspectives*, Vol. 20, No. 2, March 2006.

Meng X., Hoang N. and Siriwardana M., "The Determinants of Australian Household Debt: A Macro Level Study", *Journal of Asian Economics*, Vol. 29, No. 6, December 2013.

Mian A., Rao K. and Sufi A., "Household Balance Sheets, Consumption, and the Economic Slump", *Quarterly Journal of Economics*, Vol. 128, No. 4, June 2013.

Mian A., Sufi A. and Verner E., "Household Debt and Business Cycles Worldwide", *Quarterly Journal of Economics*, Vol. 132, No. 4, November 2017.

Michelangeli V. and Pietrunti M., "A Microsimulation Model to Evaluate Italian Households' Financial Vulnerability", *International Journal of Microsimulation*, Vol. 7, No. 3, September 2014.

Milcher S., "Household Vulnerability Estimates of Roma in Southeast Europe", *Cambridge Journal of Economics*, Vol. 34, No. 4, July 2010.

Minsky H. P., *The Financial Instability Hypothesis*, Cambridge: Cambridge University Press, 1982.

Modigliani F. and Ando A., "Tests of the Life Cycle Hypothesis of Savings: Comments and Suggestions", *Bulletin of the Oxford University Institute of Economics & Statistics*, Vol. 19, No. 2, May 1957.

Nam T. H. and Mahinda S., "The Determinants of Australian Household Debt: A Macro Level Study", *Journal of Asian Economics*, Vol. 29, No. 6, December 2013.

Oyserman D., Coon H. M. and Kemmelmeier M., "Rethinking Individualism and Collectivism: Evaluation of Theoretical Assumptions and Meta-Analyses", *Psychological Bulletin*, Vol. 128, No. 1, January 2002.

Popov A., "Credit Constraints and Investment in Human Capital: Training Evidence from Transition Economies", *Journal of Financial Intermediation*, Vol. 23, No. 1, January 2014.

Renneboog I. and Spaenjers C., "Religion, Economic Attitudes, and Household Finance", *Oxford Economic Papers*, Vol. 64, No. 1, January 2012.

Rosen H. and Wu S., "Portfolio Choice and Health Status", *Journal of Financial Economics*, Vol. 72, No. 3, June 2004.

Sarma M., "Measuring Financial Inclusion Using Multidimensional Data", *World Economics*, Vol. 17, No. 1, January 2016.

Soman D., "The Effect of Payment Transparency on Consumption: Quasi-Experiments from the Field", *Marketing Letters*, Vol. 14, No. 5, October 2003.

Stolper A. and Walter A., "Financial Literacy, Financial Advice, and Financial Behavior", *Journal of Business Economics*, Vol. 87, No. 2, March 2017.

Talhelm T., Zhang X., Qishi S., Shimin C., Duan D., Lan X. and Kitayama S., "Large-Scale Psychological Differences Within China Explained by Rice

Versus Wheat Agriculture", *Science*, Vol. 344, No. 6184, May 2014.

Tanaka T., Camerer C. F. and Nguyen Q., "Risk and Time Preferences: Linking Experimental and Household Survey Date from Vietnam", *The American Economic Review*, Vol. 100, No. 1, March 2010.

Triandis H. C., "Converging Measurement of Horizontal and Vertical Individualism and Collectivism", *Journal of Personality and Social Psychology*, Vol. 74, No. 1, January 1998.

Urrea M. and Maldonado J., "Vulnerability and Risk Management: The Importance of Financial Inclusion for Beneficiaries of Conditional Transfers in Colombia", *Canadian Journal of Development Studies*, Vol. 32, No. 4, March 2012.

Weber E. U. and Hsee C. K., "Models and Mosaics: Investigating Cross-Cultural Differences in Risk Perception and Risk Preference", *Psychonomic Bulletin and Review*, Vol. 6, No. 4, December 1999.

Worthington A., "Debt as a Source of Financial Stress in Australian Households", *International Journal of Consumer Studies*, Vol. 30, No. 1, January 2006.

Yaari M. E., "Convexity in the Theory of Choice under Risk", *The Quarterly Journal of Economics*, Vol. 79, No. 2, May 1965.

Yusof S., "Ethnic Disparity in Financial Fragilityin Malaysia", *International Journal of Social Economics*, Vol. 46, No. 1, January 2019.

Zanin M. and Luca K., "Determinants of the Conditional Probability That a Household Has Informal Loans Given Liquidity Constraints Regarding Access to Credit Banking Channels", *Journal of Behavioral & Experimental Finance*, Vol. 13, No. 1, February 2017.

后　记

《尚书·禹贡》篇有云:"东渐于海,西被于流沙,朔南暨,声教屹于四海。"时光荏苒,岁月如水,人生的金色季节消逝在校园的清水绿树间。回首往昔,漫漫治学路,遭遇过迷茫,也历经坎坷,而在自己的坚持与努力下,历时三年,顺利完成国家社科基金一般项目"我国城市居民加杠杆的群体性特征及其债务风险研究",是一种肯定,也是一种幸运!

本书是在该项目基础上不断修改、完善而成的。感谢我的学生——信阳师范学院商学院硕士生郭智宽、张清燕和沈雨,不辞辛劳采集数据和整理资料,耗费大量时间和精力参与本课题研究,并且在撰写研究报告过程中做了大量细致入微的工作,项目的每一步推进都凝聚着他们的心血。在此,对他们两年多来夜以继日的付出表示衷心的感谢!在项目结项验收环节,五位匿名评审专家提了很多有启发性和指导性的意见和建议,对进一步完善本书帮助非常之大,谨向国家哲学社会科学规划办和评审专家表达最诚挚的谢意!感谢我的恩师——暨南大学王聪教授,在项目开展期间对我的指导、关怀和帮助;感谢同门师妹——广东外语外贸大学周利博士、广东金融学院廖婧琳博士,在长期的学术交流中给予我诸多启发。

项目推进过程中,我已将相关的一些论述陆续发表在 *Asia Pacific Journal of Management*、《财贸研究》、《西南民族大学学报》(人文社科版)、《南方经济》、《经济与管理研究》、《现代经济探讨》、《统计与决策》等 SSCI/CSSCI 期刊上,并根据审稿过程中及发表后反馈回来的意见

后　记

做了进一步调整和完善。在此由衷地感谢这些杂志的支持和责任编辑的帮助。中国社会科学出版社的刘艳博士为本书的编辑出版做了大量细致的工作，付出了辛勤的劳动。刘艳博士治学非常严谨，对本书中的每个数据仔细核对，每个措辞认真校对，斟字酌句悉心修改，其治学态度和对出版事业的奉献精神让我由衷敬佩。

感谢黄淮学院经济与管理学院院长乔虹教授对我科研工作的鼓励与教诲。乔虹教授学识渊博、处事豁达，在我的工作和生活中给予无私的帮助和支持，为了我的学术研究，呕心沥血、殚精竭虑，正是在她的不断鞭策下，本书才得以顺利出版。感谢国家社科基金一般项目（19BJY256）、黄淮学院经济与管理学院、黄淮学院"天中学者"人才项目对本书研究与出版所提供的资助。

柴时军

2022 年 6 月 20 日于驻马店